U0733252

本书系中国教育学会 2024 年度教育科研一般规划课题"文化自信视域下本土资源在幼儿园课程建设中应用的实践研究"(202416408531B) 成果。

# 本书编委会

编　　著：陈玉文

编　　委：刘彦霞　　陈燕蓉　　黄　娟　　林　彦　　叶裕华
　　　　　陈　玲　　钟金兰　　黎美红　　莫彦平　　郑桂英
　　　　　周道兰

案例提供者：陈玉文　　梁春媚　　覃佳丽　　张　琴　　陈美婵
　　　　　倪　静　　方羽淇　　赖绍芬　　蒋　娜　　周思雨
　　　　　吴　婷　　黄金藕　　林苑梅　　黄紫娟　　黄　婵
　　　　　李　岚　　丁芸芸　　杨新慧　　杨巧玲　　杨　媚
　　　　　唐玮珮　　黄　丹　　邢慧芹　　黄佳茵　　陈　燕
　　　　　蔡秋玲　　何蔼思　　唐　丹　　陈静茹　　古碧凤
　　　　　郑海静　　邓　敏　　甘怡彬　　李　月　　刘子寒
　　　　　周馥蓓　　潘润然　　赵茜茜　　陈安妮　　吴　丹
　　　　　刘　婷　　林晓霞　　陈意依　　徐　花　　贾婷婷
　　　　　邹颖心　　钟燕敏　　伍　芳　　邱春柳　　许旸婷
　　　　　艾　佳　　范旭婷　　罗紫晴

# 基于核心素养的幼儿园课程故事

## ——生活·学习·理解·创造

陈玉文◎编著

暨南大学出版社
JINAN UNIVERSITY PRESS

中国·广州

图书在版编目（CIP）数据

基于核心素养的幼儿园课程故事 ：生活·学习·理
解·创造 / 陈玉文编著. -- 广州 ： 暨南大学出版社，
2024. 12. --（基于核心素养的园本课程丛书）.
ISBN 978-7-5668-4091-2

Ⅰ. G612

中国国家版本馆 CIP 数据核字第 2024RC8505 号

基于核心素养的幼儿园课程故事：生活·学习·理解·创造
JIYU HEXIN SUYANG DE YOU'ERYUAN KECHENG GUSHI: SHENGHUO·XUEXI·
LIJIE·CHUANGZAO

编著者：陈玉文

出 版 人：阳　翼
策划编辑：曾鑫华
责任编辑：冯月盈
责任校对：林　琼　何江琳
责任印制：周一丹　郑玉婷

出版发行：暨南大学出版社（511434）
电　　话：总编室（8620）31105261
　　　　　营销部（8620）37331682　37331689
传　　真：（8620）31105289（办公室）　37331684（营销部）
网　　址：http://www.jnupress.com
排　　版：广州尚文数码科技有限公司
印　　刷：广东信源文化科技有限公司
开　　本：787mm×1092mm　1/16
印　　张：15.75
字　　数：293 千
版　　次：2024 年 12 月第 1 版
印　　次：2024 年 12 月第 1 次
定　　价：69.80 元

# 序 言

在日新月异的数字时代，教育正面临着前所未有的机遇与挑战。信息社会的迅猛发展、全球化的深入推进，以及知识经济的蓬勃兴起，都对我们的教育提出了新的要求。幼儿园作为孩子成长的起点，其课程设计与实施的质量直接关系到孩子们未来的成长与发展。因此，构建一套既符合幼儿身心发展规律，又能适应未来社会发展需求的幼儿园课程体系，成为我们每一位教育工作者的重要使命。

幼儿园课程的愿景，是培养身心健康、个性自由发展、具有创新精神和终身学习能力的未来公民。这不仅是教育的根本目的，也是社会对教育的殷切期望。幼儿期是个体发展的关键时期，幼儿的认知、情感、社会性等方面都在这个阶段快速发展。因此，幼儿园课程的设计必须充分考虑幼儿身心发展的特点和需求，注重个性化、整体性和启蒙性，为孩子们未来的成长奠定坚实的基础。

幼儿园课程的使命，则是培养幼儿阔步迈入数字时代的能力，发展幼儿核心素养，包括批判性思维、创造性思维、协作性思维等高级能力和道德品格。幼儿的学习过程就是幼儿探究世界、创造知识的过程。在这个过程中，教师从传统的知识传递者转变为课程创生者、幼儿活动的合作者和幼儿创造知识的引导者，教师需要用心去观察、理解每一个孩子，用爱去关怀、支持他们的成长与发展。

基于以上两点，幼儿园课程应该发展为一个超越传统学科界限的样态，以问题为驱动，强调自主、合作、探究、体验和创造，其目标是推进幼儿的高级思维能力发展。这种课程围绕某一学习经验或社会、自己、自然问题来组织课程内容和学习活动，通过心理化、生活化和观念化的课程设计，全面提升幼儿的核心素养，我们称之为大观念课程。

《基于核心素养的幼儿园课程故事——生活·学习·理解·创造》正是在这样的背景下应运而生的。它汇聚了深圳市福田区第一幼教集团基于幼儿园大观念课程的教育实践中的精彩故事，每一个故事都是教师们用心探索、勇敢尝试的结晶，每一份记录都蕴含着孩子们纯真无邪的笑容和成长的足迹。通过这些故事，我们希望能够展现幼儿园大观念课程的魅力，分享教育的智慧，共同探索幼儿园课程改革的未来方向。

在书中我们可以看到许多鲜活的课程实践案例。这些案例以幼儿为中心，并注重生活体验、强调游戏精神、关注幼儿个体差异、指向幼儿个性和创造性发展，既展示了教师们勇于创新、敢于尝试的精神风貌，又为我们提供了宝贵的教育智慧和启示。比如，在幼儿园的自然角里，孩子们亲手饲养了小动物。他们每天投喂、养护、观察小动物的生长变化。在这个过程中，孩子们不仅学到了关于动物生长的观念，还培养了自身的观察力和耐心、同理心。更重要的是，他们感受到了生命的奇迹和自然的伟大，学会了尊重生命、爱护自然，形成了人与动物、人与自然相互依存的观念并加以迁移和应用。

正如书中所展现的探索与创造一样，任何年龄阶段的幼儿都必须把学习过程变成参与知识创造的过程，因为参与知识创造是人的特权和自由的保证。让每一个幼儿在创造中成长，成为数字时代负责任的创造者。希望在未来的教育旅程中，我们携手前进，与孩子们共同追寻教育的无限可能。

张华

杭州师范大学教育科学研究院院长，教授，博士生导师

2024 年 7 月

# 目 录

## 我与自然

# 我与社会

# 别样的庆祝活动

作者姓名：陈美婵
指导老师：陈玉文、郑桂英
幼儿园名称：深圳市福田区第一幼儿园
幼儿年龄段：大班

## 课程故事简介

"庆祝"是一种表达喜悦或感恩、纪念的仪式，它旨在共同分享和强化某个重要时刻或事件的意义。庆祝不仅是一种娱乐活动，还具有深刻的社会意义和文化意义。通过庆祝，我们可以传承和弘扬传统文化，加强社会凝聚力和认同感。

教师积极发现生活中隐藏的教育价值，把握时机，因势利导，让孩子们在庆祝活动中探索、在尝试中学习，拓宽孩子们的经验和视野。孩子们带着好奇、兴奋与期待，深入地了解、发现与表达，用自己的方式开启一场属于自己的庆祝活动。

## 故事缘起

图 1　开学庆典

开学了，孩子们满怀期待从中班升入大班，为了纪念孩子们的成长，大班的老师们特别策划了一场升班庆祝活动。孩子们在签名墙上签上自己的名字、拍下升入大班的第一张照片、与同学分享学到的新本领、观看爸爸妈妈的祝福视频、参加充满惊喜的抽奖活动……

没过几天又迎来教师节庆祝活动，孩子们用自制的手工作品、歌声与舞蹈表达对老师的节日祝福。接连几天的庆祝活动，让孩子们沉浸在欢乐和喜悦中，他们纷纷表示："什么时候还有庆祝活动呀？""要是天天都有庆祝活动，那该多好呀！"

图 2　升班签名

图 3　教师节送祝福

是啊，庆祝活动充满仪式感，带给孩子们幸福和满足，组织、参与庆祝活动的过程也是一个促进孩子全面发展的过程。于是，我跟随孩子的兴趣，顺应孩子的需求，开展了"庆祝"主题活动。

## 思考什么时候可以庆祝

每次庆祝活动过后，孩子们都迫切期待着下一次的庆祝活动。课上我让孩子们分享下自己认为可以庆祝的时刻。

辰辰：我生日的时候，爸爸妈妈会给我庆祝，会邀请好多朋友一起吃蛋糕，他们还会送礼物给我。

嘟嘟：六一儿童节的时候可以庆祝，爸爸妈妈会送我礼物，还带我吃大餐，带我去迪士尼玩。

陶陶：我们搬家的时候，爸爸妈妈请了好多叔叔阿姨一起来庆祝，我们在新房子里玩游戏好开心。

芝麻：过新年也是一种庆祝活动。

桐桐：我参加过别人的结婚庆祝活动。

……………

在热火朝天的讨论中，孩子们关注到即将到来的传统节日——中秋节。

柯柯：老师，妈妈告诉我马上就是中秋节了，这也是可以庆祝的。

老师：对呀，那我们可以一起在幼儿园庆祝中秋节。

## 深入体验庆祝的意义

孩子们为我的提议欢呼，兴奋地讨论起来。

安安："我知道中秋节就要做月饼吃。"

多米："中秋节可以玩灯笼。"

炜豪："中秋节要拜月娘。"

西西："月娘是谁？为什么要拜她？"

炜豪："我也不认识月娘是谁，但是妈妈说中秋节就是要拜月娘。"

炜豪是来自潮汕地区的孩子，他说的"拜月娘"就是潮汕地区特别的中秋节庆祝仪式。深圳是一个移民城市，班里的孩子家长来自全国各地，每个地方庆祝中秋节的仪式有什么不一样呢？带着这个问题，孩子们采访了自己的爸爸妈妈和爷爷奶奶，再将调查内容和同学们分享。据此，孩子们了解到中秋节有的地方会舂糍粑，有的地方会猜灯谜，有的地方会舞龙，有的地方会祭拜祖先……但是，几乎所有地方的人在中秋节都会吃月饼、吃团圆饭、提灯笼和赏月。

了解了这么多的中秋节习俗，我们班的中秋节可以怎么庆祝呢？每个孩子画下了庆祝中秋节的活动。通过投票，做月饼、猜灯谜、做灯笼、给月亮"画像"获得了较高票数。于是，我们开始了庆祝中秋节的活动。

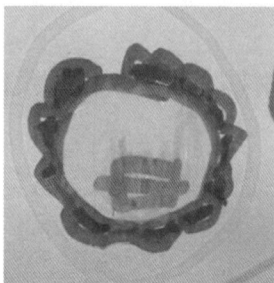
图 4　做月饼

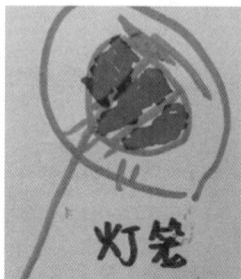
图 5　做灯笼

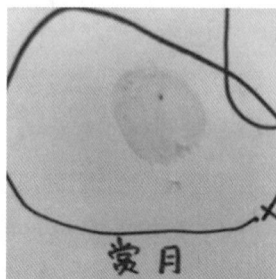
图 6　赏月

图 7　做月饼

图 8　自制灯笼

其中，给月亮画像需要一个比较长的过程，中秋节前的半个月，教师就要布置作业，让孩子们定时定点观察月亮并做记录，通过记录月亮的变化，了解月相的变化规律，实际感知月亮从新月到满月的过程。通过给月亮"画像"，孩子们初步体验了科学的观察和记录。

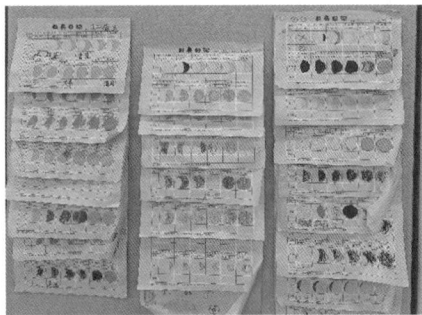

图 9　月亮"画像"记录单

满月之时便是月圆之夜，象征着团圆美满。原来，八月十五月儿圆，月亮就是这样变圆的。孩子们兴奋地说："我们全家会坐在一起吃饭，然后赏月。"

对于孩子而言，一顿充满仪式感的晚餐和一份心爱的礼物或许是他们最期待的庆祝方式。然而，中秋节更深层次的意义在于亲人的团聚和代代相传的中华文化。这不仅是一种庆祝形式，更是文化的凝聚与传承。我对孩子们说："中秋节是每一个中华儿女共同的节日。无论我们身处何地，当农历八月十五到来时，我们都会庆祝这个传统节日。"晨晨好奇地问："外国人不庆祝中秋节吗？"我解释道："不同国家和地区也会有自己独特的节日庆祝活动，并不是所有地方的人都像我们一样庆祝中秋节。大家可以去查一查、找一找、问一问，看看有没有哪些我们不知道的庆祝活动。"

兴趣与好奇，将为孩子们打开了解和发现不同国家和地区独特的节日庆祝活动的窗口，丰富孩子们的视野。

## 寻找特别的庆祝活动

于是，我们发起了"寻找特别的庆祝活动"大调查，号召家长一起参与。通过上网查找、社区采访以及回顾自己的经历等方式，孩子们找到了一些特别的节日庆祝活动。

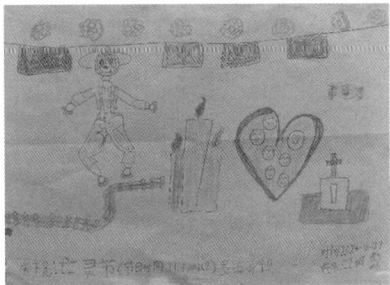

图 10　亡灵节海报

图 11　泼水节海报

柯柯绘声绘色分享亡灵节："亡灵节是墨西哥的节日。他们会用橙色的烛光和五颜六色的彩旗装扮城市，大家聚在一起唱歌跳舞，做美味的食物一起分享。他们还会用万寿菊铺成一条花路，希望去世的亲人回家与他们团聚。墨西哥人相信，去世亲人的灵魂会永远跟家人在一起，这是一个充满爱的节日。"

朵朵分享的番茄节也非常有趣，她说："西班牙的番茄节也叫番茄大战，所有人拿番茄当武器对战，全身都是番茄汁。大战结束后，人们还会尽情跳舞，品尝用番茄做的美食，大家都很开心。"

孩子们津津有味地听着同伴的分享，发现原来世界上还有这么多有趣的节日庆祝活动，恨不得立即就可以参加。子轩说："要是有一个我们大二班自己的庆祝活动就好了，这样我们就不用等很久，也不用跑到别的地方去，就可以好好玩一玩了。"

是啊，每个国家、每个民族有自己的庆祝活动，我们为什么不设计一个属于自己班级的庆祝活动呢？

## 策划属于我们的庆祝活动

### 一、初步设想

图12 设计彩灯节

"我们想庆祝什么？为什么要庆祝？可以怎么庆祝？"我提出这三条活动设计线索后，孩子们脑洞大开，大胆表达他们的奇思妙想。

佳佳：我想庆祝彩灯节，因为世界有了色彩才更精彩，我们可以在房子外挂很多彩灯去庆祝。

豌豆：我想庆祝气球节，因为气球很漂亮，庆祝的时候，可以到处都挂满气球。

希儿：我想庆祝巧克力节，吃巧克力可以让心情变好，我们用巧克力做一个大大的蛋糕吧。

柯柯：我想庆祝秋风节，因为秋风赶走了热热的夏天，带来了凉风，我们可以一起去外面奔跑，在大树下用落叶做手工。

诚诚：我想庆祝枕头节，我们每天睡觉都需要它，庆祝的时候我们一起来玩枕头大战吧。

图 13　设计气球节

图 14　设计秋风节

## 二、投票决定

每个孩子都有自己的想法，理由也很充分，但哪一个更值得我们庆祝呢？最后我们用投票的方式来决定！结果显示，票数最高的是"庆祝秋风节"。大家都认为深圳的夏天太热了，而且持续的时间很长，每天一运动就汗流浃背，实在难受。秋风来了，天气变得很凉快，大家在外面玩很久都不会出汗，实在是太舒服了，这确实值得庆祝呀！

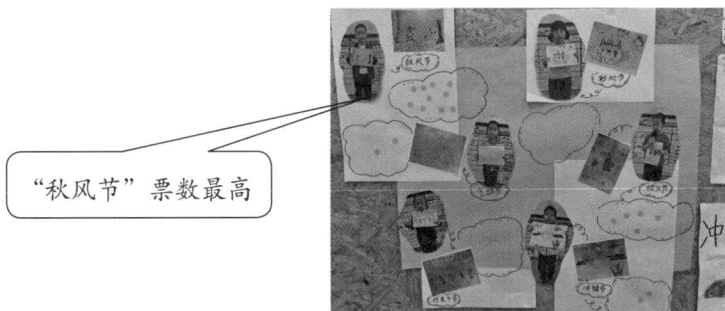

"秋风节"票数最高

图 15　投票结果

## 三、开始策划

刚确定下庆祝的主题，孩子们就开始热火朝天地为秋风节做准备。庆祝秋风节可以做些什么呢？我通过视频、故事、图片向孩子们介绍了秋天丰收的特点，如农作物逐渐成熟、果实丰收等，让他们对丰收有一个初步的认识，对原有主题"秋风节"进一步拓展内涵，并改为"秋丰节"。同时根据活动需要，准备与秋天相关的活动材料，如秋天的果实（苹果、梨、柿子），农作物（稻谷、玉米等），秋天的落叶、枯树枝。

图 16　丰收的水果展台

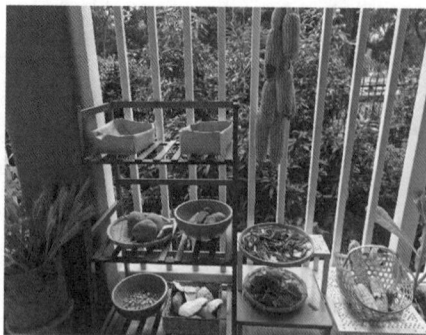

图 17　晒秋活动

幼儿是通过实际操作和亲身体验获取经验的，通过营造有互动性的环境，孩子们想到了各种各样的庆祝方式。

启明：我们可以用落叶和树枝做手工。

安安：秋天来了，我想给秋天写信，谢谢它。

轩轩：秋天太阳不晒，又有风，可以去放风筝。

多米：秋天有好多水果成熟了，我们可以一起品尝水果。

桐桐：我们可以开一个秋天音乐会。

柯柯：我觉得秋天很凉快，我们可以一起去登山。

图 18　制作落叶服装

图 19　晒红薯

通过创设秋天丰收的环境，以及亲身体验秋天的特点，孩子们能更深入地感受秋天的氛围，了解秋天收获的喜悦。在策划过程中，孩子们认识了秋天的自然变化，如落叶、丰收等，培养了他们的观察力和好奇心。通过手工制作、户外探索等活动，孩子们在实践中学习和成长，锻炼了表达力、想象力及创造力，共同讨论并策划了许多有趣且有意义的庆祝活动。

## 四、计划赶不上变化

深圳的冬天总是来得猝不及防。就在孩子们兴致勃勃地准备邀请爸爸妈妈一起来参加秋丰节的庆祝活动时，深圳一夜入冬，气温骤降、风力增强，还伴随冷冷的雨水。孩子们来园后情不自禁地聊起来……

安安：今天好冷呀，妈妈说冬天来了！

源源：现在不是秋天了，那还怎么庆祝秋丰节呀！

溪溪：是啊，我都已经邀请爸爸了。

秋天突然就结束了，现在进行秋丰节的庆祝活动还合适吗？孩子们原本那洋溢着兴奋和期待的眼神，此刻变得担忧而失落。

念念：我们准备了那么久，还是继续庆祝吧！

彤彤：可是现在不是秋天了。

锟锟：我觉得可以庆祝冬天，因为现在就是冬天。

锟锟的话音刚落，大家又开始七嘴八舌地议论起来，是啊，既然冬天来了，那我们就一起来欢迎它吧，深圳的冬天也很短暂，也值得我们珍惜呀。之前设计枕头节的诚诚说："冬天来了，小动物要冬眠了，我们人类也要好好睡觉，软软的枕头可以帮助我们睡得更香，不如就庆祝我设计的枕头节吧！"小朋友们觉得枕头节听起来也挺有趣的，一致赞同改成庆祝枕头节。

不可预见的因素导致孩子的计划被迫中断，这也是一个培养孩子适应变化和解决问题能力的好时机。看着他们从最初的失落中迅速调整，用智慧和创意寻找解决方案，我心里充满了欣慰和感动。多鼓励孩子大胆表达自己的感受和想法，认真倾听他们的观点，就可以尝试在商讨中达成共识，而老师要做的是协助孩子，在孩子提出新的计划和解决方案时表示鼓励和支持。

## 五、明确新主题，马上行动

枕头节，可以怎么庆祝呢？孩子们脸上洋溢着期待的笑容，脑海中充满了各种奇思妙想。

轩轩：我们可以用枕头来做装饰，到处挂满枕头呀。

桐桐：做一个大火炉，我们烤着火，还有人唱歌跳舞。

西西：布置一个滑雪场，大家一起来玩雪。

阳阳：我们可以像露营那样，晚上躺着数星星，看电影。

溪溪：希望能一边享受美食一边看节目。

诚诚：枕头节，当然少不了枕头大战。

每个孩子都兴致勃勃地分享着自己的想法，场面热闹非凡。然而，随着讨论的深入，孩子们逐渐发现，这些奇思妙想虽然有趣，但实际操作起来却存在很多困难，大火炉如何制作？滑雪场怎么布置？哪来的星星？这些问题让孩子们感到困惑和无奈。

图 20　排练节目

面对孩子们的疑虑，我引导他们了解实际条件，比如，关注幼儿园的场地、设施、材料等资源，并结合这些资源继续发挥创意。有的孩子提议，可以在音乐厅庆祝，因为音乐厅够宽敞，不仅可以扎帐篷，还能看电影，每个人制作一个特别的枕头，不仅可以用来装饰还可以进行枕头大战。还有孩子提议，女孩子可以表演舞蹈，男孩子可以表演武术操，还可以邀请家长参与，共同策划一次亲子活动……

为了让孩子们更好地将想法付诸实践，我鼓励他们分组合作，根据自己的特长及兴趣，自愿加入不同的策划小组，有的负责主持，有的负责准备食物，有的负责做海报，还有的负责排练节目，明确了每个人的职责和任务后，大家便开始分工协作。

1. 节目组

节目组分成了男生组和女生组，各组推选一个组长，负责组织队员每天排练节目。

2. 食物组

食物组成员围坐在一起，商量采购的食物种类，他们列出清单，有的孩子提出请家长帮忙购买。

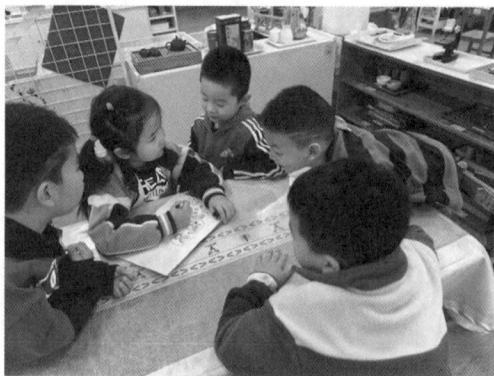

图 21　食物组列购清单

### 3. 海报组

擅长绘画的孩子，正在通过绘画的形式，把庆祝的活动环节及内容制作成海报。

图 22　制作海报

## 竞选主持人

孩子们积极自愿报名参加竞选，并准备了一段简单的自我介绍。最后，根据大家的投票，选出最适合的主持人。

图 23　主持人选拔

## 别样的庆祝活动

经过充分的准备，孩子们期盼的枕头节庆祝活动就要开始啦！活动当天，孩子们邀请了爸爸妈妈一起来参加庆祝枕头节的活动。舞台的周围被一个个枕头包围着，参加活动的所有人都穿上了舒适的居家服，仿佛这就是我们温暖的家。在柔软的枕头氛围中，孩子们感受到父母的爱；在枕头大战中，孩子们享受了游戏的快乐。这个别样的庆祝活动，充满了爱的味道。

图 24　表演节目

在平淡的生活中给庆祝提供一个理由，便能让我们的关系变得更紧密。

图 25　枕头设计单

图 26　枕头大战

## 教师反思

在"庆祝活动"的主题探究中，我被孩子们的参与度和创造力深深打动。他们将自己的生活经验迁移到实践中，通过尝试策划中秋节活动到设计属于自己的庆祝主题，不仅积极投入，而且展现出令人惊叹的创造力和想象力。孩子们独特的设计理念和想法，充满了童趣，而老师作为引导者和支持者，鼓励孩子们自由发挥，大胆创新。当孩子们提出想法时，老师给予积极回应和反馈，使孩子们的想法转化为实际行动，并引导他们进一步完善。同时，老师鼓励孩子寻找和收集外部资源，如同伴的帮助、家长的支持、社区的资源，增加庆祝活动的丰富性和互动性。

在探究过程中，孩子们通过策划和参与庆祝活动、讨论和集体决策，学会了如何与同伴合作，如何表达自己的想法。策划庆祝活动，让孩子们理解庆祝的真正意义——它不仅是一个简单的仪式或活动，更是一种情感的表达，一种对生活的热爱和珍惜。就像柯柯提到的墨西哥亡灵节，虽然它和中国的清明节同样都是悼念逝去的亲人，但在习俗上有很大差异。亡灵节是用欢乐的方式来纪念亲人，而清明节则注重对逝者的哀思和缅怀，它们都体现着文化的凝聚与传承、对生命的敬畏。

每一个值得庆祝的时刻都是宝贵的，都应该被我们用爱和温暖去填满。这样的教育不仅能让孩子们更加热爱生活，还能培养他们的同理心和社交能力，让他们在未来的日子里更加自信、乐观和善良。

# 口袋公园

作者姓名：林晓霞、陈意依、徐花
指导教师：黎美红、陈安妮
幼儿园名称：深圳市福田区天健天骄幼儿园
幼儿年龄段：大班

## 课程故事简介

口袋公园是指规模较小、功能多样、布局灵活的公共绿地。其往往占地面积不大，但设计精巧，充满巧思，便于人们日常休憩，体现海绵城市、儿童友好、老人友好等理念。而深圳市福田区有 20 余个口袋公园，这些口袋公园充分考虑了儿童的需求，孩子们可以在家楼下或附近的口袋公园中进行户外活动。孩子们对这些口袋公园有了很多的体会和兴趣，于是我们一起初步了解我们身边的口袋公园。

幼儿在项目活动中利用已有的经验和生活认知进一步探索口袋公园与自身的关系，发现口袋公园原来与"我"息息相关。通过公园实地走访后，孩子们开始注意到每个口袋公园都有其独特之处，也为周边居民带来很多便利。

## 故事缘起

幼儿园对面的社区口袋公园是孩子们放学后经常玩耍的地方。在一天的晨谈活动中，老师与孩子们讨论放学后的活动时，邱宇小朋友突然说："我发现我们周边除了笔架山公园，其他很多公园也像口袋公园一样，小小的。"这引起了孩子们的热烈讨论，孩子们对于这些隐藏在街角、楼宇间的微型绿色空间产生了浓厚的兴趣。

## 口袋公园之旅

图1　幼儿体验口袋公园

追随幼儿的兴趣，老师决定让幼儿周末与家长一起探索身边的口袋公园。为了更好地倾听幼儿，老师决定改变以往以问答为主的分享形式，选择借鉴马赛克方法中的"幼儿园之旅"，邀请幼儿进行"口袋公园之旅"，并在回园后通过儿童会议，让幼儿以向导的身份向同伴、老师介绍他们认为重要的事物或者地方。通过这种方式，老师可以观察和倾听儿童的介绍，收集有关儿童的兴趣点和对环境的理解。

于是，孩子们回园后用照片、视频分享了各自的所见所闻：

梓豪：我去了交通科普园，里面有很多交通标志，可以在里面玩交通游戏。

言蹊：我也去了交通科普园，在公园里面还有一个像消防车一样的大房子。

家爱：我最喜欢飞鸟公园，里面有很多小鸟的模型，还有一个大大的笼子。

嘉谚：飞鸟公园那个是大鸟笼，旁边还有一个小鸟笼呢。

高渤：我去了岩石公园呢，里面有很多岩石。

楷达：对，而且我妈妈说岩石晚上的时候是能发光的哟。

可可：那你们去我家楼下的天健天骄公园了吗？有很多好玩的游乐设施。

仁泽：我家也在那里，我们放学就可以一起去玩。

博锟：我还去过宠物公园，那里有很多狗狗，但是有点臭，狗狗的大便要及时清理才行。

佳颐：我最喜欢去宠物公园和那些狗狗玩了，很可爱。

孩子们分享了口袋公园里有好玩的滑梯、跷跷板、传声筒等设备，以及在公园玩游戏、骑自行车、滑滑板、跑步等趣事。

通过对口袋公园的初步体验，孩子们对周边的口袋公园环境有了更为深入的了解。每当提及在口袋公园的所见所感，他们都表现出极大的热情和兴趣，仿佛探索到了一个全新的世界。

在初探口袋公园阶段，相比于以往设计好的调查问卷，老师运用了马赛克方法中的儿童会议以及口袋公园之旅等方法来了解幼儿对口袋公园的经验、兴趣与问题。儿童会议中，幼儿自由分享，老师也可以通过追问启发个

体和集体。在口袋公园之旅中，老师以儿童的视角来探索和理解他们自己的
"口袋公园"。

## 我们一起让口袋公园变得更好

### 一、帮公园设施"洗澡"

有一天，几个小朋友跑过来兴奋地告诉老师说："老师，我发现狮岭社区公园里面的游乐设施好脏！"于是我们围绕"游乐设备脏了，怎么办？"展开了儿童会议。

令萱：我也发现了，传声筒很脏，而且好像都没有声音了。

承恩：我周末去玩的时候还发现有一个儿童摇摇车已经坏了，但是没有人去维修。

北北：那个转盘也很脏，好多泥巴都在上面。

高渤：那我们要不要去公园把设备洗干净呢。

安娜：那要带上抹布和小桶，还要装水。

博锟：我奶奶可以过来帮忙，可以叫她带上洗洁精，这样洗得干净一点。

嘉谚：那我也可以请妈妈帮忙。

孩子们讨论后，老师和孩子们决定邀请爸爸妈妈一起去将狮岭社区公园的设备清洗干净，这样玩的时候才会玩得更开心。

这场给设备"洗澡"活动中，孩子们兴致勃勃，不仅带上了小桶和抹布，更细心的孩子还准备了洗洁精、钢丝球等清洁工具。孩子们卖力地劳动，把公园的设备打扫得闪闪发亮，同时还发现公园沙池有

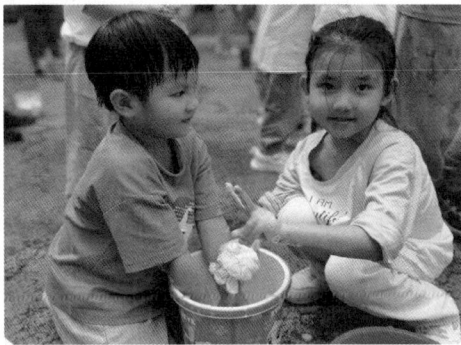

图2　亲子活动之清洗公园设备

很多落叶，靠单独的儿童力量可能没办法每天维护公园的卫生，需要请公园环卫阿姨一起打扫维护。

### 二、口袋公园的设备坏了怎么办？

在口袋公园清洗设备过程中，孩子们发现了部分设备损坏的情况，如儿童摇摇车是坏的，坐上去可能会摔跤；地板有大大小小的洞，不注意的话还有可能会被绊倒。在清洗设备的活动中，老师发现公园里的树木、设备上都

有二维码可以反馈我们发现的问题，并且曾经尝试扫码，但是都没有成功。回到幼儿园后，老师引导孩子及时展开讨论，老师适时给予支持，决定和孩子们再次到公园通过实地考察、小组会议、拍照、绘画等方式记录问题，尝试找到解决办法。

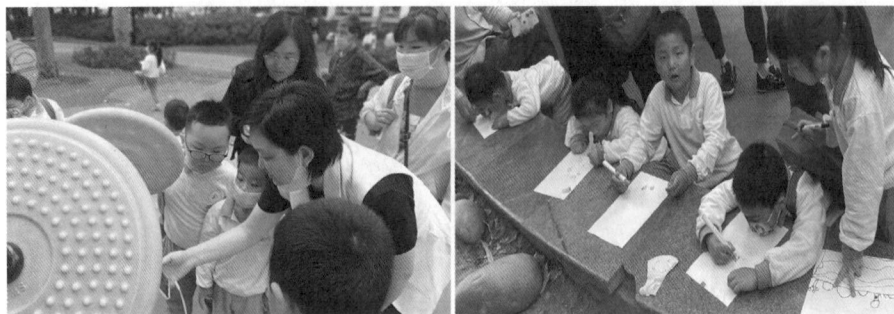

图3 再次到公园考察并记录设备问题

图4 打电话给相关部门

孩子们通过扫描公园二维码发现管理公园的相关部门电话。他们兴奋不已，并且决定一起打电话反馈设备的损坏问题。老师代为拨打管理部门的电话，公放给小朋友一起听。在电话中，我们了解到街道办负责该公园管理，并委托给绿化保险公司。然而，孩子们所反馈的问题尚未得到解决，我们期待并希望后续能够得到管理部门的进一步反馈与处理。

此次活动展现了孩子们敏锐的洞察力和积极的参与精神，他们乐于发现问题，积极寻求解决办法，并能够通过合适的途径寻求帮助。

### 三、口袋公园小记者

在探访口袋公园时，孩子们发现早上的口袋公园除了有爷爷奶奶在跳舞、小姐姐在跳绳、小学生路过公园去上学，还有叔叔阿姨推着婴儿车在照顾婴儿，也有老爷爷坐在公园看报纸，实在是太有趣了。

伟溢：老师，公园里的人每天都跟我们一样那么开心吗？

邱宇：应该是吧，因为我们去公园锻炼的时候都是开开心心的。

思源：我们可以去问问他们，可能有的人有时候并不喜欢在口袋公园里，万一他觉得很吵呢？

老师：这是个好办法，可是，怎么问呢？

伟溢：我们可以变身小记者去采访他们，我现在就在上小记者的课呢！

这时，班级里刚好有两位幼儿在上小记者的课程，他们开心地跟其他小朋友分享他们去采访的趣事，于是大家决定一起变身小记者，了解公园里不同的人的感受。为此老师特地展开了一场"采访需要准备什么？"的讨论活动。

图5　幼儿设计记者服

博锟：采访前要准备记者穿的衣服。

梓豪：还要准备大一点的话筒。

家爱：还需要拍照的人。

伟溢：那个是摄影师，要拿着相机。

高渤：我看电视上摄影师还会拿着很大的拍照机器。

邱宇：那我们拍完还要把视频处理好才行呀。

园园：我们不会弄视频，但我们可以请妈妈帮忙剪辑视频。

伟溢：还有小记者要自信，不能有太多小动作，声音还要大点。

孩子们通过参加过小记者班的同学分享的经验了解到组建采访团队的条件，在儿童会议中讨论成立了四个小组：策划组、小记者组、摄影组和后期制作组。孩子们在第二次儿童会议中进一步讨论了每个小组的任务。

策划组的孩子们需要去过这个公园，对口袋公园的设施和设备了如指掌。他们列出了一份采访问题清单，准备小记者组需要提问的内容。

小记者组的孩子们则围坐在一起，他们通过分享自己的经验，展开了热烈的讨论。他们认为，一个优秀的小记者不仅要有自信，还要在镜头前保持镇定，避免过多的小动作；此外，说话的声音也要足够响亮，确保每个被采访的人都能清晰地听到他们的声音。

摄影组的孩子们则忙着准备采访所需的装备。他们挑选了合适的采访服装、话筒，以及一台专业的摄像机。

后期制作组的孩子们的任务就是在爸爸妈妈的帮助下剪辑视频，并将成品上传到电视上，让更多的人能够看到他们的采访成果。

在口袋公园分享会上，孩子们观看了公园采访视频，小记者兴奋地讲述了他们的经历，其他孩子也分享着自己的感受。每个口袋公园都有其独特的魅力，无论是天健天骄公园的活力，岩石口袋公园的亲切感，还是宠物公园的欢乐，都激发了小朋友们探索的欲望。在口袋公园小记者的活动中，孩子们学会了如何合作，他们的积极性被充分调动起来，这不仅促进了他们之间的互动，也帮助他们认识到团队合作的重要性。他们体验到了在探索过程中分享真实问题和个人看法的重要性，这成为推动他们深入探究学习的契机。

老师在整个过程中扮演了支持者、合作者和引导者的角色，适时地为小朋友们提供帮助和指导。通过这些活动，孩子们提高了自己的采访技能，学会了如何在游戏中表达自己，体验了分享和合作带来的快乐。最后，孩子们的采访视频被制作成二维码，面向全园小朋友宣传。

在这个过程中，孩子们不仅对口袋公园的了解更加深入，而且通过视频让更多的人了解了口袋公园。通过这一系列的交流与合作，孩子们不仅提升了彼此间的协作能力，也加强了与老师的互动与沟通，有效促进了幼幼间和师幼间的合作能力。

## 教师反思

在口袋公园里，孩子们不仅是游戏者，更是积极的参与者和变革者。从简单的游戏到参与清洁和维护工作、进行小记者式的采访，孩子们的行动不仅增强了他们与社区的联系，也加深了他们对社区的归属感和责任感。

老师通过运用马赛克方法中的儿童会议以及口袋公园之旅等方法倾听、了解幼儿的声音。然而，老师在梳理后发现，在本次探究活动中使用儿童会议这一方法倾听活跃幼儿的频率较高，一定程度上忽略了其他不善言辞的幼儿的声音。在倾听幼儿想法时，教师可以采用更多方法，如拍照、观察、幼儿绘画、拼搭积木等，来获取更多幼儿的声音和想法。同时，在实际操作中可以根据本班幼儿甚至是个体幼儿的年龄、特长等，为幼儿提供最适宜的方法，并进行持续的对话、反思和支持，真正倾听幼儿、与幼儿对话。

在探索中，幼儿与口袋公园的互动关系进一步深化。除了沉浸于公园所提供的愉悦体验之外，幼儿亦特别关注公园设施的状态。在一次偶然的观察中，他们敏锐地察觉到狮岭社区公园部分设施设备存在脏污及损坏的情况。在老师和家长的协助下，孩子们主动采取了行动，用他们自己的方式对脏污设施进行了清洁，使之恢复了原有的整洁，并与有关部门反馈设备损坏问题。在这一过程中，他们的自豪感和归属感得到了满足，学会了在面对问题时独立思考、勇于尝试并找到解决方案。

　　在项目推进过程中，幼儿们大多基于兴趣组成学习小组进行深入探索。从发现问题、协商讨论、制订计划到实施执行，在这一过程中，幼幼间的合作能力得到了进一步的锻炼和提升。这种合作模式不仅体现在幼儿之间，同时也体现在家庭与校园、家庭与社区、校园与社区不同主体之间。在此过程中，老师需要具备敏锐的观察力，捕捉契机，结合幼儿的兴趣点和实际情况做出专业决策，充分倾听幼儿的声音，赋予他们更多的自主权和决策权。通过这样的参与，孩子们在实践中学习，在学习中成长，逐渐形成了对环境的尊重和对社区的关爱。他们通过自己的双手和创意，为构建更加美丽安全、可持续的社区贡献了力量，展现了幼儿作为未来社会建设者的巨大潜力。口袋公园不仅是城市中的绿色瑰宝，更是培养孩子们成为未来可持续发展目标实现者的摇篮。在这里，每一个小小的行动都有可能激发一场社区变革，每一次参与都在书写孩子们作为变革者的传奇。

# 二月舞龙记

作者姓名：倪静
指导老师：陈燕蓉、周道兰
幼儿园名称：深圳市福田区第一幼儿园
幼儿年龄段：大班

## 课程故事简介

在"龙抬头"（农历二月初二）来临之际，老师带领孩子们探索中华传统文化的瑰宝——舞龙。从了解舞龙的起源和象征意义开始，孩子们逐渐认识到舞龙不仅是节庆活动中的亮点，更寓意着吉祥、喜庆和团结，并激发了孩子们想要亲身体验舞龙的兴趣。

孩子们在合力制作舞龙道具的过程中，分工明确，各自负责龙珠、龙头、龙身和龙尾的制作。在制作中，他们不仅学会设计、选材，还将想法变为现实，充分发挥团队协作精神和创造力。与龙共舞的过程中，尽管表演初期因步伐不一致和队形变化而显得混乱，但孩子们没有气馁，他们在讨论中创造性地使用鼓声来指引队形变换，用智慧和努力将传统文化与现代表演完美结合，呈现了一场精彩的表演。

"二月舞龙记"课程活动，让孩子们不仅深入了解舞龙的意蕴，还切身体会到了合作与挑战的乐趣，在文化理解与传承中收获喜悦、自信与成长。

## 故事缘起

"龙抬头"是中国民间传统节日，又称为青龙节、春耕节。在农耕文化中，"龙抬头"代表着阳气生发，雨水增多，生机盎然。自古以来，人们都将这一天作为祈求风调雨顺、吉祥如意的日子。在"二月二，龙抬头"的谈话活动中，幼儿对"舞龙"产生了极大的兴趣，纷纷表达出自己的感受、疑问与好奇。

铭铭："龙为什么要抬头呢？"

小涵："什么是舞龙啊？"

乐乐："龙是怎么动起来的？"

雅格："舞龙看着好好玩，但为什么要舞龙啊？"

小昊："我过年看过舞龙，可精彩了，那个龙像是会飞一样。"

玥玥："对，龙很长很大，很漂亮！"

小雨："为什么过节的时候就要舞龙呢？"

子淇："舞龙看着好好玩，是每个人都可以舞龙吗？我也想试试。"

孩子们眼中闪烁着求知的光芒，似乎在寻觅传统文化中的奥秘。

舞龙作为中国传统文化的重要组成部分，它承载着丰富的历史和文化内涵，蕴含着美好的祝福与祈愿。面对孩子们的热情与追问，我决定借此机会，带着孩子们一同深入探究这一传统文化的魅力。

## 人们为什么要舞龙？

"为什么要舞龙呢？"我启迪孩子们想一想，"可以用哪些办法寻找答案呢？"

小昊："我们可以去找找绘本。"

小雨："可以问爸爸妈妈。"

子淇："可以上网查资料。"

于是，孩子们有的结伴从科普绘本、节日绘本中找寻答案，有的询问爸爸妈妈并和他们一起上网、去图书馆寻找资料，分别用自己的方式记录与表达探究发现。

第二天晨谈的时候，孩子们迫不及待地与老师、同伴分享："我们在很多节日都会舞龙，春节、端午节、中秋节都会有舞龙表演。""过节的时候人们都很开心，开心的时候就想舞龙。""还有古代祭祀的时候，他们想要祈祷来年没有灾难时也会舞龙""还有庆祝丰收的时候……"

随着了解的深入，孩子们初步感受到舞龙在节日中的重要地位。了解到原来舞龙不仅是一种表演形式，更代表着吉祥、喜庆和团结，每当节日来临，舞龙队都会穿街走巷，为人们带来欢乐和祝福。"老师，我也想舞龙！"乐乐一边比画着舞龙的动作一边兴奋地说道。其他孩子也纷纷附和。

玥玥："我也想，我也想舞我看过的漂亮的龙。"

铭铭："我也想！我也想！"

老师："你们都想舞龙，可是，我们没有龙，怎么办呢？"

乐乐："可以去租吗？就像我们去租表演衣服一样。"

铭铭："我们去买一个吧！"

悦悦："可以去找园长妈妈申请！"

玥玥："我们可以自己做龙呀！"

小雨："我们自己做了就可以舞龙了呀！"

子淇："老师，我们可以自己做吗？"

望着孩子们热情洋溢的小脸，老师在心中思考：如何才能进一步满足孩子们的探索欲，让他们体验更多的乐趣和收获呢？带着这个疑问，老师微笑着说道："如果你们都想要自己制作龙，那就试试看，大家一起来实现这个愿望吧！"

这也许不仅是一次手工制作，还会是一个让孩子们全身心投入、共同合作、激发创造力的机会，让孩子们在体验中更深入地理解舞龙这一传统文化。

图 1　记录祭祀舞龙祈愿

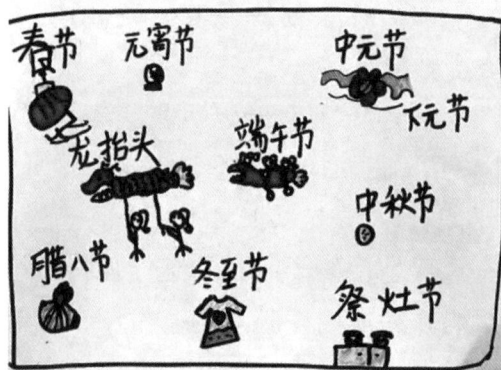

图 2　记录节日

图 3　赛龙舟

图 4　展现舞龙场景

## 要怎么制作舞龙呢？

### 一、你想做龙的哪个部分？

"制作舞龙，要从哪一步开始呢？""长长的龙，我们要怎么做呢？"带着这些问题，老师利用晨谈时间与孩子们一同探索龙的身体部位。

老师借助中国民间故事绘本，详细地为孩子们讲解了龙的身体部位。讲解完后，老师问道："长长的龙，我们一起来完成，你们想做龙的哪部分呢？"

浩浩："我想做龙身，龙的身体很长，我要试一试！"

榕榕："我想和你一起做龙身！"

小琴："我可以做龙珠。"

悦悦："我想做龙头，龙头看上去很威风。"

嘉耀："那我做龙尾吧，龙尾上面的鳞片很漂亮！"

子淇和小雨纷纷表示自己也很愿意加入一起制作。

浩浩："老师，做龙身的就跟着我吧？"

老师："我觉得浩浩这个办法挺好的，可以由小组长带着一起做。我有个想法，我们可以成立一个舞龙制作组，分成龙珠、龙头、龙身、龙尾四个小组，你们想加入哪个部分的制作，就在表格相应的位置写上自己的名字，好吗？"

孩子们认为这个方法可行，就在表格里签上自己的名字，浩浩、小琴、悦悦、嘉耀是四个小组的组长。小组长们很快就

图 5　讨论制作舞龙的分工

带着各自的小队员行动起来啦。

**二、我们要制作什么样的舞龙呢?**

分好组后,孩子们开始进入小组讨论和设计环节。随后,四个小组的孩子们都把自己的想法变成了设计图。

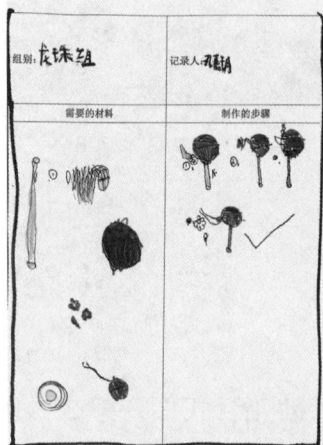

图 6　龙珠组设计图

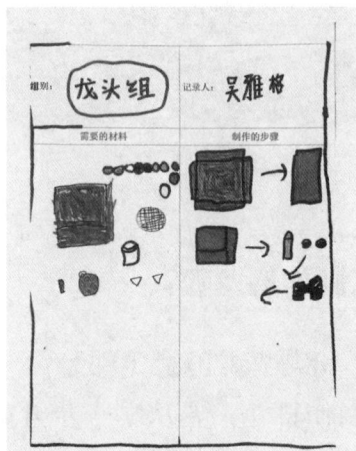

图 7　龙头组设计图

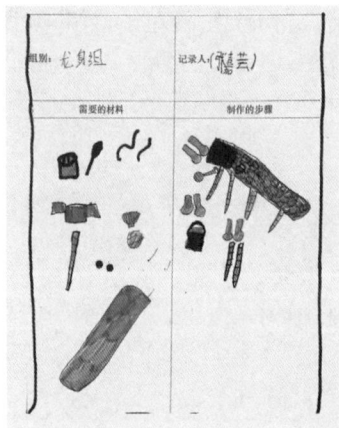

图 8　龙身组设计图

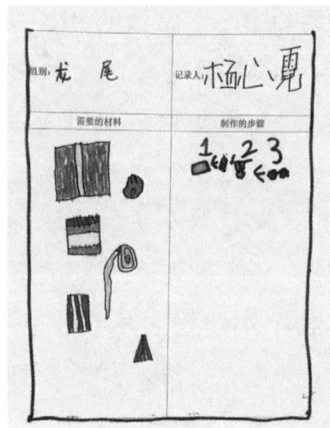

图 9　龙尾组设计图

**三、我们可以用什么材料制作舞龙呢?**

每一个小组的设计图都清晰地表达了小设计师们的想法。于是,老师提问:"我们可以用哪些材料将你们设计好的龙珠、龙头、龙身和龙尾做出来呢?"

玥玥第一个回答:"老师,我妈妈是瑜伽老师,我觉得可以用瑜伽球来做龙珠哦。"

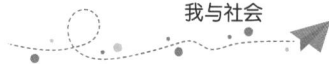

"用棍子和球连起来就可以了。""可以用纸箱子做龙头和龙尾。""也可以用红色、金色的布来做龙身。""用彩色的笔画龙鳞。""还可以剪龙鳞贴上去……"

孩子们表达选材想法后，便开始寻找材料来制作舞龙。幼儿园仓库里的红布和棍子、自己家里的瑜伽球、班上的红色卡纸、空的快递盒，都被孩子们当成制作材料的一部分。

**四、我们一起动手制作舞龙啦！**

龙珠组的孩子们首先行动起来。小雨她们用玥玥妈妈的瑜伽球，小心翼翼地剪开一个小口，然后将柔软的棉花塞进去，边做边说："这样龙珠就很饱满了！"接着，令龙、令耀固定好棍子并用鲜艳的红布将龙珠包裹起来，又细心地装饰上金色的流苏和彩带。不一会儿，一个栩栩如生的"龙珠"就诞生了。

龙头组的孩子们利用纸箱作为"龙头"的基础形状。悦悦找来纸杯子，说："可以用纸杯制作龙的牙齿和鼻子。"墨墨和小宁用卡纸剪出了龙的眼睛和眉毛，并粘贴好。他们还一起用颜料为龙头涂上了鲜艳的颜色，让龙头看起来更加生动逼真。在他们的巧手下，一个威武的"龙头"完成啦。

龙身组的孩子们负责制作龙的主体部分。浩浩他们发现龙实在是太长了，鳞片很长时间都画不完，立刻找到老师，说："老师，要画的鳞片实在是太多了，我们画了很久了，一半都没铺满呀！我们可以叫别的组来帮忙吗？"

老师回答："你们可以试试呀！把你们的需求和他们沟通一下试试。"老师鼓励孩子们积极寻求同伴们的帮助，在交流、互助、合作中增强社会交往能力。

浩浩："小雨，你的龙珠做好了吗？"

小雨："做好了呀，我们将它和棍子连起来了。"

浩浩："那你可以帮我们画龙鳞吗？我们人不够，画了好久了。"

小雨："可以啊，玥玥我们一起去画龙鳞吧。"

小雨拉上玥玥和浩浩一起来到了龙身制作的地方。浩浩边走边说："欢迎大家来画龙鳞。"很快，龙鳞就在同伴们的帮助下画完了。接着，他们开始裁剪和粘贴，将绚丽多彩的龙鳞一片片地粘贴在龙身上。在大家的共同努力下，"龙身"逐渐变长，慢慢显出威武而神秘的气势。

图 10　龙身组制作

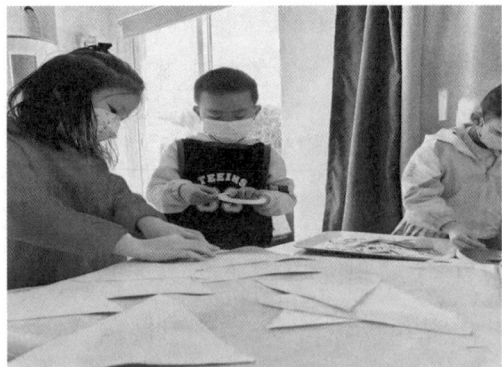

图 11　龙尾组制作

龙尾组的孩子们选择了三角形作为龙尾的基本形状，用重叠的方式将"龙鳞"展现出来。嘉耀主动和组员们沟通："我去给龙鳞贴双面胶，心霓你来贴上，静宸你来剪三角形。"

孩子们分工协作，细心地剪出一片片龙鳞的形状，并粘贴在龙尾上，大家齐心协力，龙尾鳞片也越来越多。

嘉耀开心地拍手说道："耶！我们的龙尾也完成啦！"

龙珠、龙头、龙身和龙尾都制作完成了。在四位小组长的带领下，孩子们齐心协力，将各部分小心翼翼地移动到宽敞的场地上。每个人脸上都洋溢着期待与兴奋的笑容。

栩栩如生的龙展现在大家眼前，色彩鲜艳、造型独特，每一个细节都凝聚着孩子们的智慧与汗水。这不仅是一次艺术创作，更是他们团结合作、共同努力的成果。从讨论到设计再到制作，每一步都是孩子们集思广益、互相帮助的见证。

老师："你们真的太棒了呀！这是你们一起制作出来的独一无二的龙！"

浩浩补充道："我们画了特别多的龙鳞，剪下来，再贴上去的！"

图 12　舞龙制作完成

还有孩子迫不及待地问道："我们什么时候舞龙呀？""可以舞龙了吗？"

孩子们你一言我一语地交谈着，这条龙，宛如一道桥梁，连接起了孩子们的心，对传统文化的热爱和对美好生活的向往也在他们心间传递。不仅孩子们期待舞龙，老师也很期待他们生动活泼的表演。

## 怎么与龙共舞呢？

### 一、龙身容易"打结"，怎么办？

期待已久的舞龙表演开始啦。但孩子们舞起龙珠，举起龙头、龙身和龙尾，移动起来的时候，遇到了一个棘手的问题：龙总是"打结"，整个队伍无法协调一致地完成表演。

图13　龙身总是"打结"

"舞龙时为什么总是"打结"呢？"孩子们一起分析龙身"打结"的原因。

"老师，老师，是不是龙的棍子太短了，我挥不起来，只能被他们带着跑。""前面跑得太快了，我跟都跟不上！""我不知道他们要往哪里跑，一下左，一下右。"……

有的孩子认为棍子短导致在舞动时无法与其他部分保持同步；有的孩子则认为可能是前面的小朋友跑得太快了，后面的小朋友跟不上，需要更多的练习。孩子们在不确定从哪方面入手时，询问老师："老师，我们怎么不让龙身"打结"呢？"我建议道："要不要先试着确定一下舞龙时的路线呢？"

孩子们对老师的建议表示认同，决定先完善舞龙的表演路线，看看用这种办法能否避免龙身在舞动过程中相互缠绕的问题。他们围坐在一起，经过一番讨论，动手制作出了一个小的手工龙，通过比画手工龙，发现确实需要设计出明确的路线，这样才能知道如何舞动。

于是，孩子们将舞龙的行进路线画出来，排列好顺序。绘画过程中，孩子们互相讨论和修改，不断完善路线的设计，呈现出一幅清晰明了的舞龙路线图。这张图不仅详细展示了舞龙的行进轨迹，还通过不同的颜色和标记，清晰地标出了龙头、龙身和龙尾的位置和移动方向。孩子们看着这幅精心绘制的路线图，脸上露出了满意的笑容。

浩浩自信满满地说："我们像路线图这样舞龙，龙身肯定不会'打结'了！"

瞧着孩子们信心满怀的神情，老师也愈发期待他们的表演了。

图 14　线路图 1

图 15　线路图 2

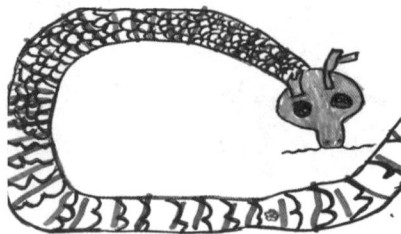

图 16　线路图 3

图 17　线路图 4

## 二、舞龙节奏不一致，怎么办?

图 18　再次尝试舞龙表演

舞龙表演准备再次开场啦！孩子们选择了一个宽敞且易于移动的场地作为表演舞台，为了保障龙在舞动时保持流畅且不相互干扰，他们再次确认了路线规划中需要考虑龙头、龙身和龙尾之间的协调，以及每个舞龙者之间的配合。

虽然有了路线图明确路线，可是，在表演中，新的问题出现了。尽管知道该按照哪几条路线跑，但有的孩子跑得太快，也不知道什么时候变换路线，后面的人跟不上速度和变化，导致龙舞着舞着就"打结""断节"了。

孩子们再次寻求老师的帮助："老师，有的人跑太快了，我们不知道什么时候变化路线呀！"老师将问题抛给孩子们："可以想想有什么办法呢？"

小琴："如果有提示就更好了。"

小雨："表演的时候老师没有和我们一起呀！"

子淇："老师，你在台下做手势提醒我们吧！"

令龙："那只有前面的人才能看见啊！我们后面又不知道。"

子淇："那用鼓声吧！我们可以跟着鼓声变化，有节奏！"

子淇的提议马上得到了孩子们的认可，孩子们一致决定用鼓声来提醒何时变化队形。

老师接着问道："那用什么样的鼓声节奏提醒呢？"

孩子们经过协商，决定用三声重鼓音代表换队形。为了确保能踩上鼓点的节奏，在练习初期，他们还邀请了保育老师参与练习。孩子们不断调整自己的步伐和动作，随着鼓声的指引，逐渐掌握了节奏和配合，合作越来越默契。

**三、舞龙者一起与龙共舞啦！**

舞龙者登场表演啦！龙珠、龙头、龙身、龙尾各就各位，随着鼓声响起，孩子们按照预定的路线，根据鼓声的指引开始舞动。

"一起跑起来啦！"

"左边，右边……"

"咚咚咚！"鼓声响起的时候，孩子们反应迅速："变化路线！"

龙舞得生动而有力，每一个转折、每一个变换都恰到好处。观众为他们精彩的表演而欢呼，掌声如雷。

图 19　与龙共舞

通过共同努力，孩子们不仅解决了舞龙时的困难，也学会了如何在团队中有效地沟通和合作，积累经验与智慧。

**教师反思**

"二月舞龙记"的探索，不仅让孩子们认识到舞龙这一古老技艺的精妙，更能体会到它与传统节日的紧密联系，进而在亲身体验中，深刻感受传统文化的魅力。见证孩子们与龙共舞，我也收获丰硕。

在"二月二，龙抬头"的谈话活动中，我意识到简单介绍舞龙的历史和形式不足以打动人心，更重要的是传递舞龙背后深厚的文化内涵。因此，我引导孩子们主动探寻答案，了解舞龙在传统节日中的运用及其所蕴含的吉祥、喜庆之意，使他们对舞龙产生了更深层次的理解。同时，通过富有创意的讨论和互动让探究愈加深入。其中，制作舞龙道具的过程，孩子们展现了令人惊叹的创造力与团队协作能力。他们根据自身兴趣与特长，灵活选择、自主组队制作龙珠、龙头、龙身与龙尾，并精心挑选合适的材料。《3—6岁儿童学习与发展指南》指出"幼儿的社会性主要是在日常生活和游戏中通过观察和模仿潜移默化地发展起来的"。在这过程中，孩子们相互帮助、共同学习，不仅提高了动手能力，增强了团队凝聚力，也奠定了健全人格的基础。

在舞龙表演过程中，孩子们遇到了步伐不一致、队形混乱等问题，面对挑战，他们并未退缩，而是通过协商和讨论，找到了解决的方法。他们决定用鼓点提示节奏，这一创新方法不仅解决了困难，更让表演增添了几分生动，体现出孩子们的智慧与解决问题能力的增长。同时，我发现自己在教学中更加注重孩子们的主体地位了，鼓励他们积极参与、主动探索，孩子们勇于尝试、敢于创新，他们解决问题和应对挑战的能力也得到了提升。将问题抛给孩子，孩子其实能比我们想象的做得更好，这有助于他们在亲身体验中学习和成长，也能让他们感受到传统文化的魅力和价值。在未来的教学中，我会更加注重传统文化的传承和弘扬，同时注重培养孩子们的创造力和团队协作能力，让他们在快乐的学习中成长和进步。

舞龙不仅是一项传统活动，更是一种文化的传承与弘扬。孩子们在传统文化浸润中学习与成长，这些珍贵的体验和记忆将伴随他们，成为他们未来人生路上永恒的精神财富。

# 地铁下班后去了哪里？

作者姓名：何蔼思、唐丹
指导老师：邢慧芹
幼儿园名称：深圳市福田区实验教育集团附属幼儿园
幼儿年龄段：大班

## 课程故事简介

我们幼儿园靠近地铁站，孩子们的出行除了私家车，较多时间都是乘坐地铁。每次节假日回来，孩子们都能侃侃而谈："我周末和爸爸妈妈乘坐地铁出去玩了。""我发现地铁上有些座椅有洞洞。""地铁没有方向盘怎么行驶呢？""为什么地铁是在地下的呢？"教师基于幼儿对地铁的兴趣，开展了地铁相关的探索。

## 故事缘起

在一次关于"深圳地铁"的晨谈活动中，书越皱着眉头嘀咕："我爸爸妈妈很早就下班了，可是地铁会下班吗？"这一问题引起了很多孩子的兴趣。

书越："我没见过地铁下班呢！"

九如："也许地铁不用下班呢！"

米雅："不可能，司机叔叔也会累的啊！"

清扬："地铁肯定要下班的啊，只不过我们没看见而已。"

娜娜："会不会是停在世界之窗站呢？我就在那里下地铁的。"

嘉悦："不对不对，世界之窗只是接驳站，地铁还要继续开的。"

子钦："那地铁下班后到底去哪里了呢？"

关于"地铁下班后去了哪里"这个问题，孩子们七嘴八舌地参与了讨论，并对此话题产生了浓厚的兴趣。于是，我们就此开展了一场关于"地铁下班后去了哪里"的探索之旅。

## 初探地铁站

怎么知道地铁下班后去了哪里？孩子们纷纷陷入沉思当中，一会儿，六六率先举手说："我知道，我们可以去地铁站看看。"其他孩子也纷纷说出自己的想法。

嘉悦："要不我们去地铁站问问工作人员？"

圳圳："也可以和爸爸妈妈上网查资料。"

铭铭："我们在地铁书里找找？"

球球："我觉得地铁站的站长肯定清楚。"

为了支持幼儿的兴趣和强烈的探索欲，老师让家长周末和孩子们带着纸和笔，一起去地铁站寻找答案。除此之外，老师还鼓励家长们带一些地铁相关的书籍入园，为孩子们后期的疑惑提供些支持。

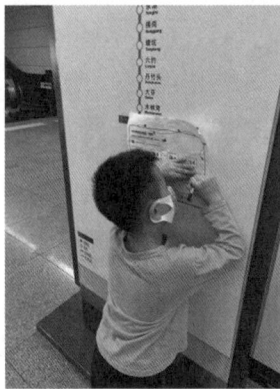

图 1　通过记录地铁线路寻找答案　　图 2　通过询问地铁工作人员寻找答案

## 共享信息，怎样才能找到答案？

周一，孩子们纷纷分享了自己周末去地铁站了解到的情况，且家长们也为孩子们准备了一些关于地铁的书籍并带到了幼儿园。孩子们对离家最近的线路、平时和爸爸妈妈经常去的站点、地铁的线路有哪些等都进行了分享，可谓分享劲头十足。可是对"地铁下班后去了哪里"都表示还不清楚。书越手舞足蹈地分享自己乘坐地铁寻找"地铁下班后去了哪里"的经过，还对此次的探寻之旅做了一个小结：因为我坐地铁时它还没有下班，所以我找不到它最后到底停在哪里。

嘉悦："我问了地铁站的叔叔，他说他只负责检查物品。"

铭铭："地铁的书里面也没有写地铁下班后去了哪里。"

球球："我找不到地铁站的站长。但是我妈妈说了，可以让老师给地铁站的站长写信，提出我们想提的问题，说不定能帮助大家解决问题。"

铭铭："汽车有停车场，地铁是不是有停地铁场啊？"

铭铭和球球说完，孩子们茅塞顿开，纷纷表示：对呀，地铁也一定都开进了停车场里，到底是不是进了停车场，我们写信去问问就知道了，可以请何老师帮我们把信交给地铁站的工作人员。

于是孩子们结合自己周末的经验，纷纷拿出纸笔，用自己的方式表达了自己的想法：地铁是停在停车场里吗？我们能去地铁站看看吗？也有小朋友继续在书中寻找答案。

为什么找不到"地铁下班后去了哪里"的答案呢？从孩子们的只言片语中，老师发现孩子们有点失望、气馁，但也有迎难而上的决心。于是，我们引导孩子们一起思考：如果地铁下班后进了停车场，会在那里做什么呢？同时，我们也积极响应孩子们的提议，一起和孩子们写信给地铁站的工作人员，邀请他们一起来园为孩子们答疑解惑。

图 3　给站长写信

图 4　翻阅有关地铁的书籍

## 地铁公司的"蓝精灵"来访

终于等到了地铁公司的工作人员来幼儿园啦！他们首先介绍了自己是蓝精灵哥哥和蓝精灵姐姐，并为孩子们介绍了深圳地铁的起源、线路以及地铁有哪些工作人员、地铁的相关设施设备等。最后，到了最精彩的部分——孩子们的提问环节。

米雅：地铁下班后去了哪里？

云舒：是和家里的车一样，都去了停车场吗？去那里做些什么呢？

阿初：地铁可以开多快？

娜娜：为什么地铁没有方向盘会转弯？

梦玥：为什么司机下班了还要敬礼？

地铁工作人员很细心地解答孩子们的问题，回到班级后，孩子们一起回顾"蓝精灵"们的到访活动。孩子们学到了很多专业的地铁名词和知识，知道了地铁停车场的名字叫作"回厂停车辆段"，知道了地铁停在回厂停车辆段后，检修人员都会为每辆地铁进行检修，且每条线路都有停车场等；不仅自己的疑问得到了回答，还知道了"蓝精灵"上班的流程，以及乘坐地铁的安全注意事项和地铁站的消防设施。

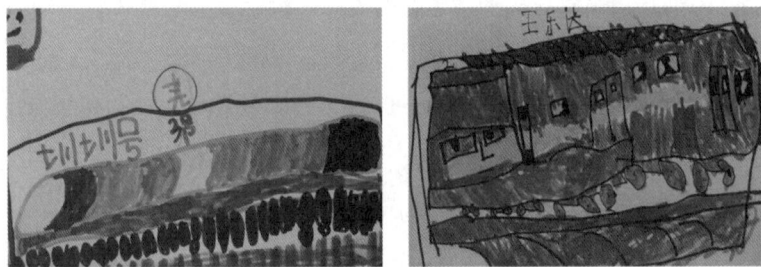

图 5　回厂停车辆段

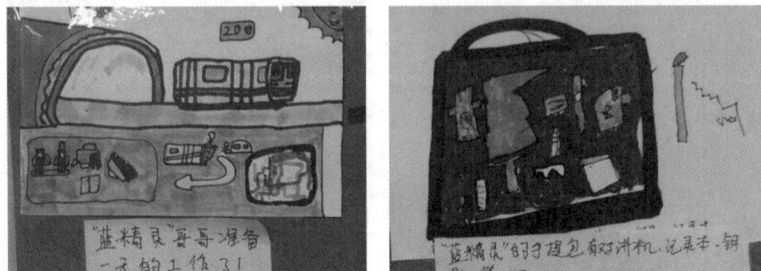

图 6　幼儿画"蓝精灵"的工作和手提包

## 再探地铁站

地铁工作人员到访幼儿园后，在谈话中发现，孩子们不但好奇我们幼儿园旁边的二号线香蜜站是不是"回厂停车辆段"，还好奇地铁站的设施设备等。于是，老师带领着孩子们探访香蜜地铁站。

圳圳：蓝精灵叔叔，我们想问问这个地铁站是停车场吗？

站长：这里不是回厂停车辆段，这里只是二号线的香蜜站。

九如：那我们能去那里吗？

站长：地铁停车场并不是每个车站都有，每条线路所设置的停车场位置和数量都不相同，例如我们的二号线现在正在使用的就有三个停车场：蛇口西车辆段（与赤湾站相连）、后海停车场（与湾厦站相连）、望基湖停车场（与深外高中相连），还有五号线的塘朗车辆段，一号线的前海车辆段……列车晚上到达终点后根据需要回到较近的车场维护保养。

孩子们知道二号线香蜜站并不是地铁停车场后，虽然有点小失望，但是很快地又被蓝精灵们介绍的地铁设备所吸引，积极地跟随蓝精灵们探访地铁站的设施设备。

孩子们实地考察香蜜地铁站，通过采访活动，知道了这里并不是地铁停车场，之前想要探访地铁停车场的计划落空了。孩子们虽然很失望，但是很快就调整了自己的情绪，并积极地投入新的参观活动中。在地铁工作人员的带领和讲解下，幼儿再次认识地铁站和地铁上的设施设备及其用途，能大概说出不同路线有不同的颜色标

图 7　买票的流程

志，地铁站里的安全标志和消防设施，地铁站里的便民服务，地铁的停车场等相关知识。

## 我们一起设计地铁停车场吧

通过对地铁站的探访及工作人员带领的了解活动，孩子们对"地铁下班后去了哪里"有了深入的了解，为此，孩子们对建造地铁停车场进行了相关的讨论，并进行了图纸设计及搭建活动。

图 8　孩子们设计的地铁二号线停车场

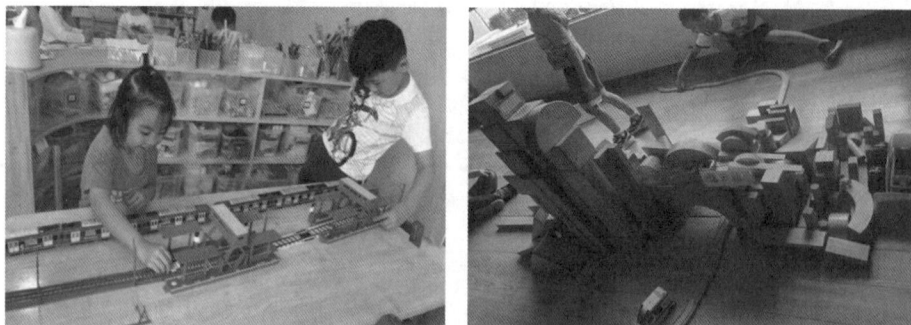

图 9 幼儿用玩具拼搭地铁停车场

孩子们对地铁停车场深入探究的热情令人惊喜，尽管未探寻到真正的地铁停车场，但孩子们的想象与创作仍在持续中，还能通过自己的所见所闻进行安检机的设计和制作。

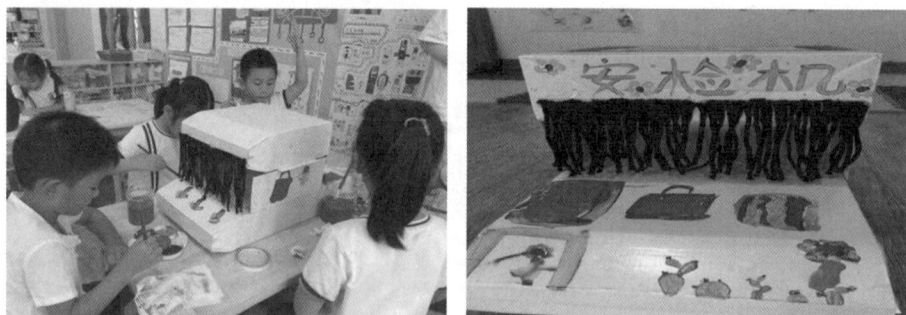

图 10 幼儿设计及制作安检机

**教师反思**

在"地铁下班后去了哪里"的探索中，通过亲子探秘地铁站停车场、工作人员的到访及再探地铁站、设计搭建地铁停车场等一系列活动，大大提升了孩子们对地铁原有经验的认知水平。更重要的是，在这个过程中，孩子们对情绪转变的处理、对问题的深入探究等，都得到了较好的提升。不仅丰富了孩子们的知识，也提高了孩子们的语言表达能力和动手能力。同时，老师在活动中能及时地抓住幼儿的兴趣，共同建构活动内容，不断探索、发现和完善，提供了绘画、建构、讨论、观察、合作和收集资料等许多让孩子们参与活动的方法，从而支持孩子的活动。遗憾的是，此次未见到地铁停车场"真容"，后期可以通过探访地铁站时站长的回复，发动家长带孩子探寻地铁停车场。

# 小孩儿出书记

**作者姓名：** 贾婷婷、邹颖心、陈安妮
**指导老师：** 黎美红、吴丹
**幼儿园名称：** 深圳市福田区天健天骄幼儿园
**幼儿年龄段：** 大班

## 课程故事简介

　　"小孩儿出书记"活动起源于幼儿对同伴名字"同音不同字"有趣现象的发现，从幼儿的名字出发，幼儿在探索自身名字的含义的过程中创作了第一本书——《名字的故事》。自此，幼儿的创作热情持续高涨，对书籍制作产生了浓厚兴趣，进而产生了制作第二本书的愿望，这是一本融合个人创意的象形文字立体故事书。然而，在第二本书的制作过程中，他们发现象形文字卡片的使用存在诸多不便，为了解决这一问题，他们再次投入创作，着手制作第三本书——《汉字的历史》。这一系列活动的展开，充分展示了幼儿对于学习和探索的积极态度。

　　在此过程中，教师旨在激发幼儿的学习兴趣和创造力。教师注重家园共育，鼓励家长参与活动，与幼儿一起探讨其名字的含义和背后的故事，进一步加深了幼儿对自我身份的认识和理解。同时，教师适时介入，引导幼儿发现并统计名字中的异同，潜移默化地发展幼儿的分析与总结能力。

## 故事缘起

有一天，老师把班里叫"欧阳"的幼儿名字中"欧"字写成了"鸥"，欧阳马上纠正说："老师，我的欧不是海鸥的鸥。"班上的孩子们纷纷讨论起来："这两个字好像啊""我的李是木子李"……

经过观察，老师发现孩子们对自己以及其他幼儿的名字产生了浓厚的兴趣，经常进行交流和探索。于是老师决定与孩子们一同探索汉字的奥秘。

## 第一本书——《名字的故事》

### 一、同音字的秘密

一天，幼儿在晨谈板前看着班里幼儿自制的名字牌在聊天，老师从他们的聊天中得知，他们发现各自名字里有同音字。"我跟你名字里都有刘""我们都有彦""丁时远和丁敬宸都有丁""马昊阳和魏羊彤都有'阳'"……

此时，一个不一样的声音出现了——岸奇惊喜地叫道："不对！你们的yang，长得不一样。"

恒烨摸了摸头一边思考一边问道："为什么你们的名字读起来一样，字长得不一样啊？"

老师发现幼儿的聊天到这里忽然中断了，便在晨谈的时候跟幼儿一起探讨了这个同音不同字的问题。当时幼儿并没有给出很好的答案，老师决定引导幼儿从自己的名字含义出发，先了解自己的名字代表的意思，之后再一起讨论这个问题。

老师先是和幼儿一起制作了班级幼儿名字相关的语言玩具。该玩具将班级幼儿名字拆分成单个的字，做成可以随意搭配组合的名字玩具，并投放到语言区供幼儿自由组合搭配，进一步促进幼儿对文字字形的了解。

图1 幼儿发现名字牌中的"秘密"

图2 幼儿在语言区操作名字玩具

经过探索之后，老师引导鼓励幼儿进行总结，让幼儿把班里幼儿名字中读音一样的字挑出来进行分类，希望培养幼儿分析、统计、总结的能力。幼儿最终将名字分为读音一样，长相也一样的字；读音一样，长得不一样的字。分类后，老师继续引导幼儿回到之前发现的问题上——为什么这些名字读音一样，长相却不一样呢？

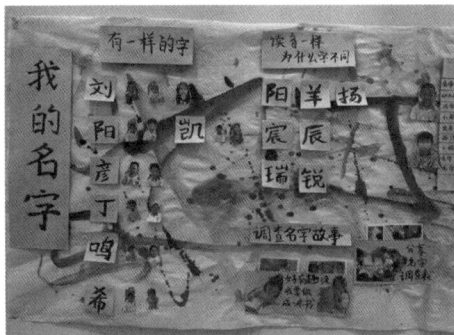

图 3　分类名字中的同音字

## 二、第一本书《名字的故事》面世

当老师引导幼儿做好名字同音字分类后，接着老师开启了第二个活动——名字大调查，让幼儿回家调查各自的名字故事及由来，并用自己的方式记录了下来，带到幼儿园与小朋友分享。

图 4　幼儿名字故事节选

通过分享，我们发现每个人的名字都有不一样的故事，代表的意思各不相同。原来，魏羊彤的羊是小动物的"yang"，爸爸妈妈希望她像小羊一样可爱、善良。马昊阳的"yang"是太阳的阳，爸爸妈妈希望他像太阳一样温暖。幼儿发现在这些名字故事中，读音一样的文字，长相不同，代表的意思就不同，因此虽然名字读起来一样，但字长得不一样。

在分享环节结束后，老师观察到众多幼儿表达出了浓厚的兴趣，"好好玩呀""我喜欢这些故事""我也好喜欢"。

老师："既然大家都很喜欢，那我们用什么办法把这些一张张的名字故事保存下来呢？"

奕奕："把它们用夹子夹在一起就可以了。"

佳浓："不行，时间长会烂的。"

老师："那用什么方法让它们不会烂呢？"

彦彰："给它们做上保护套吧，像我们平时看的书一样有坚硬的封面外壳就可以了呀！"

经过讨论，大家都觉得彦章小朋友的方法不错，就想要把这些"名字故事"做成一本书。

老师经过观察，发现幼儿经常翻看这些故事。鉴于幼儿对班级幼儿的名字故

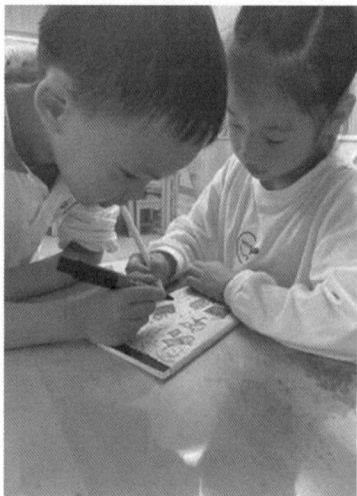

图5 制作《名字的故事》封面

事展现出的浓厚兴趣，且考虑到幼儿也许可以从这些故事中得到意想不到的收获。因此，老师决定支持幼儿的决定，将这些有趣的名字故事做成书进行保存。

老师组织幼儿把班级幼儿的名字故事进行汇总与装订。由于这个是记录着大家名字故事的书，于是经过集体讨论，幼儿一致投票将其命名为《名字的故事》，这个过程展现了幼儿对各自名字含义的兴趣，体现了幼儿对汉字文化的探索欲。这是幼儿开始对汉字知识追本溯源的表现，此时老师也在思考接下来该如何引导幼儿更深入地探索汉字文化，又该给幼儿提供什么支持。

### 三、发现名字中有象形的特点

为了让幼儿继续对各自的名字和名字故事进行更加深入的探索，老师决定把幼儿自制的《名字的故事》一"书"投放在班级的展示区，让幼儿可以随时翻阅。幼儿几乎每天翻阅这本"书"无数遍，经过不断的观察、探索，幼儿对汉字有了更深入的发现，突然有一天梓睿、彦彰和意锐三个小朋友拿着这本"书"兴奋地找老师分享，梓睿激动地说："老师，我发现魏羊彤的'羊'和羊（动物）头上都有两个角诶！"

彦彰一脸自豪地说道："我知道，这是象形字，我妈妈给我看过一个电影，里面就有'羊'这个字。"

图6 《三十六个字》观影记录

原来幼儿发现了"羊"的汉字字形和动物羊有相同的地方，老师觉得这是一个让幼儿了解象形文字很好的机会。为了支持幼儿深入学习，老师在班级组织了观看《三十六个字》动画电影的活动。在观看电影时，孩子们被电影里富有生命力的象形字深深地吸引了，一边看一边讨论："这是马。""这是山。""这是人。""羊！看到羊了！这就是羊！"

观影结束后，老师和幼儿把关于电影的讨论和发现记录并展示出来，供幼儿持续学习。

之后的几天里，妈妈是小学老师的幼儿就开始跟其他小朋友"科普"说："这是象形文字，我家有汉字闪卡，里面就有象形字。"第二天该幼儿就主动把自己的汉字闪卡带来幼儿园跟同学分享。汉字闪卡一时间得到了全班的关注，之后还有多名幼儿也带来了不同版本的象形文字闪卡，班级内兴起了探索象形文字的热潮。

老师把幼儿这段时间关于象形文字的作品展示在班级环境中，营造积极的学习氛围，加深幼儿对象形文字的印象和兴趣，以促进幼幼间相互交流和学习；同时，老师还在语言区投放《三十六个字》的绘本，满足幼儿对象形文字的探索，帮助幼儿积累对汉字文化起源的经验，为幼儿下一阶段对汉字的学习打下基础。

图7　幼儿作品在环境中的呈现

## 第二本书——《象形文字绘本》

### 一、象形文字的趣味玩法

随着活动的持续推进，孩子们在汉字（象形文字）的学习上积累了丰富的经验。他们对汉字的兴趣进一步延伸至家庭生活和幼儿园的日常生活中。他们开始在日常生活中寻找汉字，将玩汉字游戏视为新的乐趣所在。在区域游戏中，孩子们采用"象形文字扑克牌"的形式，进行故事接龙，创造象形文字故事并开展猜字游戏。此外，他们还在美工区和语言区积极创作象形文字故事，以表达他们的创意和想象。

图8　幼儿在玩"象形文字扑克牌"

## 二、萌生做第二本书的想法

图9 幼儿创作的象形文字故事

图10 讨论方案并记录

象形文字游戏在班里进行了一段时间后，幼儿发现象形文字故事更直观易懂，创作的象形文字故事也越来越多了。此时，老师观察到个别幼儿开始不满足于对简短故事的创作，且幼儿的单张作品很容易破损，于是老师决定抓住这个契机，组织一场儿童会议，促使幼儿对象形文字进行更深入的探究，引导幼儿主动提出问题，并相互讨论，尝试找到解决问题的办法。就这样，一场由老师发起、幼儿主导的会议开始了。

意锐：我觉得可以做成故事书，像《名字的故事》那样，能记录有趣的事情还不易破损。

琳琳：我最喜欢看故事书。

时远：能做成我们语言区的那种书吗？能动的那种。

岸奇：对，一打开就可以立起来的书更好玩。

因为有了制作《名字的故事》这本书的经验，幼儿们有了自制一本象形文字立体绘本的想法。老师这时也有一定的疑问，从故事书到立体绘本其中要解决的问题一定不少，幼儿能完成吗？但是转念一想，这也许是一个让幼儿尝试运用多领域知识解决问题的好机会，因此还是决定支持幼儿的想法。老师随即组织幼儿开展了一场关于"如何制作立体绘本"的讨论，以帮助幼儿理清思路，做好分工与准备工作。

幼儿从材料准备到计划、分工进行讨论，并在老师的协助下进行了记录。

初步的准备做好了，那做什么故事又成为新的难题。老师依旧把解决问题的机会交给幼儿，又带领幼儿展开了一场儿童会议：

燊炜：我想做三只小猪的故事。

意锐：我想做石猴出世。

佳浓：我想做三打白骨精。

彦彰：三只小鸡和小黑鸭很有意思，我想做这个。

梓睿：我想做《三国演义》里的《三英战吕布》。

一鸣：这么多故事怎么做得完呢？

梓睿：不如我们投票决定吧。

老师：如果这个故事其他小朋友没听过怎么办？

诗妍：我们讲一遍给大家听，然后再投票。

经过讨论，幼儿决定通过投票确定故事内容，最终决定将《三国演义》里的《三英战吕布》做成立体故事书。

### 三、开始制作立体故事书

#### 1. 设计人物形象

确定好故事和人物后，幼儿就开始寻找故事人物合适的象形文，并进行设计。幼儿通过象形文字"马"和"人"的组合，再加上不同人物的特征，制作了故事里的不同主角。

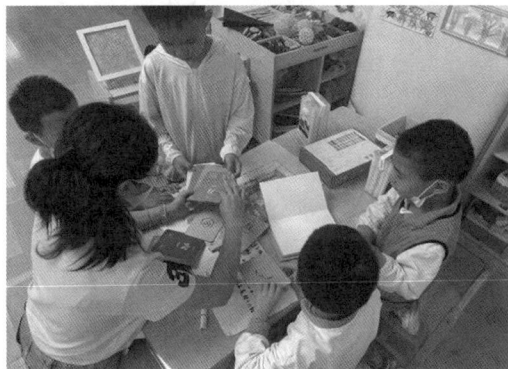

图 11　寻找合适的象形文字闪卡　　　　图 12　幼儿设计的人物形象

#### 2. 立体书"立不起来"怎么办？

幼儿通过绘画、测量、裁剪、粘贴等各种方法来尝试立体书的制作。可是多次尝试后，怎么让书"立"起来成了一个大难题，幼儿多次尝试都失败了。老师观察到幼儿设计的立体书结构有很大问题，暂时没有考虑到平衡性和稳定性，而且在制作技巧方面，立体书的折叠、粘贴和连接的方法都有问题。此时，老师并没有直接指出问题所在，而是组织幼儿对比班级内现有的成品立体书结构，并带领幼儿学习、实验，引导幼儿自己寻找解决问题的方法。

图 13　幼儿制作立体书的场景

图 14　讨论失败的原因并寻求解决办法

图 15　《三英战吕布》立体故事书封面

　　经过一段时间的调整后，立体书的内容终于绘制完成。老师和孩子们经过讨论，决定再加上署名，完成立体书的制作，这个学习活动就正式告一段落了。

　　象形文字立体书的成功制作，无疑为全班幼儿注入了无比的自豪感和成就感。这一成果不仅深化了他们对汉字文化的理解，更在潜移默化中为他们积累了宝贵的知识与经验。

## 第三本书——《汉字的历史》工具书

　　在制作象形文字立体书时，幼儿每天都要花很多的时间翻阅象形文字闪卡，寻找可以使用的象形文字。

　　于是有幼儿提出疑问："我觉得每次闪卡找字都要找好久，能不能直接做一本书，把所有的象形文字放进去，我们再找的时候直接翻开书就可以了。"他的想法得到了其他幼儿的大力支持，此时意锐笃定地说："这本书就叫《汉字的历史》，里面都是原来的汉字，就是汉字的历史。"幼儿们意见统一，于是这本工具书也开始制作了。

老师观察到幼儿能够敏锐地识别出闪卡零碎以及使用烦琐的问题，并展现出自主解决问题的能力，其方法既高效又富有趣味性。因此，老师向幼儿提出了具体的建议，即让他们对象形文字进行分类整理，并按照相应的类别进行有序排列，构建一个象形文字的集合，类似于一本象形文字工具书，以便于幼儿更好地学习和使用。

此后，象形文字工具书——《汉字的历史》的编制团队正式成立。在约定的时间，团队成员迅速集结，围绕一桌而坐。四名组员目光聚焦于携带大量材料的组长意锐，组长双手稳稳地撑在桌面上，一本正经、有模有样地给大家安排任务："我们一人一张纸，要照着我的甲骨文闪卡，先写字，然后画箭头，再写甲骨文，要涂色，要用大头笔……"

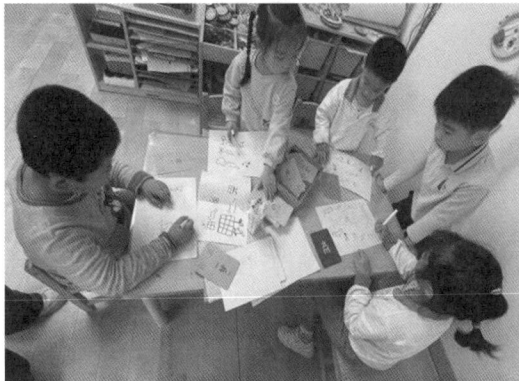

图 16　幼儿制作《汉字的历史》的场景

一开始，幼儿在一张 A4 纸上只写一个字，发现太浪费了，于是把纸对折，变成一张纸上写好几个字。幼儿一边制作一边讨论，针对一张张零散的文字，顺怡一边思考一边说："用皮筋套住就行吧。"子言摇摇头说："不行，会散开的。"意锐转头环视了一周说："有没有回形针，可以夹住。"彤彤指了指美工区其中一个柜子说："好像美工区有木夹子。"然后彤彤走过去拿来夹子，把做好的册页夹起来，说："你们看，这样夹起来就可以了。"此时，顺怡开始翻阅这本《汉字的历史》，突然顺怡哈哈大笑，然后说："这样好搞笑，一翻就掉了。"子言指了指一旁的固体胶，说："这里不是有固体胶吗？"意锐拿起固体胶说："试试看怎么粘住。"幼儿一边讨论一边工作着。

意锐："我想用蓝色的封面。"

羊彤："我想要用粉色装饰。"

意锐："可以，我来安排。"

诗妍："你要涂多一点！"

顺怡："不要粘这一头，不然我写的都被粘住就看不到了，你要这样粘。"

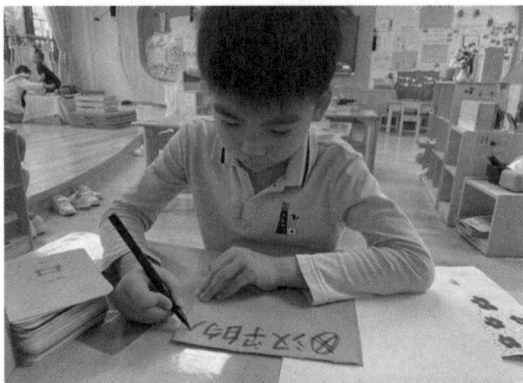

图 17　幼儿绘制《汉字的历史》书封面

幼儿们一边讨论一边制作，最终一本供大家翻阅参考的象形文字工具书——《汉字的历史》就此诞生啦！

象形文字工具书《汉字的历史》的制作让幼儿了解了文字的分类，是自主制作工具书的开始，同时也提高了立体书的制作速度。幼儿体验到一种成功的喜悦，对往后制作立体书也更有信心了。

## 教师反思

在活动中，老师及时捕捉到了孩子们对名字的浓厚兴趣，并巧妙地引导他们开始了一段汉字的探索之旅。在孩子们惊喜地发现名字中的同音字时，老师不仅给予了及时的支持，还提供了《三十六个字》的动画电影和绘本，让孩子们在兴趣的驱动下深入探究汉字的奥秘。

当孩子们萌生了制作象形文字立体故事书的创意时，尽管面临挑战，教师依然尊重并支持他们的学习热情。老师深知，兴趣是学习最好的导师，孩子们在追求兴趣的过程中可能会展现出惊人的创造力。最终，孩子们不仅在立体书的制作过程中学到了解决实际问题的知识，还在实践中锻炼了解决问题的能力。

面对孩子们在制作过程中遇到的挫折，老师及时介入，借助成品立体书启发孩子们学习他人的技巧，从而找到解决问题的新方法。这种引导不仅重燃了孩子们的创作热情，也帮助他们重拾了对学习的兴趣。

孩子们还在活动中自制了《汉字的历史》这本工具书，它像一本字典，方便未来孩子们查找所需的象形文字，大大提高了他们的学习效率。

整个活动过程中，孩子们通过共同阅读、讨论、合作、收集资料、绘画和手工创作等多种形式，跨越了文化、语言、艺术、科学、健康等多个领域，全面培养了他们的学习品质。立体书的制作更是提升了孩子们对艺术的鉴赏力和审美能力，让他们在美的体验中成长。

老师始终秉持以幼儿为本的教育理念，尊重每个孩子的学习兴趣，通过细致的观察和评估，灵活调整教学策略，以满足孩子们个性化的学习需求。面向全班的开放性活动，老师为每个孩子提供了丰富的材料和共享的技巧，确保孩子们在兴趣的引导下制作故事书，促进了班级全体幼儿的共同进步与发展。这不仅是一次知识的学习，更是一次心灵的触碰，让孩子们在快乐中学习，在探索中成长。

# 沙乐园

作者姓名：钟燕敏、伍芳、陈安妮
指导老师：黎美红、吴丹
幼儿园名称：深圳市福田区天健天骄幼儿园
幼儿年龄段：中班

## 课程故事简介

"沙乐园"始于孩子们对新沙池的好奇和兴趣，老师顺应孩子们的探索欲，引导他们开展了一系列活动。从沙池初体验到材料的搜集与整理，再到游戏的创新与升级，孩子们在老师的引导下，自主探索、合作解决问题，逐步将沙池打造成了一个充满乐趣和创意的游戏天地。孩子们不仅学会了如何归纳整理材料、设计游戏，还通过制作游戏册，将他们的游戏经验分享给全园的小朋友。在整个过程中，孩子们的自主性、创造力和合作精神得到了充分的培养和展现。

## 故事缘起

幼儿园刚好有一个新建好的沙池，还未投入使用前一直被幕布遮盖。某天放学，孩子们意外发现沙池上之前一直盖起来的幕布被掀开了，场地里堆满了沙子和石头，这一现象引发了他们浓厚的兴趣与好奇心，孩子们纷纷驻足讨论："哇！这些沙子从哪里弄来的？""它好像海边的沙滩呀！""我好想进去踩一踩！"……孩子们对新建好的沙池充满了好奇。

老师顺应孩子们的兴趣，倾听他们的声音，积极调动他们参与园内环境改造的积极性，并培养他们的主人翁意识。借此，老师决定开展"沙池探究之旅"的活动，以满足孩子们的探索欲。

## 沙池初探：沙池里的游戏趣事

### 一、沙池初体验

为响应孩子们的迫切要求和兴趣，老师带领孩子们第一次进入沙池进行游戏。孩子们三五成群地跳入沙池玩起来，有的用手挖、铲沙，有的把石头埋在沙子里……孩子们既忙碌又兴奋。

在初步接触沙池环境时，孩子们通过手脚触摸来感知沙子的独特性质，他们在沙池中挖掘、堆砌沙子，甚至寻找石块。尽管这

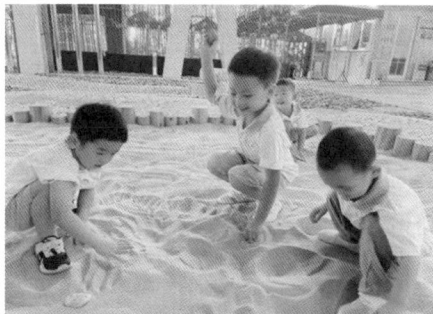

图 1 幼儿沙池初体验

些活动看似简单且重复，但孩子们乐此不疲，对这片沙池场地产生了浓厚的兴趣。老师敏锐地捕捉到了孩子们对沙池游戏的热切需求，因此决定全力支持孩子们进行更大胆的游戏与探索。随着沙池游戏的持续进行，孩子们也逐渐遇到了一些新的问题：

斯钰："沙池太空了，不好玩。"

可心："只能玩挖宝藏、寻宝的游戏。"

柏宇："我们还可以玩什么呢？"

智霖："海边的沙池有很多工具，这里没有。"

老师细致观察幼儿在沙池中的游戏表现，并结合活动后幼儿的反馈，敏锐地察觉到孩子们对沙池游戏的热情有所减退。经过深入了解，发现这是由于新建的沙池尚未配备任何玩沙材料，导致游戏内容显得单一乏味。老师决定积极采取行动来丰富沙池游戏环境，以支持幼儿在游戏中保持持续的兴趣和动力。这一次，老师不再扮演提供材料的角色，而是转变思路，成为引导者和激励者，鼓励幼儿自主地探索和改造沙池的游戏环境。

### 二、了解不同的沙池

针对沙池初体验出现的情况，老师展开了儿童会议来讨论"我们的沙池跟小朋友见过的沙池有什么不一样"，进而鼓励孩子们利用他们的假期时间，积极地去观察和了解不同种类的沙池，并制作一份关于他们所体验过的沙池的海

报，以便在后续的分享活动中进行交流和展示。

芊玥："我去的是海边的沙滩，那里有好多贝壳和小石头，我可以拿小铲子和水桶在沙里挖贝壳、盖房子。"

庚玥："这是公园里的沙池，用水和铲子搭城堡，用小车把石头贝壳运走。"

斯钰："这是我去过的海滩，这里有很多的沙子，沙子和海水在一起。它们可以放在一起玩，还有筛沙的小勺子。"

柏宇："这是我和爸爸去的沙滩沙池。我们会带一些玩沙和装水的工具，而且还要戴上遮阳的帽子，海边的沙滩是非常晒的。我和爸爸一起挖贝壳，还在沙滩上印脚印，我喜欢玩沙子。"

奕辰："这也是沙滩上的沙池，妈妈给我买了很多玩沙子的工具，可以用来挖洞、筛沙和装宝贝。"

经观察，幼儿普遍认为沙池若配备丰富的玩沙工具，将更具吸引力。同时，沙池内的遮阳伞等其他多样有趣的元素亦得到幼儿的青睐。为此，我们组织召开了儿童会议，孩子们积极提议，希望为沙池搜集更多材料，以丰富其娱乐性和趣味性，使沙池成为更加受欢迎的游戏场所。

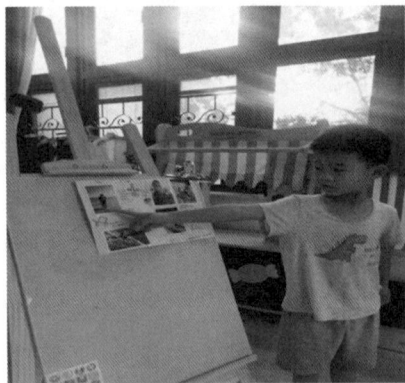

图 2　幼儿分享"我喜欢的沙池"

### 三、材料大搜索

材料从哪里来？需要什么材料？孩子们对搜集沙池材料等问题展开了激烈讨论……

图 3　幼儿园搜集材料之旅

骁尧："我家里有很多玩沙工具，从家里带过来就可以。"

沛然："我家里没有，但是商场有很多好玩的工具，我让妈妈买给我，我带来幼儿园玩。"

子涵："我们很多人都去过海边玩，本来就有玩具，大家都带来，就有很多玩具可以在沙池里玩了。"

玥玥："我表姐家里有很多玩具，我可以让她借我们玩呀。"

最后通过儿童会议，孩子们一致认为可以从家里寻找材料，于是他们先在

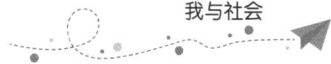

幼儿园开启了一场搜集材料之旅。

孩子们将从家中搜集的材料带到沙池玩耍时，发现材料种类还是稀缺，且相对单一，导致部分儿童缺乏足够的游戏资源。

思远："有些小朋友都没有从家里带玩具，所以不够玩。"

奕廷："我们沙池玩具太少了，只有模具，没有摩天轮。"

予柔："我觉得沙池是幼儿园的，所有小朋友都要玩，我们可以让别的小朋友帮忙搜集呀，这样就有很多好玩的工具。"

斯钰："可以让小朋友、家长、老师帮忙一起搜集。"

面对新出现的问题，孩子们通过讨论，决定制作倡议书、录制倡议宣言。几天后，我们班陆陆续续收到其他班级搜集的材料，孩子们非常开心。

经过全园的第二轮搜集，虽然材料的数量有所增加，但种类仍然较为单一，且缺乏趣味性，不足以满足幼儿多样的游戏需求。

因此，老师利用网络资源带领孩子们了解不同地区幼儿园、公园的沙池游戏材料。孩子们对沙池游戏有了更多了解后，决定写申购书向园长妈妈申购，购买新的玩沙工具。第三次材料搜集后，沙池材料丰富了许多。

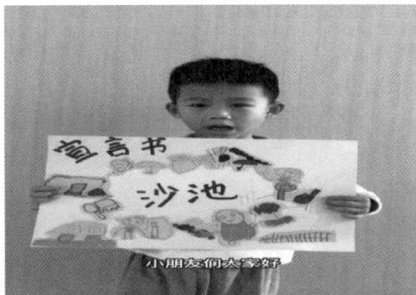

图 4　录制倡议宣言

### 四、材料太乱了，怎么办?

在沙池区域内，孩子们参与了多种形式的游戏，以丰富他们的娱乐活动。然而，每次活动结束后，玩具往往会被随意放置，导致场地显得杂乱无章。针对这一问题，孩子们迅速识别并采取了行动，通过组织儿童会议的形式，对此现象进行了探讨：

泽轩："材料没有家，小朋友们不知道要放哪里? 应该给材料找个家。"

嘉妤："玩具太多了，全都放一起太乱了，应该分类整理。"

庚玥："我们一起帮材料找家吧，分一分，摆整齐就可以啦。"

孩子们七嘴八舌地讨论着自己想做的任务，于是老师根据孩子们的想法和需要完成的任务将大家分为五组。每位小朋友都能根据自己的兴趣和意愿，自由选择加入他们最感兴趣的小组。

五个小组各司其职，却又相互协作，共同为打造一个充满乐趣和便利的沙池游戏乐园（简称沙乐园）而努力。归纳整理组的小朋友们像勤劳的小蜜蜂，将水桶、铲子、沙漏、小碗等不同类型的材料按照功能进行分类和统一存放，让每一次游戏都能有序而高效地进行。标识制作组的小朋友们变身为小小艺术家，他们将归纳整理好的材料拍照打印成图片，并精心设计标识，贴在对应的位置，为其他孩子提供了清晰的指引，确保材料使用后的归位。游戏设计组通过线上线下的信息搜寻、参观其他小朋友的沙池游戏来丰富自己的游戏经验，并在此基础上发挥创意，设计出新颖有趣的沙池游戏玩法，绘制出游戏指南供大家共同参考。沙池改造组的小朋友们是沙池环境的小规划师，他们认真收集大家在游戏中对环境的意见和建议，整合出切实可行的整改方案，让沙池环境更加符合孩子们的需求。申购组小朋友们则负责撰写申购单，向园长妈妈提出购买游戏或改造所需的材料和工具，确保沙池乐园的建设和改造工作能够顺利进行。

通过五组成员之间的相互配合和共同努力，沙乐园逐渐变成一个孩子们喜欢、便利、充满创意的游戏天地。在此过程中，孩子们的自主性得到了充分的体现和尊重，他们的每一个想法都被认真倾听，每一次尝试都被鼓励和支持。

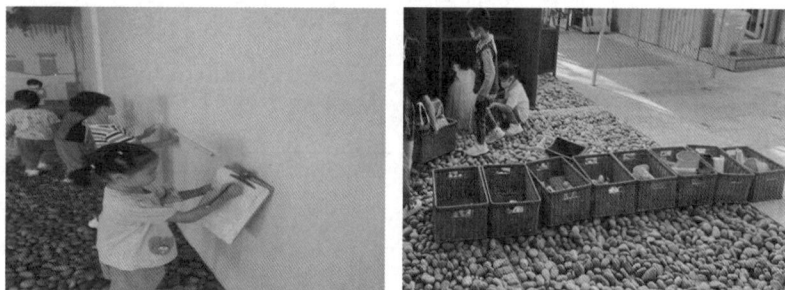

图5 幼儿对沙乐园材料的归纳、整理

## 沙池游戏升级记

### 一、竹排游戏

在沙池玩了一段时间后，有一天超超在沙池里无所事事地逛来逛去，然后跑到老师身边委屈地说："我都有点玩腻了，这个好简单，我已经会了！"老师也发现最近孩子们在沙池游玩的积极性不如刚开始的时候了。为了提升幼儿游戏体验、给幼儿的沙池游戏提供支持，老师带领孩子们一起在线上参观别的幼儿园沙池游戏，这时孩子们对其中的竹排游戏非常感兴趣并希望能添置到本园沙池中。

皓宁："我也喜欢沙池中有竹排，可以加水进去，水会流到其他地方，很好玩。"

凌珑："我觉得在竹排上面加波波球进去，咕噜咕噜滚下去也不错。"

柏宇："我们在沙池搭建一个动物园，用竹排围起来，动物就不会跑，就像围栏一样。"

在幼儿园环境中，老师根据幼儿的兴趣偏好，精心选取了多种竹子材料作为游戏材料。这些材料的引入，对幼儿的游戏选择及行为模式起到了积极的引导作用。通过提供竹子材料，幼儿被自然引导至沙池区域进行建构游戏。在游戏过程中，孩子们利用不同竹子材料展开搭建，并积极与同伴合作，共同构建游戏场景。这不仅使幼儿能够亲身体验水的流动性，同时也显著促进了他们的建构能力与团队协作能力的提升。

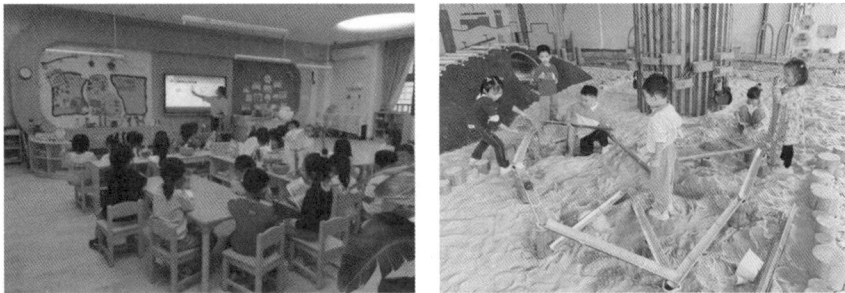

图 6　幼儿竹排游戏的筹备

## 二、卖豆腐啦！

塑沙和沙水联动的竹排游戏持续了一段时间，老师慢慢发现因没有了新的游戏玩法，孩子们对沙池兴趣又不太高了，部分孩子会在沙池里追追跑跑，简单重复地舀沙、挖坑、踩水。突然有一天，一诺小朋友背着扁担两边挂着竹篮，里面放着小积木，一边走一边吆喝："卖豆腐了，又香又嫩的豆腐呦！"他经过挖沙的小朋友，蹲下来笑呵呵地问："你要买豆腐吗？很便宜的，又好吃。"挖沙的小朋友随即假装给了钱买了一份，并闻了闻说："真香啊！"一诺继续吆喝着卖豆腐，陆陆续续吸引了一大波的顾客。一诺的举动引起了班级里其他小朋友的效仿，老师记录孩子在沙池中情境游戏的片段，然后在课堂中再现给孩子们。大家纷纷投入对情境游戏的讨论中，有的表示想要玩对抗游戏，有的想搭建娃娃家做饭等游戏，最后经过投票选择三种游戏，孩子们自主分组加入相应的游戏。

斯钰："我喜欢娃娃家做饭，我当妈妈，其他小朋友当宝宝，宝宝肚子饿了，妈妈在厨房做饭给宝宝吃。"

泽轩："我最喜欢对抗游戏，我们组可以搭一座城墙来躲避敌人，准备好盾牌、枪，敌人一来，就开战，太刺激了。"

沛然："我想挖一条恐龙河道，很深很深的，这个恐龙可以在河道里打战。"

图7　幼儿沙乐园情境游戏

情境游戏开展过程中，孩子提出需要添加材料，于是通过讨论、制作材料清单向中二班寻求帮助，请他们利用废物改造给我们提供材料。中二班小朋友如期交作品，孩子们带着新材料体验了情境游戏，游戏内容更加丰富有趣，孩子们更深刻地感受到沙池游戏的快乐，于是他们决定制作游戏展板，分享给其他班小朋友。

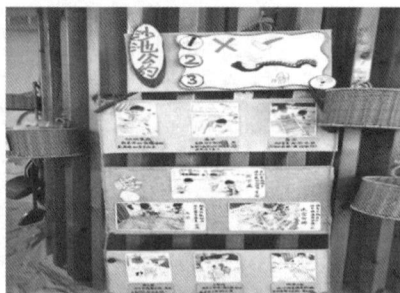

图8　幼儿沙乐园游戏说明

在材料丰富后，幼儿自主创新，在创设沙池环境的过程中解决了"沙池不好玩"的核心问题，幼儿游戏从单一性到丰富性，从简单的基础画沙、塑沙游戏到沙水联动的竹排游戏以及更丰富、更有想象力和创造力的情境游戏等。幼儿体验到沙池游戏的乐趣的同时也希望把好玩的沙池游戏分享给其他小朋友，于是制作了游戏展板向园内其他幼儿展示，也为接下来沙乐园的剪彩仪式埋下了伏笔。

## 沙乐园开张啦！

沙池从一个空荡荡的场地变成一个丰富有趣，为幼儿所喜爱的户外场地。这时候有小朋友提出："为什么沙池只有我们中三班的小朋友玩，没有其他小朋友玩呢？""是不是他们不知道这里可以玩呢？""那我们得想个办法让大家知道。"于是幼儿决定策划沙乐园开幕式。通过儿童会议，孩子们讨论了活动方案：

嘉予："我在电视上看过开幕式，有主人、剪彩嘉宾。"

籽莹："我觉得开幕式就是一个表演，需要邀请老师、园长妈妈、小朋友参加。"

骁尧："开幕式要有导游跟大家介绍我们的沙池，要让别人知道怎么玩。"

雪嫣："我看过的剪彩仪式有礼仪小组端个盘子和红球球。"

奕辰："要放鞭炮、礼花才漂亮，还要装饰我们的沙池哦。"

通过儿童会议讨论，孩子们根据活动方案确定人员安排，分别为：主持人、小导游、礼仪小组、环境布置组、游戏作品组，幼儿自主选择所要参与的任务，各司其职。

## 留下记忆——沙乐园游戏册诞生了！

孩子们在沙池探索中，发挥着无限的想象力，创造出了一个又一个充满乐趣和创意的游戏。然而，在每次活动结束收玩具的时刻，总有一些孩子依依不舍。老师注意到了这一现象，并与孩子们一起坐下来，耐心地探讨其中的原因。

孩子们向老师袒露了心声：他们舍不得那些精心创作的游戏作品，担心一旦离开，这些作品就会被破坏或遗忘。基于这份对创作成果的珍视和对分享的渴望，有孩子提出制作一本真正属于他们的游戏书。这本书不仅能够保留他们的游戏创作，还能将这些宝贵的游戏资源分享给幼儿园所有的小朋友，让每个人都能从中获得灵感和乐趣。

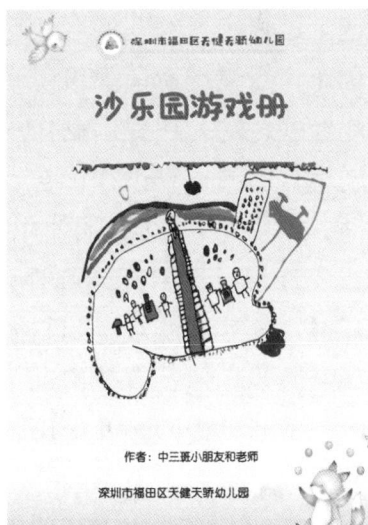

图 9  沙乐园游戏册成品

在老师的引导和支持下，孩子们开始了制作游戏书的旅程。他们首先回顾了自己在沙池中的游戏经历，挑选出最具代表性和最受欢迎的游戏。然后，孩子们分工合作，有的负责绘制游戏的步骤图，有的负责撰写游戏规则，还有的负责收集和整理其他小朋友的反馈和建议。

他们用彩笔和纸张记录下每一个游戏的精彩瞬间。在这个过程中，孩子们学会了如何表达自己的想法，如何倾听他人的意见，也学会了如何将抽象的游戏转化为具体的图像。

随着游戏书的逐渐成形，孩子们的创作热情也越来越高。他们为自己的作品感到自豪，也对即将与大家分享的成果充满期待。这本游戏书不仅是他们共同努力的成果，也是他们友谊和合作的见证。最后，老师为了更好地保留幼儿的作品，将幼儿的游戏书扫描成电子版，印制成游戏册，投放到沙乐园。

## 教师反思

在沙池游戏项目里，幼儿成为核心主导者。在老师的适当协助下，他们积极探索游戏中的问题，既是问题的提出者，更是解决者。他们对沙池游戏空间进行了符合自身需求的建构，比如增减玩具材料、改造沙池功能区、创新游戏玩法等。而且，幼儿在完成沙池改造后，还设计了一场精彩的剪彩仪式活动。从人员安排、制作邀请函，再到现场活动的开展，都是孩子们合作完成的。在这个过程中，幼儿的合作对象不断拓展，他们不再局限于和班里熟悉的小伙伴合作，还主动邀请大班哥哥姐姐担任表演嘉宾。此外，为了更好地分享沙池游戏经验，幼儿还提出制作一本游戏书。他们用图画、文字、照片等多种形式来展现自己的探究过程，在老师和家长的帮助下创造性地解决问题。通过这些活动，幼儿逐渐养成了不怕困难、敢于挑战、团结合作的个性品质。

整个过程中，老师抓住教育契机，倾听儿童、赋权儿童，基于儿童视角开展户外沙池游戏空间与游戏材料的优化，鼓励儿童参与，打造出深受儿童喜爱的游戏场地，有效推动了儿童游戏化水平的提高。孩子们在使用沙池的过程中，不断发现问题并运用自身能力解决问题，真正成为环境的小主人。而孩子们在沙水世界中习得的经验，也将在今后的学习中不断运用与迁移，促进他们自然认知及探索能力的持续发展。从简单的画沙游戏到竹排游戏和复杂的情境游戏等创新玩法，幼儿的游戏水平不断提高。当老师把游戏权利归还给儿童，提供真实场景和材料，孩子们就能释放天性，展现出"真儿童"的状态。在游戏探索之路上，我们将持续前行，孩子们和沙乐园的故事也将继续。

# 孩子们的汽车展览会

作者姓名：林苑梅、黄丹、唐玮珮
指导老师：林彦、吴婷
幼儿园名称：深圳市福田区翠海幼儿园
幼儿年龄段：中班

## 课程故事简介

在开展"交通工具"主题活动中，孩子们对各式各样的汽车特别感兴趣。为此，我们收集了大量与汽车相关的照片、书籍、模型等素材。这些素材不仅丰富了孩子们的学习资源，他们在收集的过程中对汽车也有了更深入的了解和认识，能够更好地理解和掌握关于汽车的知识。

## 故事缘起

伴随着"交通工具"主题学习的推进，孩子们收集的小汽车慢慢将教室装饰成了一个小小的汽车展。

一天早上，孩子们围坐在一起，欣赏着各自带来的汽车模型。突然，轩轩小朋友惊奇地喊道："哇，这辆汽车好酷呀！"他的发现瞬间激发起大家的兴趣。大家纷纷加入讨论，"我们家也有一样的汽车""我们家的汽车和你们的不一样，它可厉害了""我们家的小汽车跑得很快"……在仔细聆听孩子们热烈的讨论后，我注意到孩子们对汽车充满兴趣，于是决定支持他们的兴趣，组织了对汽车的探究活动，以促进他们的学习与发展。

## 活动一：汽车的奇妙外形

　　孩子们围坐在色彩斑斓的汽车模型旁，带着好奇的眼光。老师轻声问道："你们能发现这些车有什么特别的地方吗？"他们兴奋地观察并分享自己的发现。

　　轩轩："这是小轿车，它有四个圆圆的轮子！"小橙子："看那个大家伙，是卡车，能装好多好多玩具！"孩子们的笑声充满了教室。

　　老师接着引导："这些汽车的部件都有什么作用呢？"孩子们像小侦探一样，仔细探索着每个部件的奥秘。

　　皮皮："车身像我们的家，保护着车里的一切。"

　　轩轩："车轮就是汽车的脚，让汽车跑得飞快！"

　　蒙蒙："方向盘可以控制方向！"

图 1　幼儿在介绍汽车

## 活动二：汽车内部的秘密

　　通过孩子们的分享，我们发现每个孩子对汽车感兴趣的话题不同，于是，老师把孩子们分成几个小组，每组配备一辆汽车模型，让孩子们自主探索汽车的奥秘。

　　"我们可以把汽车拆开看看里面有什么吗？"妍妍好奇地问。老师点点头，鼓励他们动手探索。

　　小组长轩轩带领着小伙伴们，说："看，这些螺丝钉把车轮紧紧地连在车身上。"思齐转动着方向盘，说："齿轮让方向盘灵活转动。"

　　每个小组都兴奋地分享着自己的发现，他们学会了合作，初步体会到团队的力量。

图 2　幼儿收集的汽车模型

## 活动三：汽车的多彩功能

午饭后，老师带着孩子们散步，路边停靠着各式各样的汽车，引起了孩子们的好奇。

嘉嘉："那辆大卡车好像一个移动的城堡！"

妍妍："快看，那辆红色的车像不像我们画的甲壳虫？"

蒙蒙："那辆大车是做什么的？"

轩轩："那是卡车，可以运送好多东西，就像一个大力士！"

孩子们通过观察和讨论，了解到轿车、卡车、公交车的不同之处。他们兴奋地分享自己对每种汽车的喜爱，也在互相交流中增长了见识。

为了进一步带孩子深入了解汽车，我们决定发动家长资源，带领幼儿参观汽车修理厂。

## 活动四：参观汽车修理厂

在孩子们对汽车的无限好奇和热情中，我们迎来了一次意义非凡的活动——参观汽车修理厂。活动前期，家长与汽车修理厂的负责人进行了细致的沟通，确保这次参观既安全又富有教育意义。

一大早，孩子们兴奋地来到幼儿园，对即将开始的旅程充满期待！轩轩好奇地问道："老师，我们真的能看到汽车拆开来的样子吗？"蒙蒙跳着说："我要看看那些大机器是怎么把铁块变成汽车的！"

随着大巴车抵达汽车修理厂，孩子们的兴奋值达到了顶点。在老师和家长的引导下，他们走进了这个充满机械声的车间。讲解员叔叔用生动的语言，把

图 3　参观汽车修理厂

复杂的制造过程变得简单有趣，孩子们听得津津有味。"哇，看那个大机器，它好像在给汽车穿衣服！"蒙蒙指着涂装车间，惊讶地说。"这些工人叔叔好厉害，他们把那么大的铁板连起来！"昊昊赞叹着焊接工人的技艺。

在互动体验区，孩子们亲手触摸了汽车的部件，感受了不同材料的质感。小橙子好奇地摸着一块金属板："这就是做汽车的材料吗？它好硬啊！""是的，这是高强度的钢材，用来保护我们安全。"讲解员叔叔耐心地解释。

特别安排的体验环节让孩子们近距离观察汽车的维修过程，并参与其中。在技师指导下，孩子们学习使用扳手、螺丝刀等工具，尝试拆卸和安装汽车部件。轩轩在技师的帮助下，小心翼翼地拧紧了一个螺丝，蒙蒙则尝试用扳手调整轮胎上的螺母。

孩子们对维修工具和汽车部件充满了好奇，他们提出了许多问题，如"为什么汽车需要定期维修？""这些工具都是用来做什么的？"技师耐心地解答了孩子们的问题，并介绍了汽车维修的重要性和基本步骤。

图 4　幼儿体验维修

参观结束后，孩子们围坐在讲解员叔叔周围，积极提问，讲解员叔叔耐心地一一解答。这次汽车修理厂的参观，不仅让孩子们对汽车有了更加直观的认识，也激发了他们对科技和工程的兴趣，这也将成为他们成长道路上宝贵的记忆。

## 活动五：设计自己喜欢的小汽车

参观汽车制造厂后，孩子们萌生亲手制作一辆属于自己的小汽车的想法。

轩轩："哇，我要设计一辆最酷的跑车！"

小橙子："我要设计一辆能装载很多货物的卡车！"

思齐："我要设计一辆能飞上天空的汽车！"

孩子们围坐在桌旁，手里拿着彩笔和纸张，开始绘制自己的汽车设计图。小橙子皱着眉头，苦恼地说："我想让我的车飞起来，但我不知道怎样才能画出来。"老师走过来，鼓励道："没关系，我们可以先画一个简单的车身，再加上翅膀，一步步来。"

在热烈的讨论中，孩子们碰撞出新的灵感，创意的火花在他们之间闪耀。他们互相启发，完善着自己的汽车设计方案，一辆辆充满童趣和创意的汽车跃然纸上。

图 5  幼儿画汽车设计图

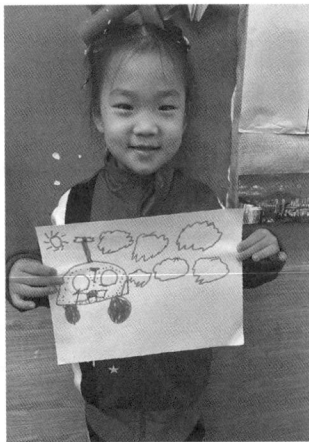

图 6  幼儿画的设计图

## 活动六：用什么材料制作汽车？

在将设计变成现实过程中，孩子们面临选材和组装的挑战。就在大家都在茫然寻找材料时，米糕提出了一个具有实践性的建议："我们可以运用磁力片来构建车身，它们可以轻松地组合起来！"嘉嘉则拿着几个瓶盖，眼睛闪闪发光："这些瓶盖可以做车轮，滚动起来一定很有趣！"

在这个环节，也有部分孩子遇到了不同程度的困难。

轩轩："这个纸板太硬了，我剪不动。"

思齐："哎呀，我的轮子又掉了，怎么办？"

吴吴："我想让我的车能跑，但我试了橡皮筋和弹簧，都不行。"

妍妍："我想要我的车是红色的，但小橙子说蓝色更好。"

鉴于孩子们所遭遇的沮丧情绪与疑问，老师将他们集合在一起，期望通过集体智慧共同应对挑战。老师预先将收集到的问题进行了整理与汇总，并将这些问题交还给他们，从而促成了他们的集体讨论。在此过程中，他们充分发挥了各自的智慧，进行了深入且富有成效的讨论。我们惊喜地发现孩子们在解决困难的过程中学会了沟通、协作和创新。

其实孩子们的每一次尝试，无论成功与否，都是对他们解决问题能力的锻炼和对知识理解的深化。这些经历不仅丰富了他们的创造力和实践能力，也加深了他们对团队精神和协作重要性的认识。最终，每个孩子都完成了自己独特的汽车作品，脸上洋溢着自豪和满足的笑容。

图7　幼儿在安装车轮

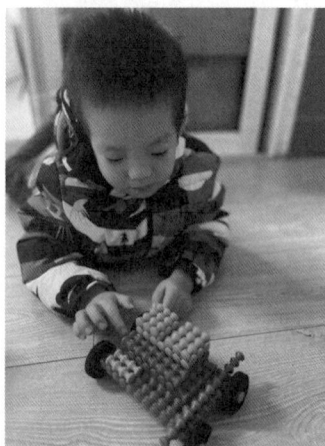

图8　幼儿拼搭的汽车

## 活动七：小小汽车大比拼

在孩子们的热情参与下，我们决定举办一场"小小汽车大比拼"活动。

孩子们忙碌地布置展台，将他们精心制作的汽车摆放整齐。他们互相交流，讨论如何向别人展示自己的作品。

"我的汽车是用废旧纸盒做的，可以喷水呢！"轩轩得意地展示着他的消防车。

"我的汽车会变身哦，看，它可以变成飞机！"小橙子骄傲地演示着她的变形金刚汽车。

"老师，我的汽车跑得最快！"嘉嘉兴奋地举着手里的汽车，脸上洋溢着自豪的笑容。

"我的汽车最漂亮！"蒙蒙开心地抚摸着她的汽车作品。

孩子们你一言我一语，兴奋地分享自己的作品，还不时地和同伴交流着自己制作过程中的趣事和遇到的难题，彼此之间互相点评作品，大胆提出建议，也从中学习借鉴，不断改进自己的作品。

## 活动八：小汽车升级挑战

在"小小汽车大比拼"活动中，孩子们遇到了一些挑战。

妍妍："我的小车轮子不一样大！"

皮皮："我的车看起来有点歪了！"

老师先是保持沉默，期待孩子们有更多的思考和讨论，可是孩子们依旧沉浸在沮丧的情绪中。换位思考，当我们怀着无比期待的心情去做一件事情而受到阻碍时，内心确实会受到打击，于是我们引导孩子们尝试思考解决的方法，问道："有没有什么方法可以解决呢？"

"如果四个轮子大小一样，会不会好一点呢？"小橙子思考后，小声问道。

"轮子应该固定在车子的两边吧？"嘉嘉补充道。

就这样，孩子们决定尝试调整一下轮子的大小和位置，希望能够解决问题。

经过不懈的努力，孩子们终于完成了修改。他们迫不及待地将小车放在地上，期待着它们能够顺利行驶。

然而，新的难题又出现了。他们的小车无法向前滚动，局面陷入了僵持。

这时，我们将小朋友带到了幼儿园停车场，引导孩子们观察真正的汽车车轮的结构，发现它们中间都是由

图9　幼儿在思考车轮位置

一个连接杆连接的。受到启发的孩子们，想到了用圆形纸片来帮助他们找到车轮的中心点。他们将车轮在纸上印出圆形，然后将纸片剪下，重合在车轮上，最终找到了车轮的中心点。

图 10　车轮中心点

图 11　测量车轮的中心点

　　经过反复调整，小车终于能够滚动起来。这次探索不仅让孩子们解决了小车平衡的问题，更重要的是，孩子们还学会了面对挑战勇于探索和团队合作。

　　孩子们的小汽车作品终于完成"升级"了！他们将汽车排列成队，像一个个骄傲的小战士，展开了第二次的汽车展。

　　"我的车可以飞起来哦！"小橙子自豪地展示着自己的作品，只见她轻轻一推，小汽车竟然腾空而起，在空中滑翔了一段距离，引来一阵阵惊叹。

　　"我的车轱辘不会歪倒了！"蒙蒙兴奋地介绍着自己的升级版汽车，她得意地演示着小汽车在平坦的地面上疾驰，车身稳稳的，一点都不晃。

　　这一刻，孩子们是那么的耀眼，浑身散发着自信的光芒，他们的学习经验在游戏中得到丰富，孩子们不仅对自己的作品充满喜爱，也乐于与他人分享自己的创意和成果。

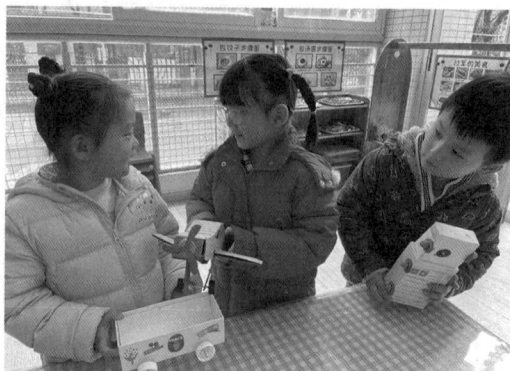

图 12　幼儿向同伴介绍自己的汽车

## 活动九：汽车展览会的筹备

这一段时间，孩子们对汽车的兴趣日益浓厚，他们突发奇想："我们现在做了好多汽车，可不可以像超市一样卖汽车呀？"这个新奇的想法瞬间点燃了孩子们的热情，他们七嘴八舌地讨论着，有的赞同，有的反对。

"不行不行，卖了我们就没有汽车了！"

"我们可以举办展览会，邀请别的小朋友来参观一下！"随着这个建议的提出，孩子们仿佛找到了新的方向，决定举办一场别开生面的"汽车展"。

为了将汽车展览会办得精彩纷呈，孩子们积极投入筹备工作中。他们找了一个玩具柜，把所有的汽车都摆放整齐，装饰环境，营造出喜庆热闹的氛围。妍妍提议道："我们要介绍汽车材料，还有制作时遇到的困难和解决的办法。"婷婷接着说道："我们还要介绍一下我们小组的小朋友。"在大家的共同努力下，一张张精彩的汽车介绍卡诞生了。

终于，期待已久的汽车展览会拉开了帷幕。孩子们迫不及待地将自己的汽车作品摆放在展台上，热情地向前来参观的小朋友介绍自己的作品。

"这是我们做的汽车。""这个是会飞的汽车，我们在汽车两边安装了翅膀，再放上起飞的按钮。我们还用黏土做了几朵花，把花粘在了起飞按钮的上面……"

图 13　汽车展览会

在汽车展览会中，每个小朋友都激情澎湃地介绍着自己小组做的汽车，他们生动形象的介绍吸引了众多观众驻足观看……

## 教师反思

在本次活动中，我们以幼儿的兴趣为引领，将活动的主导权赋予孩子，充分展现了孩子们的主动性和创造力，教师始终追随儿童的兴趣，悉心保护他们的好奇心，并持续支持他们的创造性活动。活动过程中，教师扮演着活动的推动者、积极的观察者、高质量的陪伴者以及催化剂等多重角色，有效促进了孩子们的全面发展。

　　孩子们在活动中展现出了极高的主动性和创造力，这证明了我们赋予孩子们主导权策略的有效性。但是，我们也观察到，在面对挑战和困难时，孩子们有时会显得无助，或者在团队协作环节意见不合时处理方式不合理等问题，这强调了后期在活动中需要更加审慎地做好老师引导与幼儿自主性的平衡，以确保孩子们在面临挑战时能获得恰如其分的支持，同时维护他们的探索热情，提高他们解决问题的能力。此外，这也对我们未来的教学设计提出了明确的要求，即进一步聚焦于培养孩子们的沟通能力和协作能力，教导他们如何在团队中有效表达自己的观点，并学会倾听和尊重他人的声音。

　　对于孩子来说，制作一辆自己心仪的汽车，不仅仅是一个简单的动手活动，更是一段深入的研究和学习过程。在这个过程中，孩子们需要仔细观察汽车的各个部分，记录下它们的特点和功能，这不仅锻炼了他们的观察力，也让他们对汽车有了更深的了解。同时，他们还需要分析和讨论如何设计一辆既美观又实用的汽车，这要求他们运用已有的知识和经验，提出创新的思路和方案。这些都需要孩子们动脑思考，不断尝试和改进，从而达到他们的目标。通过这个过程，孩子们不仅获得了知识和技能，更重要的是，培养了研究、分析和解决问题的能力，这对于他们的成长和发展具有深远的意义。

# 服装设计师养成记

作者姓名：范旭婷、罗紫晴
指导老师：艾佳
幼儿园名称：深圳市龙华区和平实验小学附属尚峻幼儿园
幼儿年龄段：中班

## 课程故事简介

在幼儿园绿色创意节开幕式上，一场别开生面的环保时装秀成为众人瞩目的焦点。小模特们身着由废旧物品改造而成的时装，在T台上优雅地展示着环保与时尚的完美融合。回到班级后，小朋友们忍不住地讨论了起来。

基于孩子们的兴趣，老师抓住教育的契机，开展一场关于"服装设计师养成记"的探索之旅……

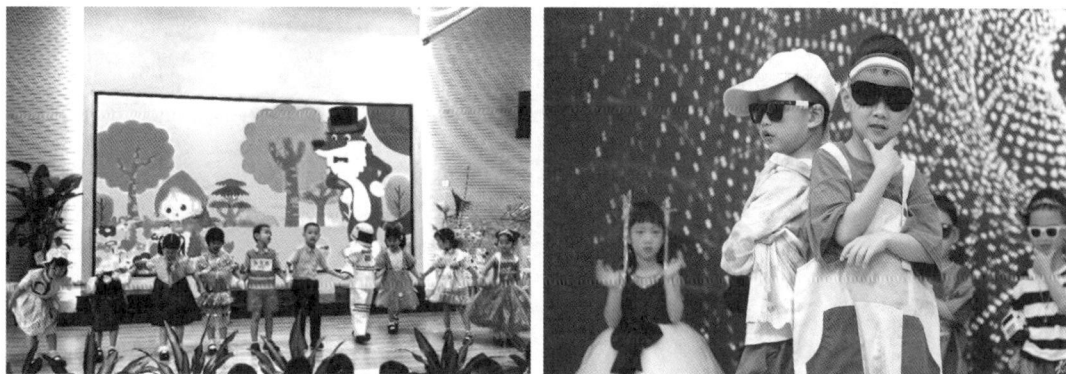

图1 环保时装秀

## 服装制作初体验

### 一、我想尝试做一件衣服

在一个阳光明媚的上午，几名幼儿兴冲冲地找到老师，表示自己想要尝试做一件环保材质的衣服。

团团："大班哥哥穿的那件衣服好闪呀，是白色的航天服，看起来好像是用那种保温的袋子做的，因为我家也有那个袋子。"

轩轩："那件超人的披风很帅的。"

一苇："我也看到了，（披风）是挺帅的，但我喜欢那件很漂亮的艾莎裙子，我也好想有一件那么特别的衣服呀！"

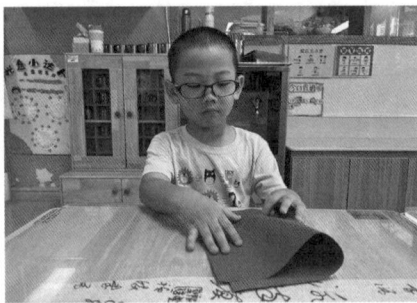

图 2　制作纸质衬衣

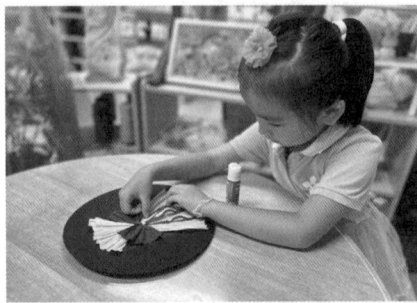

图 3　制作皱纹纸衣服

老师在了解了孩子们的想法后，开始引导孩子们在教室里寻找可以用来制作衣服的材料。鸣鸣是个活泼好动的孩子，他一眼就看中了美工区的卡纸。他拿起一张红色的卡纸，认真地折叠起来，试图做一件小衬衣。

一苇则选择了皱纹纸。她细心地挑选了她最喜欢的天蓝色，用订书器制出了一件漂亮的小裙子。裙子的边缘还点缀了黏土小花，使整件裙子看起来更加生动有趣，更像艾莎的公主裙。

但没过多久，孩子们发现，用纸做的衣服质量实在堪忧！不管孩子们多么小心，只要稍微一用力，衣服就会裂开。孩子们有些失望，原本他们希望这些衣服能像真正的衣服一样穿在身上。

针对这一个问题，我们开展了一次小组式的讨论活动：什么样的材料才适合制作衣服呢？

聪明的峻峻很快反应过来："纸做的衣服当然穿不了啦，需要用布做的衣服才可以吧，我们的衣服都是布做的。"老师为了引导孩子们思考也附和道："衣服的确是用布料做的，但为什么有的衣服摸起来滑滑的，有的衣服摸起来却有点扎手呢？生活中都有哪些可以做衣服的面料呢？"孩子们面面相觑，用疑惑的小眼睛望向老师。

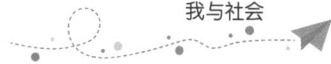

在初步制作衣服的过程中，教师始终保持着观察者的身份，以幼儿为主，尊重幼儿，不干预幼儿自主游戏的选择和思路，充分给予幼儿自由发挥的空间，耐心等待，给予他们足够的时间，培养他们解决问题、处理问题的能力。

## 二、大调查：探索衣服的世界

面对本次的失败和孩子们心中未解开的谜团，孩子们与老师一同设计了调查表——服装大调查，并邀请爸爸妈妈们利用周末的时间和孩子们一起实地走访参观服装加工厂、服装店等，帮助幼儿了解服装的种类、面料、制作流程。

周末一大早，孩子们就迫不及待地赶往服装店探索衣服的世界。在服装店里，孩子们观察到服装可以按照种类分为上衣、裤子、裙子等；上衣又可以分为T恤、衬衫、毛衣等。每一类都有各自的特点和风格，例如，T恤轻便舒适，适合日常穿着；衬衫则更加正式，适合上学或一些正式场合穿着。

除了种类，他们还发现衣服的面料各不相同。有棉质的T恤、丝绸的裙子等，还注意到了一些合成面料，如涤纶和尼龙，它们通常用于制作运动服或户外服装，因为它们具有防水、耐磨等特点。

回到幼儿园后，我们在班上开展了一次关于服装调查的分享会，孩子们兴致勃勃地介绍着自己观察到的衣服种类和面料，并与同伴讨论了它们的特点和用途。

图4 调查衣服的种类及其面料

图5 服装调查分享会

通过本次的调查和学习，孩子们不仅增长了见识，还知道了服装的面料种类；了解了服装的制作流程等，更重要的是学会了如何观察和思考。他们意识到，衣服不仅仅是为了保暖，更是一种表达个性和风格的方式。同时，他们也明白了不同的面料和制作工艺会影响衣服的质量和舒适度。这次学习经历不仅让孩子们个人受益匪浅，也让整个班级对于制作服装的氛围更加浓厚。

## 探寻服装的秘密

### 一、小小服装设计师

孩子们通过服装大调查了解到服装有多种面料，可是如何制作衣服成为孩子们的新问题。为了能找到答案，孩子们自发地从家里带来许多废旧的面料进行实验。

图6　面料墙

为了支持孩子们的进一步探索，老师决定在班级的美工区创建一面面料墙，收集各种各样的面料，为孩子们提供制作服装、探索服装的机会。

在第一次自主设计服装的过程中，孩子们对设计的概念比较模糊，设计的作品也较为单一粗糙，且没有衣服的基本结构，我们担心孩子们会因为屡次的失败而感到沮丧。

因此在活动前，我们收集了一些设计师手稿、时装周走秀视频，为幼儿提供设计思路，同时也让幼儿对设计的概念更加清晰。经历了一系列的探索和思考后，大家进行了一次关于服装设计的"头脑风暴"。

澄宝："我最喜欢奥特曼衣服，我要设计一件奥特曼的衣服。"

多多："我想制作一件艾莎鱼尾裙，长长的，加一点花纹在上面。"

玮玮："我的妈妈很喜欢旗袍，我想做一件旗袍送给妈妈。"

孩子们你一言我一语地表达着自己想要设计的衣服，而后便开始设计并分享自己喜欢的服装。在这次的服装设计中，我们发现孩子们对于服装的基本结构有了细致的了解和自己的思考。除此之外，个别幼儿在设计图中还体现了色彩的搭配与装饰物的选材。

图7　设计服装

图8　服装设计图

## 二、这一次能制作成功吗?

有了第一次制作服装的失败经验和调查后,孩子们对于面料的选择有了较为准确的定位,能够根据自己设计的服装种类选择合适的面料进行缝制。

他们先是在材料盒里选择合适的面料和针线,再根据自己设计的衣服,在小模特身上有模有样地做起了衣服。可是新的问题又产生了:毛豆做的袖子只有不完整的一片,没有办法和模特的衣服缝在一起;辰辰做的袖子比较完整,可是他不知道该怎么将袖子和衣服固定在一起,也不知道打结的方法。毛豆有些失落地说道:"哎呀,看来我们这次又要失败了!制作衣服可真难啊。"六六安慰道:"没关系的,我们向老师请教不就好啦,一定会成功的!"三个小朋友尝试了许多次还是以失败告终。

图 9 服装制作

在实践过程中,孩子们遇到了诸如袖子不完整、不知道如何固定和打结等挑战。面对这些困难,他们并未放弃,而是选择共同合作,尝试解决问题。虽然以失败告终,但我相信在此过程中,孩子们一定有所收获,不仅提升了手部精细操作技能,还学会了协商解决问题,培养了良好的学习品质。

## 三、掌握裁缝工具的使用方法

六六、毛豆和辰辰上一次尝试制作衣服,虽然结果是以失败告终,但他们的热情并未因此而减退。今日,他们再次踏入主题区,向老师寻求帮助,希望能够掌握制作衣服的技巧。

在老师的悉心指导下,他们手中的针线逐渐灵动起来,衣袖的轮廓也日渐清晰。但此时,辰辰提出了一个问题:"我们做的这件衣服这么小,小朋友怎么穿得下去啊?"三个小朋友相视而笑,笑声中充满了童真与乐趣。

面对这个问题,六六展现出了他的机智与策略。他提议:"我们可以用尺子来测量模特身体的尺寸,把尺寸记录下来,然后在布料上画出来。"这一提议得到了大家的积极响应。

孩子们细心地记录所测量的数据后，便迫不及待地开始尝试缝制。随着时间的推移，他们的缝纫技能逐渐娴熟，制作的衣服也越来越精美。在这个过程中，他们不断地发现问题、解决问题，积累了大量关于手工缝合、测量身体以及裁剪的经验和方法。

虽然制作过程中遇到了诸多困难，如布料难剪、尺寸难以把握、缝纫机操作失误等，但孩子们的热情丝毫未减。他们展现出了对游戏的持久性与主动性，专注地投入缝纫活动中，享受着这一过程中。

图 10　测量身体

图 11　使用针线

图 12　使用剪刀

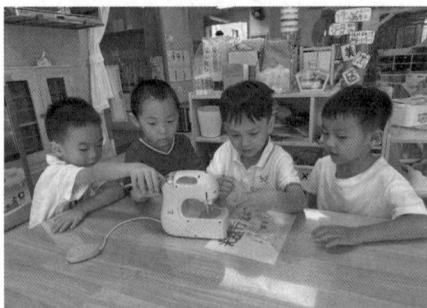
图 13　使用缝纫机

## 不惧困难，再次挑战

### 一、漂亮的服装制作出来啦！

在各种缝纫技能和工具的助力下，孩子们的热情愈发高涨，他们开始尝试制作更多样化、更具创意的衣服。孩子们的想象天马行空，他们将自己的独特想法逐步变为现实，整个制作过程井然有序，充满了欢声笑语。

在一次分享活动中，小樱桃兴奋地和老师分享她的新想法："老师，我觉得这条裙子虽然不错，但还可以更漂亮。我想在裙摆上加上五颜六色的毛毛

球，再配一条项链，那样肯定更加引人注目。"

雅宝听后，眼中闪烁着期待的光芒："哇！那肯定会非常漂亮！我也想给我的裙子加些亮片，让它们在阳光下闪闪发光！"

雯雯也迫不及待地表达了自己的创意："我也要在衣服上画漂亮的图案，让我的衣服变得独一无二！"

为了满足孩子们的创意需求，老师在主题区摆放了各种服饰的图片，引导孩子们仔细观察不同面料的服装适合搭配哪些辅料进行装饰。孩子们通过亲手实践，将设计的服装点缀得丰富多彩，每一件作品都充满了童真与创意。

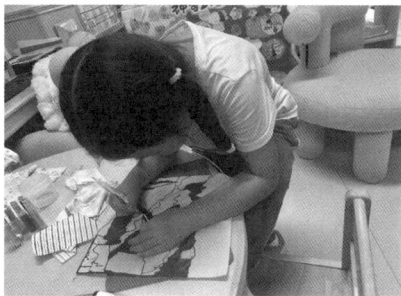

图 14  设计图案

图 15  搭配配饰

在制作服装的过程中，孩子们每天都迎接新的挑战。孩子们想要用各式各样的辅料来装饰自己制作的服装，奈何班级的材料有限。面对孩子们提出的饰品种类太少的问题，老师与孩子们共同在教室里，甚至扩展到全园范围内寻找所需的饰品材料。在这一过程中，孩子们不仅学会了如何寻找资源，更在探索中感受到了团队合作的乐趣。在他们的共同努力下，一件件充满创意和个性的服装作品初见雏形，为整个活动增添了无限活力。

**二、"未来服装店"开业啦**

孩子们的制衣活动开展得如火如荼，熟练地运用着各种裁缝工具，有的独立完成，有的邀请三五好友共同完成，使一件件别具一格的服装呈现在我们的眼前。但孩子们观察到，我们制作的衣服太多了，都在区域里杂乱地堆放着，没有办法展示出来，如何合理地存放服装成为我们目前最大的问题。

小吉祥："直接开个服装店不就好啦？"

玟玟："对啊，可以开一个服装店，但是我们应该怎么做呢？"

小蛮："我知道开服装店要先起一个好听的名字，还要把衣服一件一件挂起来。"

孩子们兴致勃勃地讨论着开服装店所需要准备的东西，最后决定将服装店取名为"未来服装店",并邀请小模特们在服装店开业时穿上制作的衣服走秀,向大家介绍自己的设计理念。

图16　开业走秀

图17　未来服装店

"未来服装店开业啦!走过路过千万不要错过呀!"孩子们在服装店里又会有什么神奇且有趣的事情发生呢?让我们一起期待孩子们的新发现吧……

## 教师反思

对孩子们而言,本次活动是服装制作的初次体验,初次尝试遇到了一些挫败:课程初期,孩子们满怀激情地开始设计自己的服装草图,但面对琳琅满目的材料时,不少孩子显得手足无措。第一次尝试制作时,由于经验不足,许多设计未能如愿实现,比如布料裁剪不当、缝制技巧生疏等,导致作品显得粗糙甚至无法穿戴。孩子们经历了从兴奋到沮丧的情绪波动,但这也激发了他们不服输的精神。经过两次失败后,孩子们学会了从失败中汲取经验,他们更加细致地规划设计,耐心地挑选材料,并在老师和家长的指导下,逐步掌握了基本的缝纫技巧和色彩搭配原则。最终,每个孩子都成功制作出了自己独一无二的服装作品,并在班级展示会上自信地展示了自己的成果,收获了满满的成就感。

在活动中,老师是引导者、聆听者,也是学习者,和孩子们一起学习服装的制作过程。老师为孩子们营造了一个充满艺术氛围的学习环境,墙面贴满了各种服装设计的图片和灵感来源,激发了孩子们的创作欲望,同时,提供了丰富的材料供孩子们选择,如各种布料、彩带、纽扣等,满足了不同孩子的创作需求。老师为孩子们更深入的探究准备了详细的教案和步骤指南,帮助孩子们了解服装设计的基本流程和技巧。同时,老师通过视频、图片等多种形式展示优秀服装设计作品,拓宽了孩子们的视野。在孩子们遇到困难时,老师及时给予指导和鼓励，引导他们分析问题、寻找解决方案。对于个别能力较弱的孩子，老师更是给予了充分的关注和帮助，确保每个孩子都能参与到活动中来。老师鼓励孩子们相互合作、互相学习，通过小组合作的形式共同完成服装作品，增强了孩子们的团队协作能力和社会交往能力。

当然，本次活动的过程中也存在着一些不足，例如：部分孩子在初次尝试时因缺乏经验而显得较为迷茫，需要老师更多的引导和关注；第二次尝试虽然有所进步，但仍有部分作品存在细节处理不够精细的问题；展示环节的时间安排略显紧凑，部分孩子的作品未能得到充分的展示和交流。

针对以上的不足，我们拟定了未来的改进方向：①加强对孩子们的心理预期管理和情绪引导，帮助他们在活动开始前做好充分准备；②在课程设计中增加更多实践环节和案例分析，提高孩子们的动手能力和问题解决能力；③合理安排展示环节的时间，确保每个孩子都有机会展示自己的作品并与其他同学交流心得。同时，我们可以邀请家长参与进来，共同见证孩子们的成长和进步。

# 停车场诞生记

作者姓名：赵茜茜、刘婷
指导老师：莫彦平、甘怡彬
幼儿园名称：深圳市福田区第一幼儿园福安分园
幼儿年龄段：中班

## 课程故事简介

《停车场诞生记》是孩子们在日常游戏中发生的一个课程故事。在这个故事中，孩子们发现停车问题，开始讨论解决方案，提出了各种创意，分工合作，完成了设计、实施，教师也在其中进行了积极的引导，最后共同成功搭建了理想中的停车场。停车场与孩子们的日常生活有紧密的联系，在活动中，孩子们不断发现问题，思考问题并找到解决方案。通过《停车场诞生记》这个故事，孩子们不仅能够学习到团队合作的重要性，还能在玩乐中了解和遵守交通规则，为他们的社会生活打下良好的基础。

## 故事缘起

图1　小汽车摆放处

这学期班级里新增了一些小汽车玩具，收纳在建构区的角落里。孩子们在搭建楼房时，发现搭建的位置不够，原来是堆放在角落的小汽车占用了面积。"这些车子放在这里真占位置……""每次我们搭建的时候都会碰到车子……"孩子们将这个现象告诉了老师，老师听完后询问他们："你们觉得该怎么办呢？"因为小汽车的摆放而苦恼的小朋友们，众说纷纭……

宸宸："这些小汽车要停在哪里？"

明俐："我知道了！爸爸开车回家会把车子停在楼下的停车场。"

亨亨："我家的汽车停在停车场里，我们可以用积木搭建一个停车场，这样就可以把这些车停进去。"

孩子们觉得这是一个很好的办法，纷纷开始行动。于是，搭建一个停车场的故事就开始了。

## 停车场是什么样子的？

平时生活中，孩子们看到过各种不同的停车场，但真正需要动手自己来搭建一个停车场时，孩子们对于搭建什么样的停车场却有不一样的想法。

懋懋："我想搭一个像商场那样的停车场，要停在很深的地下。"

明俐："我想搭可以升降的停车场。"

亨亨："我想搭一个我们小区那样的停车场，车可以直接在我们家楼下停着。"

宸宸："我想建一个空中停车场。"

懋懋："可是我不会建停车场怎么办……"

于是，基于孩子们第一次搭建停车场产生的疑问，老师利用家长和社会资源，请孩子们化身调查员，邀请爸爸妈妈陪同，对自己家周边的停车场进行了实地考察，了解停车场的构造以及各种设施的功能使用。同时，老师在幼儿园也给孩子们提供了各种停车场的图片，引导他们观察停车场的布局，解决孩子们的疑问，并说一说自己的发现。

图 2　小朋友到地下停车场实地考察

图 3　教师分享图片资料

第二天晨谈时，孩子们分享了自己对停车场的调查结果。

懋懋："停车场有入口和出口，有的停车场出口的地方有收费杆，要交钱才能出去。"

宸宸："我家楼下停车场里的汽车是停在画了线的格子里的。"

亨亨："我们要给停车场搭建一个围墙围起来。"

明俐："停车场里还有很多交通标志，而且每个格子里都有数字。"

宸宸："每个停车场都要把停车位用线画出来，不然就会乱停车。"

那么，幼儿园课室里的"停车场"要怎么搭建呢？为了给小朋友们进行真实场景模拟，老师给小朋友找了一张停车场图片，请小朋友把带来的小汽车在班上进行了停车模拟，包括小汽车从入口到停车位怎么走比较合理，小汽车怎么从出口出去等情境。

图4  小朋友分享自己对停车场的想法

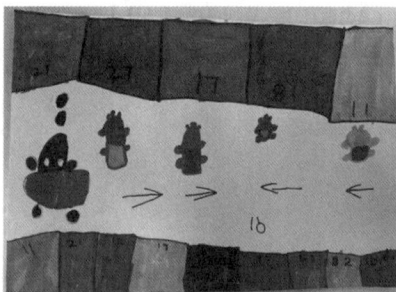

图5  幼儿的停车场设计图

经过实地考察，孩子们对停车场的基本构造有了一定了解。为了更好地搭建停车场，孩子们在讨论后，各自将自己心中的停车场画了出来。

**教师思考**

孩子们在日常游戏中发现了建构区小汽车摆放不合理的问题，基于要给小汽车搭建停车场的想法，老师引导幼儿通过调查尝试提出解决问题的方法。他们对于停车场的认识是通过日常生活直接感知的，从孩子们的讨论中发现他们对停车场有一定的认识经验，并能用自己的话表达出来，但是还比较零散。为了充分支持孩子们搭建停车场的想法，老师先请家长带领孩子们到附近停车场实地观察，了解停车场的构造，同时提供了各种停车场的图片及视频，引导幼儿观察停车场的布局，了解更多关于停车场的结构，比如车位、标志、数字记号等。在幼儿初步了解完停车场的构造后，进一步鼓励幼儿将自己设计的停车场画出来，为幼儿接下来搭建停车场做好相关的准备。

## 发现问题——"停车场"围墙怎么搭建？

停车场的设计图出来后，孩子们开始动工了。首先，他们选择使用长方形实木积木建构停车场外墙。

亨亨："我们用长方形的积木来搭停车场的围墙，这样更快。"

孩子们运用围合、延长、垒高、平铺等技能，小心翼翼地用一块块积木搭建停车场的外围。很快，停车场的围墙就搭好了。

亨亨："你们看，围墙已经搭好了。"

懋懋："可是你们的围墙全部围起来，车子就进不来了。"

宸宸："对啊！围墙的中间我们可以先不要围起来，留一个出入口，这样车子就可以进出了。"

图 6　搭建停车场围墙

图 7　发现停车场围墙没有出入口

孩子们重新在围墙中间开出了一个出入口，并且用积木垒高的方法使围墙增高，但围墙在垒高后出现了倒塌的情况。

孩子们询问老师怎样将积木垒高并且不会倒塌，老师了解情况后，和孩子们共同寻找积木倒塌的原因。最后发现是因为最底下的积木比上层的积木小，力量无法支撑上方的积木才导致倒塌。于是，孩子

图 8　围墙倒塌

们尝试将相同大小的积木垒在一起，加固停车场地基。在孩子们的共同合作下，有出入口的停车场围墙很快就搭建好了。

图 9　停车场围墙搭建过程

**教师思考**

中班孩子的语言能力和社会交往能力都有较大的发展，孩子们有了固定的游戏伙伴，也学会了分工合作。孩子们能够根据自己设计的停车场结构图，运用围合、延长、垒高、平铺等技能进行停车场外围的搭建，说明孩子们掌握了基本的搭建方法。在搭建好停车场外围后，孩子们能够思考提出问题：停车场没有出入口，车子无法进入停车场。在提出问题后能够相互协商讨论，尝试解决游戏中遇到的问题。围墙垒高后出现了倒塌的情况时，孩子们能够发现问题，主动寻求老师的帮助。老师没有直接告诉他们解决办法，而是与他们一起寻找积木倒塌的原因，并且尝试用不同的搭建方式解决问题。解决了一个个小问题后，孩子们对搭建停车场的兴趣更加浓厚了。

### 怎样搭建"停车位"才能让所有车都可以停呢？

搭建好停车场的围墙后，孩子们一起尝试把小汽车开进停车场里。小汽车都进入停车场后，他们发现每辆车都停放得很随意，出入口也被挡住了。这时，他们又提出新的疑问：

懋懋："车子乱停很不安全，要留出道路让其他的车进来。"

宸宸："把车全部都靠边停。"

亨亨："我们没有给停车场搭建停车位，有停车位车才能按位置停好。"

明利："那我们拿小的积木把停车位摆好。"

孩子们开始选择用不同长度的积木搭建停车位，但在搭建停车位时又出现了一些问题。亨亨指出："你这个积木太长了，都把通道挡住了。"

孩子们发现有些积木不适合搭建停车位，于是他们尝试使用不同长度的积木进行搭建，终于找到了长度合适的积木并搭好了停车位。

懋懋："停车场搭好了。"

亨亨："嘀嘀嘀！我要进来停车了。"

孩子们兴高采烈地开始将车从入口开进停车场，全部车子停完后，有孩子发现有的停车位停了大车，显得很拥挤，有的停车位停了小车，位置又太大。此时大家暂停了手中的搭建，将寻求帮助的目光投向了老师。老师引导孩子们可以通过测量的方式来确定停车位的大小，但是用什么测量物来测量呢？孩子们又开始了新一轮的尝试。

宸宸："我们要先测量一下车子有多大，再搭出大小不同的车位。"

亨亨："但是我们要用什么来测量啊？我不知道怎么测量。"

宸宸："老师，你有长长的尺子可以借给我们用吗？"

老师："你这个想法很棒，但是班上没有长尺子，你还能想到其他测量的方法吗？"

宸宸："美工区有绳子，我把绳子拉直来测量。"说着他就跑到美工区找到绳子，和小朋友一起拉直放在地毯上进行测量，但是发现每根绳子都太短了。

宸宸叹了声气："唉，绳子太短了，还有什么可以用来测量呢？"

老师看到孩子们为此商量了很久，都没有找到解决的办法，于是提示他们："可不可以用这个积木呢？我们有又长又直的积木。"说完大家拿着长条的积木对比大的车子进行测量，孩子们参照着这个方法，用不同长度的积木给不同大小的车进行了测量。

经过调整后的停车位有大有小，孩子们拿着小汽车进行了第二次测试，有的拿着大的警车，有的拿着小的摩托车……所有小汽车从入口进入后，都顺利找到了合适的车位停车。孩子们随后利用辅助材料，在围墙边上"种植"上了树木。

亨亨："我们把这些树立在围墙边上，就可以给停车场遮阴了。"

懋懋："还有禁止喇叭的标志牌也立在这里，停车场不可以按喇叭。"

在所有的汽车都停到相应的位置后，孩子们的停车场也竣工啦！

图 10　尝试停车

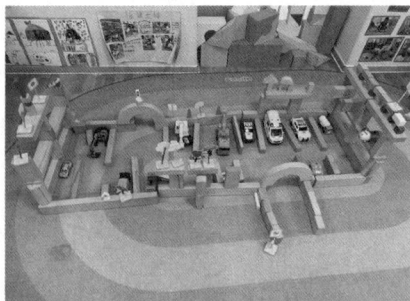

图 11　停车场搭建完成

**教师思考**

虽然幼儿知道停车位要用积木隔断，但是对于停车位空间大小的规划并不明确，因此在第一次搭建完停车场后，发现车位大小与车辆并不完全匹配。在幼儿寻求教师的帮助时，老师引导幼儿尝试用测量的方法来规划停车位的大小。

（1）幼儿想到用长尺子测量，但找不到长尺子。

（2）幼儿又想到用绳子来测量，但由于绳子太短，无法测量。

（3）最后经教师提示，幼儿用不同长度的测量物（积木）给不同大小的车进行测量。

幼儿根据自己的尝试与经验对停车位进行不断的调整，合理规划停车位。在调整规划好停车位后，幼儿还能够使用辅助材料，创造性地展现停车场的一些设施、周边环境等，这也是他们生活经验的映射。

## 停车游戏

停车场搭建完成后，孩子们开始在"停车场"玩自己的小车子，突然有孩子提出了新的想法：

懋懋："停车场搭好了，我们可以一起来玩停车游戏。"

宸宸："快来呀，我们一起比赛看谁开得快。"

亨亨："这里位置太小了，我们户外活动可以去骑小车呀，到时候看谁的车停得最好。"

明俐："我一定停在线里面，我的停车技术肯定很好。"

孩子们的游戏兴趣从单纯的搭建转变到了停车场各类角色扮演上。进入户

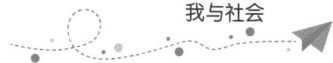

外游戏后，孩子们开着自己的小车穿梭在道路中，不一会儿便开始在停车场中寻找停车位。

图 12　小朋友们进行骑行比赛

图 13　小朋友停车

亨亨："你开得太慢了，我就超车先停在这里了。"孩子们提出了有小朋友不遵守交通规则的问题，老师在现场引导孩子们从不同的角度思考问题："在停车场可以开很快吗？""超车会发生什么事情？"

懋懋："超车会发生危险的事，要等前面的车走了才可以走。"

亨亨："在停车场不可以开很快，因为车很容易就会撞到一起，大家要遵守交通规则，都要排队。"

宸宸："大家要排队一辆一辆停车哦，这样就不会发生安全事故！"

于是，孩子们又开心地继续玩他们的停车游戏。

**教师思考**

随着游戏不断推进与发展，孩子们从搭建活动转变为角色游戏，说明幼儿的生活经验丰富，游戏经验也有所提升。在游戏过程中，玩具汽车已经不能满足孩子们的游戏需求，他们便当起了小司机开着自己的小车穿梭在停车场中。在开车过程中，他们又发现有人不遵守交通规则的情况，通过对交通规则的讨论探索，孩子们又加强了对交通规则的了解，增强了安全意识。在此基础上，老师应多提供一些交通标志牌，材料越丰富，孩子们在游戏中可互动与获得的经验就越多，这也是后续可以改进的地方。

## 教师反思

一次尝试，一次挑战，一次收获，幼儿的兴趣所在就是教育契机所在。本课程故事来源于幼儿的日常游戏，从幼儿的兴趣出发，老师在其中支持和满足孩子通过感知、实际操作和亲身体验获取经验。

一开始，幼儿提出搭建停车场的想法后，教师没有对停车场的规模和形式提出明确要求，但是鼓励幼儿结合生活实践，搭建了自己设计的停车场，一定程度提升了幼儿自主解决问题的能力；幼儿在搭建过程中面临一个又一个问题，从设计、尝试到改进再到成果，充分发挥了他们的想象力和创造力，获得了搭建停车场的经验和积极的情感体验。老师看到幼儿在反复试错的过程中得到了真正的学习。他们在独立地进行建构的同时也知道在必要时请求老师的帮助，在与老师、同伴的讨论交流中，他们的社交能力和动手能力也得到了一定的发展。随着游戏的发展，幼儿从对停车场本身的关注扩大到了对交通规则的讨论探索，通过这一契机，他们深刻了解了交通规则，加强了安全意识。

其中也有一些可以改进的地方，如前期在进行实地调查时，老师可以引导幼儿关注停车场的基本结构和设计要求，强调停车位之间的间隔要均匀、美观，大小可不同；在停车场搭建时，给幼儿提供更多的辅助性材料，拓展他们的经验；在停车场搭建完成后，引导孩子们一起制定停车场规则。

我与自己

# 我是时间的小主人

作者姓名：方羽淇
指导老师：刘彦霞、陈燕蓉
幼儿园名称：深圳市福田区第一幼儿园
幼儿年龄段：大班

## 课程故事简介

本课程故事以"课间十分钟"为切入点，引发了孩子们对时间的兴趣和思考。通过真实体验、讨论分享、自主设计等活动，孩子们逐渐认识到时间的宝贵和合理安排时间的重要性。在这个过程中，孩子们不仅学会了如何规划课间十分钟，还尝试了自主规划半日活动，进一步提升了时间管理能力。在自主规划半日活动中，孩子们可以根据自己的兴趣和意愿来安排时间，其间发生了不少小插曲，不过都被孩子们逐个解决了，教师在活动中充分尊重和支持孩子们的自主性，让他们成为时间的主人，也成为自己活动的主人。

## 故事缘起

在参观小学前，我悉心收集孩子们对小学的关注点，谈及课间十分钟，他们极为兴奋并热烈讨论，毕竟在幼儿园里没有"课间十分钟"这一概念，他们感到好奇，畅想进入小学后的课间活动。为使孩子们获得更真实的体验，我策划并实施了"一对一"的幼小结对活动，由小学生引领着小朋友们实实在在地体验了课间十分钟，真实体验后孩子们纷纷开始向同伴分享课间有趣之事。

庆庆："下课铃响的时候，姐姐带我去上厕所，带我去看了其他班的好朋友，我们一起聊了很久。"

涵涵："姐姐带我逛了一圈学校，我感觉还没玩够呢，时间就结束了。"

当当："哥哥带我去游乐场玩了一会儿跷跷板，还在那玩滑滑梯。好开心！"

小明："我和哥哥走了一圈一楼，发现很多植物，哥哥还给我介绍了它们。上课铃响了，但我很想去上厕所。"

图1　课间十分钟幼小结对活动

**教师思考**

第一次真实体验课间十分钟，当当觉得课间十分钟很美好，想做什么就做什么，这样真好。小明觉得课间十分钟有些短，刚发现一些有趣的植物，时间已经到了，还没来得及上厕所呢。孩子们都有自己的感受，同时也发现了：十分钟内有的小朋友做了很多件事，有的小朋友只做了一件事，还有没来得及做的事。鉴于此，为让孩子们学会合理安排时间、增强时间意识，我们以"时间"为切入点，开启了一场"时间"之旅⋯⋯

## 活动一：让十分钟"变长"的秘诀

"那怎样才能让十分钟'变'得更长？怎样安排课间十分钟才更加合理呢？"老师问道。

庆庆："不能把玩游戏放在前面，如果先玩游戏，就没有时间喝水和上厕所了。"

乐乐："可以做一些简单的运动，比如跳绳、踢毽子。"

小明："我觉得要先上厕所，因为小学上课时间有 40 分钟，如果不去上厕所，上课了就不能去了。"

在交流过程中，孩子们也逐渐意识到要先把重要的事情做完。

老师："那你们想自己尝试计划一次属于你们的课间十分钟吗？"

"想！我要先去……再去……"孩子们七嘴八舌地说道。

老师："把你们想做的每件事情以及做这件事大概需要的时间都记录下来，然后按照你们自己的计划开始行动吧。"

孩子们听了老师的话，一个个都兴致勃勃地投入自主计划课间十分钟的活动中。只见当当拿起笔，仔细地在纸上画下了自己的计划，他琢磨着先去和隔壁的小伙伴玩一会儿积木，然后赶紧跑去上个厕所，回来喝口水，最后如果还有时间就去创客室拼一个机器人，他认真地把每一件事要花费的时间都标记了出来。

图 2　当当在做课间十分钟计划　　　　图 3　当当的计划

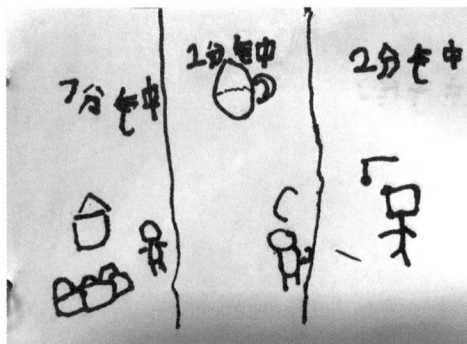

而琦琦则是先计划去上个厕所，再去拿本子画画，她同样认真地写下了顺序和时间。每个孩子都根据自己的想法绘制着属于自己的计划表，小脸上满是专注和期待的神情。

为了能够给孩子们营造真实的氛围以及为活动增添一份仪式感，在课间十分钟活动开始前，我播放了模拟小学的下课铃声，并按下十分钟的倒计时后，孩子们按照各自的计划快速行动起来。有的孩子像丸子一样，急急忙忙地跑去玩积木，有的孩子则安静地在画画。

十分钟结束后，我们进入了讨论环节。当当挠挠头说："我发现我玩积木玩得太入迷了，上厕所的时间都有点紧张了，下次我得调整一下。"琦琦说："我的画只画了一半，十分钟根本画不完，但是没关系我可以下次再继续画。"其他的孩子也分享了自己在这次体验中的感受和发现，原来我们等待时，会

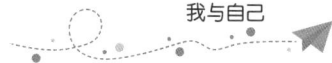

觉得时间很长；有事情做时，则会觉得时间很短。而在相同的时间做同样的事情，因为每个人动作有快有慢，所以结果也不一样。通过这次尝试和讨论，孩子们对于时间的规划和管理有了更进一步的认识和理解。

**教师思考**

关于课间十分钟的体验活动，并非偶然为之，而是经过我深思熟虑后的精心设计。

作为教师，我深知孩子们即将步入小学，面临全新的学习和生活节奏。而课间十分钟，虽看似短暂，却是他们适应小学环境、培养自主能力的关键环节。

我设计这个活动是希望孩子们能提前感受小学课间的氛围，了解时间的有限性和合理规划的必要性。通过真实模拟，我让他们在实践中去体验、去摸索，从而培养他们的时间管理意识和自主规划能力。我思考着如何让活动既有趣又富有教育意义，选择播放模拟小学的下课铃声，是为了最大限度地还原真实场景，给孩子们一种身临其境的感觉；而设定十分钟的倒计时，则是要让他们直观地感受时间的流逝，促使他们在有限的时间内做出选择和安排。

此次的体验活动，我看到了孩子们丰富多样的想法和感受。他们第一次真实体验课间十分钟，对此有着不同的认识，有的觉得美好自由，有的则意识到时间的紧迫和安排的重要性。在交流讨论中，孩子们积极发言，分享自己的体验和观点，认识到合理安排才能让十分钟发挥更大的作用。

当让孩子们自主设计课间十分钟时，他们展现出的专注和期待令我欣喜。每个孩子都按照自己的想法去规划，这培养了他们的自主性和规划能力。从当当和埼琦等孩子的计划和反思中，可以看出他们在实践中不断学习和成长。通过这次活动，我更加深刻地认识到，对于大班的孩子，适时给予他们这样的体验机会是多么重要。

## 活动二：自主规划在园半日活动——初体验

孩子们体验了课间十分钟自主规划后，非常有成就感。第二天，几个小朋友在做自主游戏计划时，霖霖说："如果一个早上都能自己做计划就好了。""对呀！这样我们想干啥就可以干啥！"乐宸有点小窃喜地说道。听到了他们的对话，我心里想："那就让孩子们自己制定半日活动，未尝不可呢！"

抓住这个契机，晨谈的时候我便抛出了话题："以前每天的活动时间都是老师安排好的，你们想不想尝试自己安排自己的半天活动时间呢？"

"想！这样我们就可以想做什么就做什么啦！"孩子们既兴奋又有点不可思议地说道。

"那我们可以怎样计划呢？幼儿园上午活动的时间都有哪些呢？"老师问道。

琪琪："8点上学，然后要早锻炼，吃早餐。"

丸子："10点是水果餐时间。"

当当："11点30分是午餐时间！"

米多："12点就要睡觉啦。"

老师："那全部时间都由你们自主规划呢？还是要保留一些固定的活动时间呢？"

孩子们激烈讨论起来，最后通过投票决定水果餐、午餐、午休还是按原来固定的时间，因为更有利于身体健康，其他活动时间自主安排。达成共识后，孩子们开始在时间规划表上制订自己的半日活动计划。

小宸迫不及待地拿起笔，在纸上写下了自己的计划："9点搭积木，9点15分拼机器人，9点20分踢球。"

琪琪的计划则是："9点听故事，9点30分玩沙，10点吃水果，10点05分户外玩滑滑梯，10点20分做手工，10点30分户外活动。"

当活动正式开始后，问题很快便出现了。小宸才搭了一小会儿积木，就惊觉时间已到，不得不匆忙去拼机器人，可机器人还没拼出个模样，踢球的时间又到了。琪琪这边呢，由于时间安排表顺序混乱，光是查看计划就耗费了许多时间。她刚到户外没多久，又急匆匆跑回教室活动，在教室待了没一会儿，又该去户外了。整个上午，孩子们在各个活动之间来回奔波，由于时间安排得混乱，材料还没来得及准备齐全，预定的时间就已悄悄流失，大家都显得手忙脚乱。

我在一旁默默地观察着，看到孩子们满脸的困惑与着急，我决定在活动结束后，和孩子们一同坐下来，重新探讨怎样才能更好地规划时间。活动结束后，孩子们围坐在一起，小宸皱着眉头说："我每个活动都想玩，可是时间根本不够呀。"琪琪也苦恼地表示："我搞不清楚先做哪个后做哪个，计划太乱啦。"其他小朋友也纷纷附和，有的说忘记留出收拾东西的时间，有的说没有想到活动地点转换需要时间。我耐心地引导他们："那我们一起来想想，怎样才能让时间安排更合理呢？比如，我们可以把想要做的事情先分类，然后按照重要程度或者兴趣大小来排序。"孩子们听了若有所思，小宸说："明天我要把每个活动的时间延长一些，这样就不会那么累了。"琪琪也点头："我要把户外的活动集中在一起，然后再安排室内的。"

## 活动三：自主规划第二天——摸索中前行

经过昨天的初体验，孩子们制订新的时间规划表时，不仅考虑了活动的顺序，还预留了足够的准备和收拾时间，以及活动地点转换的时间，一切都变得有条不紊。他们尽情地享受着每个活动带来的快乐，不再像第一天那样忙乱无章。

但新的问题出现了，到了 10 点的水果餐时间，仅有一部分孩子及时返回教室享用水果，而另一部分孩子则是在老师的多次提醒下才姗姗来迟。在午餐前，我们共同展开了一场关于未能及时回来吃水果餐原因的讨论。没有及时回来的孩子们解释道："因为太好玩了，忘记了时间。""小操场那里没有时钟可以看。"及时回到教室吃水果的小朋友则说道："我们在大操场玩也没有时钟可以看，但是我们发现附近医务室有时钟，我们就轮流去看时间，短针指到 10，长针指到 12，我们就回来了。"听到这里，那些没有及时回来的孩子恍然大悟。有的说："啊！我知道了，下次如果我们在户外玩可以去一楼的教室看时间，这么做，就不会错过水果餐啦。"

老师笑着点头："那大家想想，除了轮流去看时钟，还有没有其他办法能让我们更好地记住时间呢？"孩子们陷入了沉思，不一会儿，就有孩子举手说："我们可以佩戴一个手表，这样就能随时知道时间了！"老师肯定了孩子的想法，并说："那我们以后出去玩的时候，都要记得规划好的时间，这样既能玩得开心，又不会错过重要的事情。"

图 4　围坐讨论

## 活动四：自主规划第三天——渐入佳境

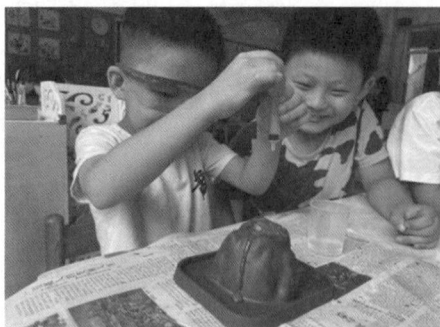

图 5　孩子们在做火山爆发实验

自主规划第三天，教室里充满了和谐有序且积极活跃的氛围。在做半日计划时有几个小朋友以小组的形式结伴讨论做计划。他们围坐在一起，你一言我一语，认真地交流着自己的想法。经过一番商量，最终达成了一致的意见。孩子们按照自己规划的时间表，有条不紊地开始了各项活动。有的小朋友在安静地阅读绘本，沉浸在奇妙的故事世界里；有的在专注地画画，用手中的彩笔描绘着心中的美好；还有的在搭建积木，努力构建着自己想象中的作品。当进行到自己特别感兴趣的活动时，他们会主动和小伙伴商量，延长在该活动上的时间。

比如在科学实验区域，小朋友们正在探索火山爆发，大家被神奇的实验现象深深吸引，纷纷决定再多停留一会儿，继续深入探究。在这个过程中，他们充分展现出了团队合作的精神，有的小朋友负责记录实验数据，有的负责操作实验器材，还有的在积极思考、提出新的假设和想法。

图 6　咔咔按计划完成了自己想做的拼图

图 7　拼图成品

同伴之间互帮互助的场景也随处可见。小明在搭积木时遇到了困难，怎么也搭不好想要的造型，一旁的咔咔主动过来帮忙，一起出谋划策，最终成功完成了作品。她们沉浸在自己喜爱的活动中，专注而投入。

图 8　瑶瑶和晓庆在拼搭作品

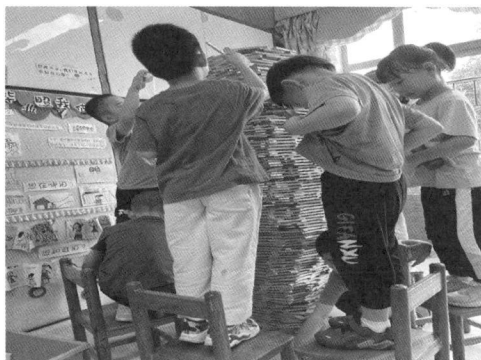

图 9　按计划做高塔的小组

　　如果几个孩子都想同时使用某个材料，他们会通过商量来决定先后顺序，或者一起合作完成某项任务，共同分享活动的乐趣。他们会制定简单的规则和约定，并且自觉遵守，以保证活动的顺利进行。有时候，孩子们也会根据当天的特殊情况或自己的心情来调整时间安排。比如，如果当天有特别的手工制作或者小组活动，他们可能会优先选择参与这个活动，而暂时放下其他原本计划好的事情。

**教师思考**

　　幼儿园的一日生活是孩子最熟悉的生活经验，也是最好的感知时间的教育内容，因此从幼儿生活环节入手进行渗透是培养幼儿时间概念的有效途径。孩子们在不断地尝试和探索中逐渐成长，在思考中寻求解决办法，促进深度学习和探究。

**学习与发展**

　　在一系列围绕"时间"展开的活动中，孩子们的参与热情高涨，对时间有了更深入的认识和体验。孩子们做事情的节奏也紧凑了，会自主地完成要做的事情，没有了往日漫无目的地游走于各个角落的情况。他们也越发珍惜剩下的在园时光，能更加清晰地认识到自己的需求和喜好，根据不同活动的重要性和紧迫性来做出决策，并且能够合理地分配时间来满足这些需求。老师在这个过程中会给予孩子们充分的尊重和支持，发挥他们的自主能动性。

**教师反思**

对于即将步入小学生活的大班小朋友而言，培养他们的时间观念绝非一蹴而就之事。在孩子的成长关键期，需要给予恰当的引导和培养，这对于他们今后的学习和生活习惯养成具有深远的意义。从发展心理学的角度来看，大班阶段的孩子正处于从直觉行动思维向具体形象思维过渡的时期，他们对于抽象的时间概念理解尚浅，也需要通过具体的、直观的活动来感知和体验。

我们巧妙地将时间元素融入幼儿的一日生活之中，早晨入园时，教室门口设置了一个可爱的卡通时钟，老师会引导孩子们看一看时钟，告诉他们现在是几点钟，应该在几点之前完成入园的准备。比如，规定 8 点 30 分之前要完成签到，让孩子们对早上的时间有初步的概念。在集体教学活动中，我们会使用定时器。比如，设定 20 分钟的故事时间，当定时器响起，就意味着故事环节结束。通过这种方式，孩子们能直观地感受到 20 分钟的长度。午餐时间，餐桌上有一个小型的沙漏，老师告诉孩子们当沙漏里的沙子全部流完，就表示用餐时间结束。这不仅让孩子们对时间有了感知，还能促使他们养成良好的用餐习惯。午睡起床时，老师会播放轻柔的音乐，并告知孩子们音乐结束就要整理好床铺。孩子们在优美的音乐中，逐渐对这段时间的长短有了体会。户外活动时，同样会设定一个固定的时间范围。比如，给孩子们 40 分钟的自由玩耍时间，时间结束后，老师会吹口哨示意集合。通过这些细致而巧妙的设计，时间元素如同无声的老师，时刻陪伴在孩子们身边，通过持续的时间规划与切实的举措，幼儿对时间的体验和感知不再停留于表面，而是愈发深刻且细腻。他们不仅对时间的流逝有了更清晰的认知，同时对于自身的能力和完成任务的速度，也有了更为客观、准确的判断和把握。我们在观察幼儿的过程中，运用教育评价的方法，及时发现问题并调整策略。不仅对幼儿时间观念的发展进行评估，还关注幼儿在活动中的情绪体验和社会交往能力的发展。通过此次活动，孩子们成功地成为时间的主宰者，也成为自身活动的主导者。将"学习"的主动权交还给孩子，这正契合了著名教育家陶行知先生所提出的"生活即教育"这一理念。在未来的教育之路上，我们仍将保持敏锐的洞察力，持续捕捉孩子的实际需求，以寓教于乐的方式，为孩子们创造更多的学习机会和成长空间，让他们在自主探索中学习和成长。

# "趣"探小学，共赴成长之约

作者姓名：李月、邓敏
指导老师：陈玲、甘怡彬
幼儿园名称：深圳市福田区第一幼儿园福安分园
幼儿年龄段：大班

## 课程故事简介

　　幼升小阶段，幼儿在生活习惯、学习习惯以及人际关系等方面将面临许多的变化，这是幼儿生命历程的一个重要转折。因此，幼小衔接活动对幼儿的身心健康发展以及顺利完成小学阶段的学习都具有重大的意义。"'趣'探小学，共赴成长之约"以幼儿的兴趣和需求为出发点，旨在引导幼儿通过参观和认识小学，与小学生面对面交流、体验小学课堂等方式，从幼儿视角发现、体验小学生活，激发幼儿上小学的积极兴趣，促使幼儿养成良好的学习习惯，为上小学做好充足的准备。

## 故事缘起

　　幼儿园毕业临近，上小学成为孩子们近期热议的话题。孩子们对自己与小伙伴们即将进入的小学校园非常好奇，与之相关的话题讨论也常被提起。他们询问自己的好朋友们以后要上哪一所小学，分享自己的想法。"我马上要上小学了，我很开心，因为我姐姐也在那里上小学。""我要上的小学就在我家旁边。""我妈妈说还没想好让我上哪所小学。""我不想上小学，我怕交不到朋友。""我也不想，因为小学要写作业。"

这时，老师发现坐在旁边的瑞权认真倾听同伴的分享内容，他的眼中闪烁着对未知世界的好奇，带着稚嫩的声音向老师提出了一个问题："老师，您知道小学是什么样子吗？"

瑞权的问题如同一块磁石，迅速吸引了周围小朋友的注意。他们纷纷聚集在一起，各自用充满想象和期待的语言描绘着他们心中的小学："小学一定有很多班级，比幼儿园还多！""听说小学有各种社团活动，可好玩了。"听完小朋友们的分享，瑞权向老师提出请求："老师，我们能不能去小学看看呀？"

**教师思考**

孩子们对小学的未知世界充满了好奇与憧憬，他们的心中充满了疑问与期待。而《3—6岁儿童学习与发展指南》和《幼儿园教育指导纲要》明确指出，幼儿园阶段应致力于促进幼儿身心的全面和谐发展，为他们入小学做好基本素质准备，为他们的终身发展奠定坚实的基础。

为了解答孩子们对小学的疑惑，满足他们渴望亲自探索小学的愿望，老师决定以此为契机，开展"我要上小学"这一主题活动。希望通过这次活动，解答孩子们心中的疑惑，使孩子们对小学生活产生积极的期待和向往，为他们即将步入小学的生活做好充分的心理准备。

## 畅谈小学，满怀憧憬

### 一、畅谈篇：我心中的疑问

孩子们对即将踏入的未知领域表现出了前所未有的热情与好奇。为了满足他们旺盛的求知欲，老师精心策划了一场"关于小学，我的疑问"的主题活动。孩子们与同伴、老师围坐一堂，交流声此起彼伏，每个人的脸上都洋溢着期待与好奇。

云朵："小学比我们的幼儿园大吗？有没有大型玩具？"

楷迪："我想知道在小学上课的时候，如果我想去厕所，老师会允许吗？"

一诺："小学有什么有趣的活动和游戏可以参与呢？"

诗雨："我很好奇，在小学里我们主要学习哪些内容？还有放学的时间是什么时候？"

诗晴："小学里会有作业吗？作业会不会很多，写不完怎么办？"

思妍："小学里会不会有男老师教我们呢？"

孩子们对于小学疑问多，范围广，想要尽快去小学一探究竟的想法也越来越迫切。老师建议小朋友可以先把这个想法告知给园长。班级小朋友谈论过后，投票决定先派班级代表将大家想要尽快去小学参观的想法告知给园长，寻求园长的帮助。

图1　老师向幼儿介绍小学

图2　班级代表向园长提出参观小学的申请

**教师思考**

作为教育者，我们始终秉持"以幼儿为主体"的教育理念，于是老师建议孩子们可以将自己的想法告诉给园长，邀请园长向小学的校长了解孩子们是否能去小学参观。老师之所以如此引导，是因为想要给孩子们主动去沟通、交流的机会，在这个过程中可以发展孩子们的语言表达能力和人际交往能力。

## （一）什么时候可以参观小学？

在倾听了孩子们对小学生活的热切期待和好奇之后，园长迅速行动起来，与老师们及相关负责人紧密合作，开始筹备大班幼儿参观小学的活动。首先，园长召集了大班的老师们，召开了一场关于幼小衔接和小学参观的专题会议。随后，园长与小学的相关负责人进行了深入的沟通，详细讨论了参观小学的具体事项，共同制订了大班幼儿参观小学活动方案。

图3　幼儿园和小学商议参观方案

图4　幼儿园召开幼小衔接参观专题会

**教师思考**

　　为了满足孩子们对小学的好奇和期待，老师们积极采取行动，用实际行动来回应和支持孩子们的想法。他们仔细听取并梳理孩子们对小学的疑问，主动与小学的老师进行深入探讨，以确保参观活动能够精准地满足孩子们的需求。

### （二）我们可以在小学做些什么？

　　在等待园长和小学校长商榷的间隙，孩子们对小学的向往愈发强烈。他们不仅热烈讨论着未来的校园，更开始计划着与它的互动。在老师的鼓励下，他们将自己心中的小学生活以画画的形式表现出来。

　　家怡的画中，她和小伙伴在宽阔的操场上玩耍；云朵则描绘了在大树下与同学们举办音乐会的场景；嘉萱则期待在五彩斑斓的校园里与同学们一起探索。

　　这些画作展现了孩子们对未来小学生活的期待与憧憬，充满了童真与乐趣。他们期待在那里留下欢笑、友谊和成长的足迹。

图 5　家怡：我心目中的小学

图 6　云朵：大树下的小学

**教师思考**

　　绘画是孩子们表达情感的一个窗口，孩子们将自己的想象力、创造力和艺术有机结合，勾勒出对未来小学生活的热切期盼。此时，老师便化身为孩子们最信赖的倾听者，温柔地守护着他们宝贵的想象力，让这份美好在孩子们的心中生根发芽。

### （三）去参观小学要带什么东西呢？

　　园长告知孩子们参观小学的日期后，孩子们兴奋地拉上老师，热烈讨论起参观小学所需准备的物品。

诗晴提议："我们得带上花露水，以防路边草丛里的蚊子叮咬。"

昕泽关心到实际需求："当然，我们还要带上水壶，确保路上有水喝。"

家怡则显得更为周全："还有，我们要带上记者牌和话筒，提前准备些问题，到时候好向小学的哥哥姐姐们请教。"

图7　雨霏：我们要戴遮阳帽

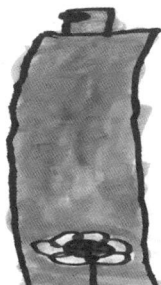

图8　诗晴：带上班级的花露水

图9　家怡：带上我们做好的记者牌

图10　变身小记者

经过一番热烈的讨论，老师发现孩子们的准备清单颇为详尽，但又考虑到携带过多物品可能会影响参观的便捷性和体验。于是，老师将考虑的建议告诉孩子们，在老师的引导下，孩子们进行了合理的取舍，最终决定轻装上阵，仅携带水壶、汗巾、话筒等，满怀期待地迎接即将到来的小学参观之旅。

**教师思考**

在此次讨论的过程中，每个孩子都基于自己的外出经验提出合理的物品携带建议，并说明理由。但是，孩子们并未考虑到幼儿集体外出和家庭外出的区别，是因为孩子对前者的经历较少，于是老师站在幼儿集体外出的角度上告知孩子们需要进行取舍的理由，有意识地引导孩子们站在集体而非个人的角度思考问题，从而培养孩子们的集体意识。

### （四）如何表达谢意？

在讨论完要携带的物品之后，老师意识到这是一个向幼儿渗透礼仪教育的时机，便微笑着启发他们："我们离参观小学还有几天时间，小学的老师和哥哥姐姐们为了欢迎我们，肯定在精心准备。我们要不要对他们表达谢意呢？"小朋友们一致同意，开始讨论以什么样的方式表达谢意。雨霏眼睛一亮，迅速回应："我知道！妈妈去拜访姑姑时会带礼物，我们也可以带上自己制作的礼物，送给小学的老师和哥哥姐姐们。"家怡紧随其后，温柔地说："我要亲手做一束花，送给小学的校长。"嘉萱自豪地提议："我可以制作一个精美的杯垫送给小学的哥哥姐姐们，老师都夸我做得好看呢。"熙铭听后，兴奋地表示："我也要做一个！"于是，孩子们迫不及待地行动起来，在当天的区域活动中，他们纷纷投入制作礼物的欢乐中。

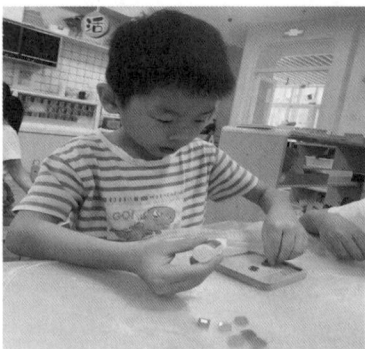

图 11　装饰杯垫

图 12　制作花束

**教师思考**

在参观小学这件事情上，虽然孩子们委托园长帮助他们与小学的校长进行协商，但是孩子们是参观过程中的直接感知者。正如雨霏小朋友基于自己的生活经验所提到的那样：拜访他人，并向他人赠送合适的礼物在日常人际交往中是一种古老而广泛的传统。老师启发并赞同孩子们将自己亲手制作的礼物送给小学校长和哥哥姐姐们，也是表达感激的一种方式。

### （五）我们的参观小约定

孩子们对于即将到来的小学参观之旅，不仅在物质上做了充分的准备，还在精神层面展现出了高度的自律和责任感。他们深知作为即将踏入小学的小客

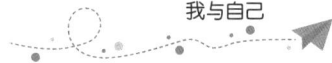

人，需要时刻保持文明礼貌的举止。为此，老师组织了"我们的参观小约定"的主题活动，邀请孩子们畅所欲言。于是，孩子们纷纷对自己提出了明确的要求。

子谅认真地说："我们在参观时要保持安静，不大声喧哗，以免打扰到小学的老师和哥哥姐姐们。"

子沫温柔地补充道："我们要展现出良好的礼貌，见到老师时主动问好，展示我们大班的风采。"

玥玥坚决地表示："我们不能在参观的路上乱丢垃圾，要爱护环境，为小学留下一个美好的印象。"

颢颢也兴奋地加入讨论："对，还有我们都要穿园服，这样大家都知道我们是哪个幼儿园的。"

图 13　子沫：排好队

**教师思考**

在"自由之上有规则"的理念指导下，老师鼓励孩子们共同参与制定了一份"小约定"，旨在规范行为、培养礼仪。孩子们积极投入，共同提出了"轻声细语参观，见面礼貌问好，不乱扔垃圾，统一穿园服"等具体条款。这些约定不仅有效提升了孩子们的自我约束能力，更深刻地体现了他们对文明礼貌的领悟和尊重。我们以此为契机，让孩子们通过实际行动践行自我教育的价值，从而在日常生活中形成良好的行为习惯和道德观念。

## 畅游小学，沉浸体验

### 一、畅游第一站——参加升旗仪式

随着"升旗仪式现在开始！"的响亮口号，小学的升旗仪仗队迈着整齐的步伐迎面走来，他们身姿挺拔，气宇轩昂，展现出无比的威严和庄重。在雄壮激昂的国歌声中，五星红旗缓缓升起，飘扬在蓝天下。大班的孩子们目不转睛地注视着这庄严而神圣的一幕，心中充满了对国旗的崇敬和对小学生活的向往。他们仿佛感受到作为一名小学生的光荣与责任，这种体验将深深地烙印在他们的心中。

图 14　小学生升旗

图 15　大一班幼儿列队观摩升旗

**教师思考**

对于大班的孩子而言，参加小学的升旗仪式无疑是一次深刻的体验。在雄壮的国歌声中，他们亲眼见证了五星红旗冉冉升起，在仪式中期待自己未来的小学生活。

### 二、畅游第二站——参观校园环境

孩子们在福新小学姜主任的带领下，依次参观了会说话的"文化墙"、吱呀转动的大水车、底蕴深厚的校史长廊、曲径通幽的科学长廊、童趣盎然的美术室、妙趣横生的油画室、可以说悄悄话的资源活动室……这些都深深地吸引着大一班的孩子们。

图 16　幼儿参观小学油画室

图 17　幼儿参观科学长廊

**教师思考**

参观小学校园环境，对孩子们来说是一次充满好奇与发现的旅程。活动不仅开阔了孩子们的视野，更激发了他们对小学生活的向往与期待。作为一名教育者，老师深感教育不仅仅是传授知识，更是培养孩子们的好奇心和探索欲。

### 三、畅游第三站——走进小学课堂

孩子们站上小学的讲台，用简短的自我介绍换来经久不息的掌声，无形中拉近了他们和小学生的距离。

图 18　幼儿在小学讲台自我介绍

图 19　幼儿进教室和小学生打招呼

孩子们端坐于小学课堂，置身其中，感受并参与寓教于乐的语文课堂、深入浅出的数学课堂、引人入胜的英语课堂，向专心致志的哥哥姐姐们学习的同时不忘举手参与课堂，显然他们已经在尝试慢慢融入小学的教学活动。

图 20　幼儿端坐于小学课堂

图 21　幼儿举手参与小学课堂

孩子们在福新小学姜主任的引导下分组参与了小学的各项特色活动。在手工美术活动中，孩子们精益求精；在趣味跳绳活动中，孩子们身轻如燕；在跆拳道活动中，孩子们爆发力无限；在体育游戏活动中，孩子们有使不完的劲儿……

图 22  幼儿间分享绘画内容

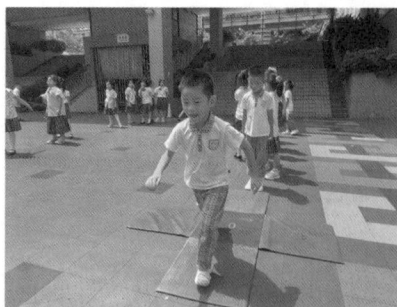

图 23  幼儿参与小学体育游戏

**教师思考**

参与福新小学的特色课程，孩子们展现了无尽的活力和潜力。无论是手工美术的精益求精，还是跳绳的轻盈身姿，抑或是跆拳道的爆发力，都令人赞叹。这次活动让孩子们体验了多元课程，激发了他们的学习兴趣和潜能。

### 四、畅游第四站——解答心中疑惑

为了满足孩子们对小学生活的种种好奇与疑问，老师建议趁此机会利用采访的形式来解答孩子们心中对小学的疑惑。在老师的指引下，孩子们佩戴上记者牌，化身为小小记者，与福新小学的姜主任、班级老师以及热心的哥哥姐姐们进行了一次别开生面的采访交流。

通过这次采访，孩子们心中的诸多疑惑得以解开：原来，小学生并没有区域活动，取而代之的是丰富多彩的课程教学，如语文课、数学课、英语课等；小学生们需要充分利用课间十分钟的休息时间，合理安排上厕所等活动。

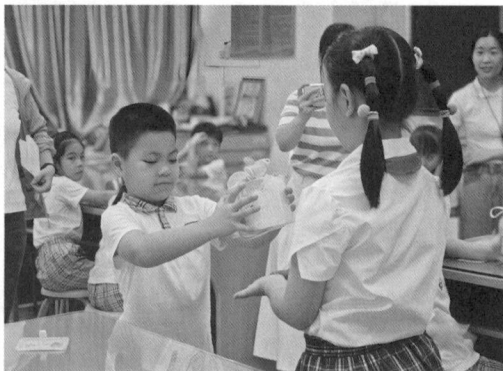

图 24  幼儿给小学生送礼物

**教师思考**

　　这次采访不仅让孩子们对小学生活有了更加全面深入的了解，也锻炼了他们的沟通表达能力和人际交往能力。之所以设计采访纪实的活动，既是为了此前孩子们就关于小学的种种疑问在这一环节得到解答，也是为了给孩子们创造近距离了解小学老师的机会，拉近孩子们与小学老师的距离，在一定程度上有助于缓解个别孩子对于上小学的紧张和焦虑感。

## 畅所欲言，收获成长

　　参观小学结束后，孩子们对于参观时的所见所闻滔滔不绝。为此，老师准备了参访记录表，鼓励孩子们通过绘画的形式留存。孩子们在参访记录中回忆道：

　　以沫："小学的姐姐说不戴红领巾会被扣分，所以我觉得戴红领巾是最重要的事。"

　　一伊："让我印象最深刻的是福新小学的特色——国际象棋，那个棋子快和我一样高了。"

　　文菲："我最喜欢福新小学的流水摩天轮（水车），这是我给它取的新名字。"

　　雨霏："参观完福新小学，我想快点去上小学，有太多好玩的。"

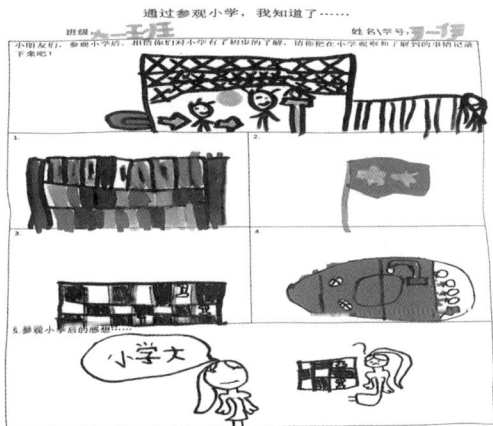

图 25　一伊小朋友的参访记录

**教师反思**

孩子们内心的期待、向往、困惑与好奇，都是我们解读他们成长密码的重要线索，我们需倾听他们的心声，理解他们的需求。

在参观小学的前期准备中，孩子们主动聊起了自己对于小学的疑问，并在活动策划中提出自己的想法，通过采访、讨论等方法来解决问题。在参观小学的过程中，孩子们亲身体验了小学生活的丰富多彩。他们目睹了升旗仪式的庄重，感受了校园文化的魅力，踏进了生动的课堂，更亲身体验了特色课程的乐趣。这些亲身经历不仅满足了他们的好奇心，也加深了他们对小学生活的向往之情。本次活动使孩子们对小学生活有了初步的认知，更锻炼了他们的合作能力和表达能力，孩子们对于小学的疑惑和好奇有了更加具象的答案。他们每个人都有自己独特的思考方式和表达方式，通过本次活动，这些想法被一一呈现，仿佛打开了一扇扇通往他们内心世界的窗户。

在引导孩子们进行准备和行动的过程中，作为教师，需要尊重并鼓励孩子们的每一个想法，让他们敢于表达、乐于分享。在课程开展前，虽然老师对课程的走向有大致的预设，但是在实际开展过程中，孩子们的表现也有意外之喜，例如："我们可以在小学做些什么？"这个环节是孩子们在等待参观小学的过程中自发生成的，孩子们在参观小学前想象着自己未来在小学要做的事情。童稚的话语、童趣的想象无不将这个年龄段孩子童真的一面展现得淋漓尽致。老师及时捕捉到孩子们自发生成的课程，以孩子们信任的倾听者的身份参与其中，以此展现孩子们的主体地位，同时根据孩子们已有的经验给予他们积极的支持。参观小学的活动已告一段落，在后续的活动中，教师可以有针对性地助力幼儿在生活自理、社会交往和学习探索等多个方面的发展，使孩子在亲身实践的探索中做好上小学的准备。

# 揭开牙齿的神秘面纱

作者姓名：蒋娜
指导老师：陈玉文、陈燕蓉
幼儿园名称：深圳市福田区第一幼儿园
幼儿年龄段：大班

## 课程故事简介

在大班的日常学习生活中，一位小朋友的掉牙事件引发了全班的关注与讨论，由此开启了"揭开牙齿的神秘面纱"课程探索之旅。

本次课程从孩子们对掉牙现象的好奇出发，展开了一系列丰富有趣的活动。首先对班级幼儿的掉牙情况进行了区分统计，并了解幼儿的掉牙感受；接着通过老师讲述《换牙的故事》和播放相关视频，孩子们知晓了掉牙的原因以及乳牙和恒牙的区别；然后通过调查表，幼儿对自己的牙齿状况有了更清晰的认知，在观察过程中，部分孩子发现了蛀牙的存在，引发心中的顾虑和担忧，为消除他们的不安，老师和孩子们又深入了解了蛀牙的形成和危害，并以实验的形式直观地去观察和感受；之后借助牙齿模型和绘本，幼儿了解了更多预防蛀牙的小知识，还制作了保护牙齿的小册子。

在这一课程中，孩子们不仅收获了关于牙齿的丰富知识，还培养了探索精神和保护牙齿的意识。老师也在课程实施过程中不断反思，见证了孩子们的成长与进步，为今后的教学活动提供了宝贵经验。

## 故事缘起

大班孩子正处于对自己身体充满好奇的阶段，在一次活动中，大家正热烈地交流着自己身体的变化。这时，乐宸突然捂着嘴巴，眉头紧皱，大声喊道："老师，我的牙齿掉了！"这一喊，瞬间把全班小朋友的目光都吸引过来了。大家纷纷围拢过来，眼睛睁得大大的，好奇地盯着那颗掉落的牙齿，纷纷讨论起来。

子琳胆小，吓得往后退了一小步说："哎呀，流血啦！"

智颖用手按住自己的牙说："我这颗牙摇摇晃晃好疼，是不是也快掉了？"

小齐充满疑惑地歪着头问道："为什么会掉牙呀？"

逸兴苦着脸说："老师，我还有蛀牙呢，可疼了！"小玮急切地说："你看你的牙齿都黑了。"这又引发了孩子们对蛀牙的热烈讨论。看到孩子们对牙齿的问题如此感兴趣，老师意识到这是一个很好的教育契机，决定开展一个关于牙齿的探究活动，帮助他们揭开牙齿的神秘面纱。

## 掉牙大探秘

### 一、你掉牙了吗？

班里小朋友有的掉牙，有的没掉，孩子们会互相观察比较。为了满足他们的好奇心，我统计区分了掉牙和未掉牙的幼儿及人数，并通过调查问卷了解了已掉牙幼儿的掉牙感受。

### 二、为什么会掉牙？

为了让孩子们了解掉牙的原因，我给他们讲了《换牙的故事》。讲到小主人公掉牙时的紧张，我故意做出害怕的表情，孩子们也不由得跟着紧张起来。当讲到新牙会长出来时，我又露出开心的笑容，孩子们也如释重负般地松了口气。

故事讲完，我邀请已经掉牙的小朋友分享自己的经历。

小齐："我掉牙的时候，还以为自己生病了，吓得哭了。"

达达："我上面那颗牙歪了，昨晚我爸用绳子一拽就给我拔掉了，流了好多血。"

雅琳："我也掉过牙，一点都不疼！就是说话有点漏风，但我知道这是长大的标志。"

通过故事，孩子们了解到原来掉牙是一个正常的生理过程。随着身体的发育，颌骨逐渐变大，而乳牙相对较小，如果不换牙，就无法满足咀嚼功能的正常发挥，影响食物的消化和营养的吸收。乳牙的牙根较浅且短，随着年龄增长，恒牙的牙胚在乳牙牙根下方发育，会促使乳牙牙根逐渐被吸收，最终导致乳牙脱落，为恒牙的萌出腾出空间。

### 三、乳牙和恒牙的区别

在换牙期间，有的小朋友已经长出了新的恒牙，他们常常会好奇地在一起互相观察和比较，瞧瞧对方的新牙，再瞧瞧自己的新牙，然后说："你的恒牙怎么那么大，你看我的比你小。"洗手时他们会对着镜子仔细观察乳牙和恒牙。看到孩子们对乳牙和恒牙如此感兴趣，老师想通过孩子们的观察和发现，以及自身的感受，来说说乳牙和恒牙有什么区别。

晨谈中，当老师提出问题"乳牙和恒牙的区别"时，孩子们个个都迫不及待要说话，表现欲爆棚，有的说："我发现我的恒牙比之前的牙齿更大更宽了。"有的说："乳牙要掉的时候吃东西不香，恒牙长出来了吃东西就很香。"还有的说："恒牙好像更厉害，咬东西比以前的乳牙快多了。"当孩子表达完后，老师播放了一个关于"乳牙和恒牙的区别"小视频，让孩子们听听牙科医生是怎么说的。

通过视频的学习，孩子们了解到乳牙体积较小，牙冠短而宽；恒牙体积较大，牙冠长而窄。乳牙的牙釉质较薄，矿化程度较低，不如恒牙坚硬；恒牙的牙釉质较厚，矿化程度较高，更加坚硬耐磨。乳牙主要是帮助儿童咀嚼食物、促进颌骨发育和引导恒牙正常萌出；恒牙则是要伴随人一生，承担咀嚼、发音、美观等重要功能。

学习后，孩子们不禁发出感慨："原来是这样，难怪我觉得换牙后吃东西更香了！"他们似乎明白了许多道理。看来老师的引导和帮助给孩子们提供了正确的理解和认识。

### 四、我的牙齿我了解

在班上几乎隔两天就会听到有孩子激动地说自己掉牙了，还表现出很疼的样子。

咔咔："老师，每颗牙都会掉一次吗？那得掉多少颗呀！我怕疼。"

当当："我都掉 2 颗了，你看。"

靖靖："你怎么掉的是这里，我掉的是下面的牙。"

雅琳："难道我们不是一起掉同一个位置吗？为什么我们每个人都不一样。"

孩子们开始关注自己的牙齿有多少颗，要掉多少次，还好奇地发现每个人掉的位置好像都不太一样。于是老师发放了一张"我的牙齿"调查表，让大家回家对着镜子数数自己的牙齿有多少颗，掉了几颗，又长了几颗，补了几颗，并画出自己掉牙的位置。

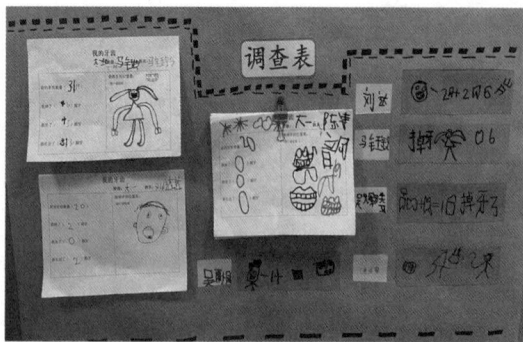

图1 "我的牙齿"调查表

图2 掉牙数量统计表

当孩子们在家对着镜子仔细观察完自己的牙齿后，回来有好多话想要告诉老师。

靖靖焦虑地说发现牙齿变黑是蛀牙，有点疼；咔咔恐惧地说补过牙，看牙很可怕；希希担忧吃糖牙齿会变黑要补牙。

此时他们心中多了许多顾虑和担忧，害怕自己长蛀牙，害怕去牙科。

看到孩子们心中诸多的不安，老师想让大家一起来深入了解这可怕的蛀牙。

## 可怕的蛀牙

### 一、为什么会蛀牙?

蛀牙也会疼，亲身经历过的孩子知道糖、巧克力、可乐、饼干、冰淇淋吃多了会蛀牙。老师还和孩子们一同观看了关于蛀牙形成的视频，以及蛀牙给我们带来的危害。

通过观看视频，孩子们对蛀牙有了更全面的认识，大家了解到，蛀牙并非一朝一夕形成的，它是一个逐渐发展的过程。从最初的牙菌斑到龋齿，再到牙齿的损坏，每一个阶段都需要我们引起重视。当蛀牙发展到一定程度，会侵蚀到牙髓神经，引起牙髓炎，导致剧烈的牙痛。这种疼痛可能会影响进食、睡眠和日常生活。蛀牙会破坏牙齿的结构，使牙齿变得脆弱，容易断裂或脱落，还会影响咀嚼功能。

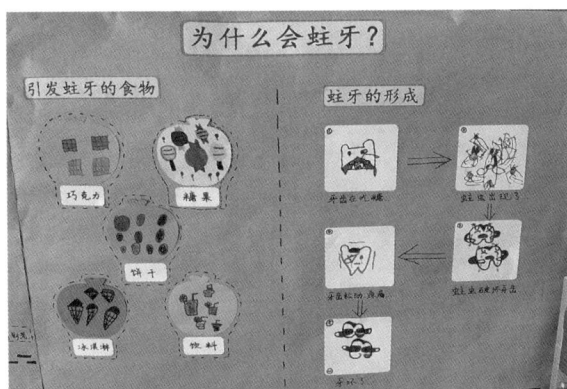

图 3　引发蛀牙的食物和蛀牙的形成

### 二、实验"变软的鸡蛋壳"

为了让孩子们更直观地了解蛀牙的形成，老师决定带孩子们一同开展一个有趣的小实验，实验中我们会把同样的鸡蛋分别放入水、牛奶、醋和可乐中进行浸泡，通过观察鸡蛋壳的变化，让孩子们感受牙齿在类似情况下可能产生的问题。因为鸡蛋在日常生活中较为常见，孩子们对其有一定的熟悉度，而鸡蛋壳的主要成分是碳酸钙，与牙齿的牙釉质成分相似。当鸡蛋壳浸泡在不同食材中会产生不同的变化，如在酸性环境中鸡蛋壳会变软，孩子们可以联想到牙齿在长期受到酸性物质侵蚀时也会出现类似的情况，从而帮助他们理解蛀牙的形成与酸性物质的关系，因此老师选择了这样一个小实验。

实验前，孩子们基于生活常识猜测，多数认为醋和可乐更易使鸡蛋壳变软、被腐蚀。

实验中，孩子们每天一来到教室，就会迫不及待地去看看被浸泡的鸡蛋分别都有什么变化，有的拿起勺子将鸡蛋从不同液体中捞出，看一看、闻一闻、按一按，然后兴奋地说："老师，这个鸡蛋越变越黑""老师，这个蛋壳好像变软了""老师，你看鸡蛋一直都是浮在水中的，我用力按下去，马上又起来了"，等等。他们会将每天观察到的问题和变化认真记录在实验表格里。

图 4　观察鸡蛋壳的变化

图 5　实验记录表

喜欢画画的孩子，会将自己的发现用表征的形式绘画出来，然后请老师帮忙写上自己想表达的话语。

达达："鸡蛋在醋里只能看到一点小头，醋里有很多气泡，鸡蛋旁边为什么有一圈气泡？"

临临："在清水里可以看到鸡蛋的样子，因为水是透明的。"

雅琳："鸡蛋在牛奶里沉下去了，只能浮一点点。"

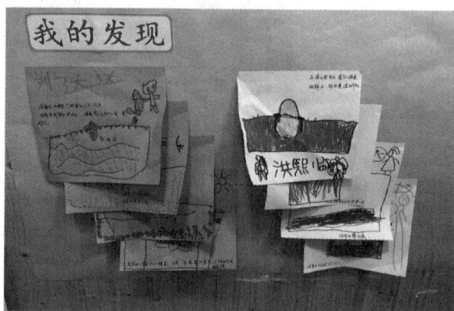

图 6　实验观察中的发现

经过 10 天的观察，孩子们发现浸泡在醋和可乐中的鸡蛋壳经过一段时间后，明显变得不如原来坚硬，表面和颜色也发生了变化，这让孩子们更直观地感受到酸性物质对物体的侵蚀作用，也进一步理解了为什么吃过多的酸性食物或喝过多碳酸饮料可能会导致蛀牙。

当孩子们看到这些实验验证后，当当说："牙齿就像变软的鸡蛋壳，被腐蚀后就会变得软软的，也咬不动东西了。可是我就很喜欢喝可乐，看来要少喝才行，我可不想变成这样。"而罗恩则问道："如果我不想让牙齿变成这样，好好刷牙就可以了吗？"看来孩子们还是很爱护自己的牙齿的，不想变成黑黑的一口烂牙，那该怎么做呢？

## 牙齿小卫士

怎样才能有效预防蛀牙的发生，让自己拥有一口健康的牙齿呢？老师认为牙齿模型可以让孩子们更直观地看到牙齿的结构和形态，帮助他们更好地理解牙齿的构成和功能。相关绘本则以生动的图像和故事形式，向孩子们传达关于牙齿健康的知识，使他们更容易接受和记住，同时还能帮助孩子们养成自主学习的好习惯。

当老师为孩子们提供了此类学习工具后，他们了解了许多关于蛀牙的小知识，比如预防蛀牙要从日常生活中的小事做起，每天早晚要认真刷牙，掌握正确的刷牙方法；吃完东西后要及时漱口，清除口腔中的食物残渣；定期去看牙医，进行口腔检查和清洁。只要我们掌握正确的口腔护理方法，及时发现并处理蛀牙问题，就能够避免其带来的严重后果。

自主学习让孩子们有了更多的想法，他们围坐在一起，热烈地讨论起来。

乐乐："每天都要刷牙，不能偷懒。"

咔咔："还要少吃糖果，不然牙齿会坏掉的。"

靖靖："吃完饭也要记得漱口。"

孩子们你一言我一语，积极地分享着自己的想法和建议，他们仿佛已经化身成了一个个保护牙齿的小卫士，为拥有健康的牙齿出谋划策。

后续大家还制作了保护牙齿的小册子，在自主游戏中开展了牙科诊所的游戏，上演了各种看牙的小故事和医生小讲堂。

## 教师反思

通过这次关于牙齿的探究活动，孩子们的进步显而易见，这也契合了《3—6岁儿童学习与发展指南》（简称《指南》）中"幼儿的学习是以直接经验为基础，在游戏和日常生活中进行的"这一理念。孩子们从最初对牙齿的懵懂好奇，到能够清晰地理解掉牙和蛀牙的原理，并将所学知识运用到日常生活中，养成良好的习惯，这令我深感欣慰。这正符合《指南》中"帮助幼儿养成良好的生活与卫生习惯，提高自我保护能力，形成使其终身受益的生活能力和文明生活方式"的要求。

整个课程活动中，让我感触颇深的是孩子们展现出了极高的热情和参与度，他们积极提问，勇敢表达。从一开始的掉牙事件引起的围观和好奇心，我认为精准捕捉孩子们的兴趣点，适时开展主题活动是极其重要的。幼儿将生活中的自己作为学习探究对象，能够自主地探索和讨论，这不仅大大提高了幼儿学习的兴趣，也激发了他们对牙齿的探索欲。

在掉牙大探秘中，老师能及时帮助幼儿了解牙齿背后的秘密。当幼儿对掉牙现象充满了担忧时，老师又能以故事的形式，以及比较、观察、发现等方法，慢慢让幼儿了解自己牙齿的状况，逐渐消除内心的恐惧，并以科学的态度去看待生命成长的必然阶段。

当他们通过镜子关注到自己有蛀牙时，为了让他们了解到蛀牙的形成，老师以实验的形式让幼儿亲身体验，并验证了不同食材对鸡蛋壳的腐蚀性，从而帮助幼儿理解蛀牙形成的过程。他们能积极主动地参与其中，大胆地提出自己的猜想，让我看到了孩子们内在的学习动力是多么强大。观察中，幼儿对不同食材对牙齿的作用有着直观且深刻的认识。这让知识变得更加生动、具体，易于理解和接受。孩子们也真正成为探索的主人，并能更好地促进他们的成长和发展。

面对大家对健康牙齿的向往，老师运用了各种教学资源，如视频、故事、模型等，帮助孩子们自主学习，让幼儿直观地感受和理解，加上老师恰当的引导，切实有效地化解了孩子们内心的困惑与担忧。

在这次教学过程中，于老师而言也收获颇丰。我学会了如何从孩子的兴趣点出发，精心设计生动有趣且富有教育意义的课程。通过引导孩子们自主讨论、分享经验，有效地激发了他们的学习积极性和主动性，提升了他们的语言表达能力和思维能力。然而，我也察觉到了一些不足之处。在课程设计上，尽管考虑到了大多数孩子的情况，但对于个别理解能力较弱的孩子，关注和辅导还不够到位，这与《指南》中强调的"尊重幼儿发展的个体差异"存在差距。后续我会不断优化教学方法和策略，更精准地满足孩子们的学习需求，助力他们全面发展。

# 小积木"建"精彩

作者姓名：梁春媚
指导老师：陈玉文、刘彦霞
幼儿园名称：深圳市福田区第一幼儿园
幼儿年龄段：大班

## 课程故事简介

幼儿在游戏中成为自信、主动的学习者，基于这一认识，开学初，班级加入了幼儿园自主游戏活动开展的共同体。作为实施班级，我思考提供怎样的材料来支持幼儿深度学习和探索。我首先想到的是阿基米德单元积木，它独特的比例、相同的大小，使它拥有非常好的平衡堆叠功能，积木没有凹槽，纯重力的独特性使幼儿能够反复地搭建、分解，在各种尝试中自主创造心中所想，满足幼儿各种游戏的需求。我很好奇，幼儿会和这种新材料发生怎样的碰撞，激发出怎样的学习呢？

## 故事缘起

沐辰小朋友右手捏着一颗黄色塑料小球，并将它放置在一个装置的顶端，左手握着一块阿基米德积木，将球推出，小球顺着坡道快速滚了下去，沐辰发出了感叹："嘿嘿，这个真好玩！"接着他快速地用手扶起刚才推球时不小心碰倒的积木，对装置进行修复。"梁老师，我们这个好好玩，你快看。"砚山小朋友从身后的材料箱子里拿出一块积木并加固这个装置，同时和我分享着这个好玩的游戏。两个小朋友同时说的好玩的游戏，到底是什么新游戏呢？当我的目

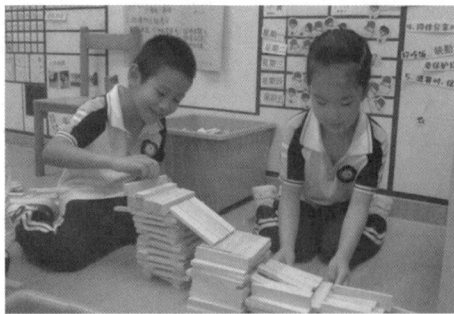

图1　幼儿搭建首个斜坡轨道

光顺着他们快乐的声音看过去的时候，我不禁也发出了同样的感慨："哇！这可真好玩！"我看到的居然是一个坡道装置，像魔术般一样出现在我的眼前，这个坡道已经初具规模，由五个高度层次组成，其中有陡坡，也有缓坡，支撑物应用了井字及堆叠搭建技巧，最下面一层有镂空。修复好坡道后，沐辰小朋友又发起了新的玩法，他将两颗小球同时放置在坡道口，并同时松开双手，小球一前一后滚落到底端。"红色的赢了，黄色的输了！"他脱口而出分享着比赛的结果和发现。

## 悬置问题，深思熟虑地倾听和回应支持幼儿深度的理解

虽然这不是正式的实验，但是孩子们有了发起实验去验证猜想的思想萌芽，比如，是不是同时松手？坡道的不同阶段的面的特点一样吗？小球的大小一样吗？有了科学探究的兴趣和初步能力。老师该如何抓住这次契机，将幼儿引向更复杂的坡道工程活动呢？如何让更多的幼儿自然卷入这场学习呢？老师在现场及接下来的自主游戏中进行了以下深思熟虑的倾听和回应。

（1）不急于指出实验存在的变量，这可能会抑制孩子的积极性。探究而非实验是幼儿最常见的科学实践活动，是一种自主的、非结构化的研究形式。在双球实验结束后，我向两位幼儿提出了两个问题：哪个小球跑得快？是什么原因让两个小球的速度不同呢？让问题打破认知平衡，在孩子的心里种下一颗好奇的种子，继续去探索。

（2）持续让幼儿有大量机会和材料继续互动，自己去发现它们的特征，以

图2　幼儿发起测试

及它们如何相互作用；继续对幼儿的坡道搭建进行一段时间的仔细观察，了解幼儿现阶段建造斜坡处在哪个能力水平以及所建造结构的复杂程度，幼儿对哪个点感兴趣？正在解决什么样的难题？需要提供什么样的支持？

## 静观其变，开放式探究让幼儿持续深入

因为有足够充足的时间和机会用单元积木进行搭建活动，幼儿对重量、平衡、摩擦、张力和稳定性有了一定的了解，开始能够面对建造斜坡与轨道系统的挑战。由于我在指导的过程中避免了先入为主，而是根据观察，了解幼儿意图后支持鼓励幼儿按照自己的意愿去设计自己的斜坡与轨道系统，并在搭建的过程中提出激发幼儿思考的问题，孩子们搭建的坡道呈现出越来越多的形式和不同水平，孩子们发起的坡道系统和测试也在从简单走向复杂，并在自己发起的坡道系统中收获物理科学的学习机会。

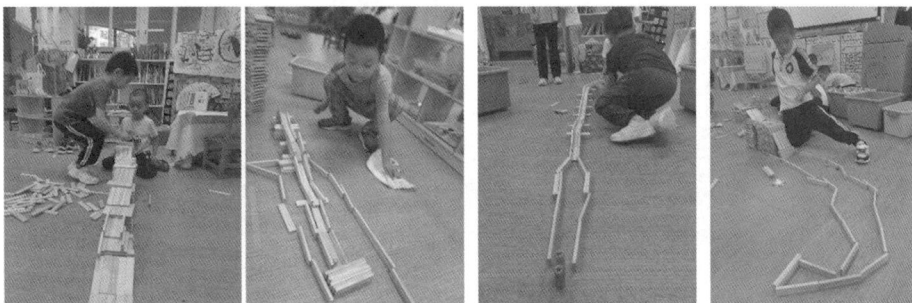

图 3　不同高度的单斜坡

图 4　在单斜坡上释放不同的物体

图 5　在单斜坡上释放不同的球

图 6　组合斜坡（没有围栏、有围栏）

图 7　能让小球跳跃或者落下的斜坡

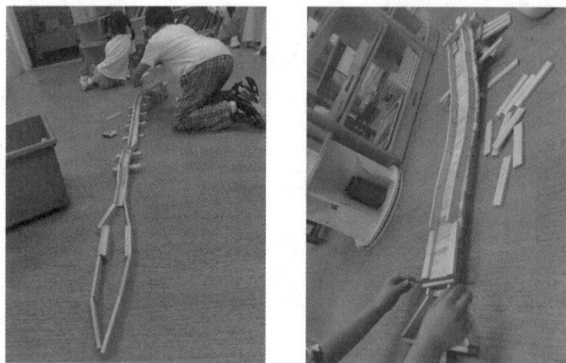

图 8　有不同坡度的斜坡

## 新的挑战：我们能搭一个让小球可以转弯的斜坡和轨道吗？

当孩子们在开放式探究中通过反复使用单元积木和滚动材料进行互动后，他们有了丰富的斜坡搭建经验，他们在关注到斜坡的高度、形态改变与小球移动方式、距离、速度的关系后开始关注如何改变小球的滚动路线，如何用轨道和装置控制滚珠的滚动轨迹，如何对斜坡结构做出调整以达到预期的结果。为了增进幼儿的坡道搭建水平，并增加设计的难度，在新一次的自主游戏开始前，利用集中时间我向孩子们提出了新的挑战：我们能搭一个让小球可以转弯的斜坡和轨道吗？

一、探究进行时，首层积木向内旋转破解关键技术问题

教师提出这个问题后，孩子们开始自主探索。泽锟小朋友正在进行尝试，在直行阶段，他采用了控制单元积木数量的方式来制造斜坡高度。支撑体分别用 1、3、5、7、9 块单元积木横向垒高而成，间距均匀分布，用一块单元积木连接 2 个支撑物，两边分别用两块积木做围栏。在有 9 块积木的支撑体部分，泽锟小朋友开始尝试转弯，他将支撑体部分整体向内角倾斜了大约 30°，然后

118

开始尝试用一块积木去连接，松手后，积木掉落，试了几次并未成功，他开始转动支撑体顶端的一块积木，让它像扇子一下向内角伸展，这一次，他再把积木放上去时，成功了！

图9　支撑体呈1、3、5等奇数施增模式

图10　调整支撑体角度

### 二、师幼互动共促学习，反馈与提问拓展幼儿思维

为了更清楚地了解幼儿的意图以及帮助幼儿明晰自己正在思考的问题，我们对泽锟小朋友的行动做了反馈和提问："我看到你将最上面的积木进行了旋转，然后，积木就能稳稳地放在两个支撑体的上面了。为什么旋转上面一块后，就可以放稳了？"泽锟小朋友回答："因为这样会缩短它们的距离，刚才它们离得太远了。"

很明显，幼儿在反复假设、尝试、调整中发现了支撑体之间距离和稳定性的关系，只需微微挪动最上层的积木，就解决了弯道角度变化的问题，真是巧妙的办法呀！"耶！我的小球转弯了！虽然只是一个小小的弯！"泽锟小朋友右手拿着一块积木，立在斜坡顶端，左手从口袋里掏出小球，一颗一颗放置在立着的积木挡板前，一共三颗，然后他往上迅速提拉立着的积木，其中两颗小球顺着坡道，顺畅地滚下了山坡，还剩一颗，停留在了坡顶与相邻轨道连接处，他迅速用手推了一下，剩下的一颗也滚下去了。他跳跃着将滚落的小球捡回来，手舞足蹈地庆祝自己的成功。

"我看到你用手推了最后一颗小球，为什么拿掉积木后它没有滚下去而另一颗却滚下去了？除了用手推，还有什么办法？"泽锟没有回答我，他直接动手调整了坡道连接处，让它们变得更加平整，这次小球滚下去前，他还在坡道底端放置了一块积木，用来阻止滚下坡道的小球跑远或丢失。显然，幼儿在实际操作中，通过反复验证感知和思考物理科学知识，如观察小球的运动速度与摩擦力的关系，用手推动静止的球，会使它移动，在斜坡的末端放置一个物体将会使弹珠停止运动，这些都有助于帮助幼儿在亲身感知中去理解力和牛顿定律。

图 11　幼儿正在检测装置并记录下来

### 三、探索还在继续，从斜坡上滚下来的小球能击倒怪兽吗?

接着，泽锟小朋友又发起了另外一个测试，他将国际象棋的棋子放置在坡道底部，然后想借用小球滚动的力量将国际象棋击倒。实验中，第一次，两个棋子紧挨在一起;第二次，将棋子分开，这两种尝试均没有将棋子击倒。虽然没有成功，但这意味着他已经开始在思考棋子或者棋子的位置变化可能会改变结果，于是我建议他试试用其他材料来充当怪兽，我在材料柜里拿了几个毛线圈给他，请他试试用毛线圈。这一次，小球成功地将毛线圈击倒了。接下来，泽锟小朋友提出了一个新的假设:"老师，你觉得放 2 个毛线圈，能击倒吗?""要不我们试一试吧!"于是，我们在假设、实施、验证中一起体会着科学实验的乐趣，为小球成功击倒"怪兽"一起击掌庆祝。我觉得，这是属于我们共同的学习体验。

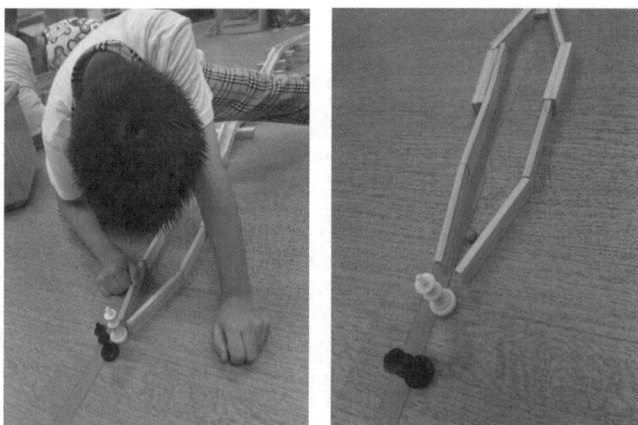

图 12　调整棋子距离

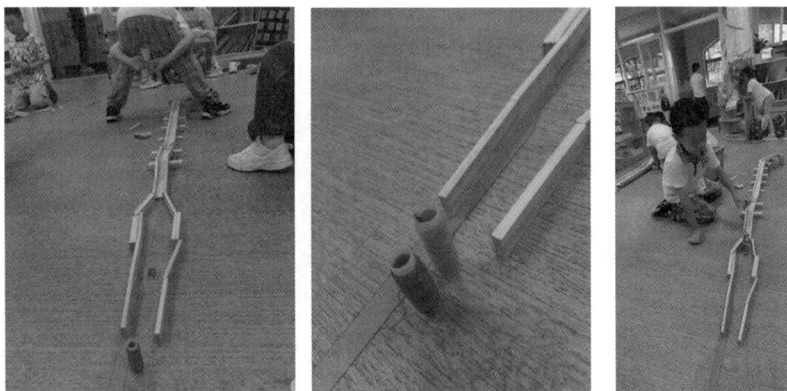

图 13　更换击中目标的材料、数量及位置

### 四、探索的尽头是展开一个新的问题：斜坡和轨道还可以怎样转弯？

集体反思的时候，我抛出问题请全班幼儿一起思考：泽锟小朋友搭建的斜坡轨道，它的支撑体有什么规律？为什么要这样搭？坡道转弯的地方，支撑体发生了什么变化？还有其他好办法吗？为什么棋子没有被小球击倒，而毛线圈则可以？斜坡和轨道还可以怎样转弯？

桐希说："这个支撑体越来越高。"

柯霖说："支撑体的数量分别是 1、3、5、7、9，都是奇数，而且都相差 2 块，是奇数递增。"

慧桐说："最上面的桥墩斜了一点。"

孩子们的回答关注了斜坡支撑体的变化规律是奇数递增，小球能否被击倒和材料的质量有关。泽锟小朋友自己分析说："是因为棋子是实心的，很稳，也很重，所以很难击倒，毛线圈是空心的，很轻，所以很容易就被击倒了。"这些问题和讨论又将成为一个支点，点燃幼儿的心智活动，激发班级的探究热情，促进合作交流，让整个班级都沉浸在科学和工程研究的氛围中。

### 一个问题激发更多搭建的尝试：转弯的斜坡和轨道家族增添新成员

随着时间的推移，班级又出现了更多的关于转弯的斜坡轨道游戏，并且幼儿开始结合其他材料的使用，关注垂直空间的变化和延展。

图 14　幼儿结合了塑料管道　　　　图 15　幼儿通过层层叠加垂直
　　玩具，让小球实现转弯　　　　　　斜坡系统来实现小球调头

图 16　幼儿通过改变支撑体　　　　　图 17　幼儿用一块块倾斜的积木

　　方向让小球实现转弯　　　　　　　　引导小球转弯并滚到池子里

　　有一天，因为肚子不舒服而请假两天的柯霖小朋友在我们做活动计划的时候跟我说："梁老师，我不在的这两天，你们都背着我做了哪些事情，我错过了什么精彩吗？"他带着一点幽默和一点遗憾地问我。对斜坡轨道的持续探究为孩子们打开了一个接一个问题的奇妙世界，因此，孩子们甚至不想错过在幼儿园的每一天。谁说不是呢，在这样的游戏和学习现场，我也常常担心我的眼睛不够用而错过了孩子们的任何一个精彩时刻。

　　斜坡轨道的探究还在继续，我们还会探索如何在有限的空间里设计斜坡轨道，并联系实际生活，启发孩子们思考斜坡与轨道是怎样存在的，人们怎么应用斜坡来解决生活中的问题。我和孩子们每天都在打开新的世界，想到这一点，我们都对每天的自主游戏时光充满了期待。

**教师反思**

### 1. 把握游戏精神，让幼儿真正成为游戏和学习的主人

大班的幼儿有强大的发起游戏和进行游戏的能力，不限定人数的全开放以及丰富的低结构材料是激发幼儿探索和深度学习的土壤。在斜坡与轨道系统设计中，孩子们能快速地将斜坡与小球产生联系，这得益于材料的开放性和取放物品的便利性。幼儿能快速地将材料柜上的辅助材料（如各种各样的小球）应用到斜坡游戏中去，打破了小球用来装饰的固化使用方法，以灵活多变的形式支持幼儿游戏和探索。班级提供的阿基米德单元积木作为支点，激发了幼儿关于科学与工程的系统探索热情。接下来要基于观察和幼儿的兴趣点，继续提供材料和一些方法上的指导，并思考如何将它们的探索系统化，比如，如何在规定的迷你空间里设置斜坡和轨道，如何设置更多的机关来支持球与球之间力的传递。

### 2. 从"爱玩"走向"慧玩"，发挥教育实践智慧，支持幼儿在游戏中的主动学习

观察是推动课程生长的要素。蕾切尔·卡森说："如果一个幼儿要维持他内在的好奇心，那么他至少需要一个成人与他分享，和他一起快乐、兴奋地探究这个神秘世界。"而我认为这位成人需要在观察的基础上为幼儿提供学习机会，包括提供足够的空间、适宜的材料以及充足的探索时间，并营造一个重视和鼓励探索的安全环境；需要在幼儿游戏和探索时基于观察采用评价和有效提问或者做出明智决定来支持幼儿的学习。

### 3. 问题驱动，深度探究

STEM 教育[①]强调跨学科的整合学习，如通过以工程为核心的设计和制造活动来解决生活中真实的、有意义的问题。班级幼儿能在自主游戏时间用单元积木自己发起挑战任务，搭建不同的斜坡轨道系统，并反思系统之间各个部分之间的关系，不断地调整、修复从而实现自己的意图；同时，老师为幼儿提供了很多关于物理科学概念和系统概念的思考机会，增强了幼儿的科学思维。

### 4. 由科学素养走向领域融合，促进幼儿多方面发展

接下来，要有意识地关注斜坡轨道活动和幼儿读写能力培养的结合，同时促进幼儿交流能力的发展。比如，鼓励幼儿画出自己的斜坡设计图，改进方案并记录最终的作品等。老师可以在班级专门设置一个斜坡轨道探究的记录板，及时展示幼儿的记录、活动过程的照片，提升幼儿读写、口语等方式的交流表达能力。

---

① STEM 教育指的是将科学、技术、工程和数学相结合的教育理念，以问题为导向，强调多学科的有机整合和跨学科实践学习。

## 感恩妈妈，为爱献礼
### ——开一个结合直播的作品商店

作者姓名：李岚、丁芸芸、杨新慧
指导老师：林彦、黄金藕
幼儿园名称：深圳市福田区翠海幼儿园
幼儿年龄段：中班

### 课程故事简介

此活动是一群中班小朋友在老师引导下，经历爱的探索，通过直播作品商店的活动从自我为中心走向关心他人、理解他人的成长历程，活动中也展现了幼儿纯真的心灵与真挚反馈。

### 故事缘起

在主题《这就是我》开展过程中，为了让孩子们感受到妈妈怀孕时的辛苦与不易，我们开展了"我是孕妈妈"的沉浸式体验活动。孩子们系上沉甸甸的"孕肚"，带着"宝宝"开启了一天的幼儿园生活。在体验活动结束后，老师组织讨论体验的感受，孩子们七嘴八舌，迫不及待地进行分享：

花花："原来肚子大的时候都看不到楼梯的台阶。"
广禾："我都没办法弯腰穿鞋子。"
鸣岐："睡觉的时候我的手都麻了，不敢转身，怕压到。"
川川："我觉得好累啊，我的脖子、背，还有腿都好累。"
琪琪："做妈妈好辛苦啊，我爱我的妈妈。"

　　听着他们分享自己当一天"孕妈妈"的感受，尽管有这么多的不便，但小朋友都很认真保护自己的"宝宝"，我知道那粒关于爱的小小的种子已经在幼儿心中生根发芽了。于是，老师趁机提出："我们可以为妈妈做些什么呢？"

　　"可以帮妈妈捶捶背""可以给妈妈送花""可以送娃娃""可以送……"经过讨论，孩子们的答案逐渐趋同，一致认为送妈妈礼物不仅能够让妈妈开心，还是表达自己爱意的最好方式，由此一个为妈妈送礼物的温情故事就此展开。

### 爱的计划

#### 一、妈妈的喜好

　　小朋友们都决定要送礼物给妈妈，那到底送什么礼物给妈妈呢？

　　有的说："我妈妈喜欢娃娃"，还有的说："我想送给妈妈一个奥特曼"，葭彧皱着眉头小声地嘟囔："可是，我的妈妈不喜欢奥特曼。"我听到后蹲在她旁边问："那你妈妈喜欢什么呢？"她说："妈妈喜欢公主。"

　　根据皮亚杰认知发展理论，中班幼儿思维特点具有自我中心主义，他们说的这些都是自己平常所爱的，而不是妈妈真正的喜好。我们陷入了思考，那怎样才能让他们知道妈妈的喜好呢？因此老师交给他们一个小任务：回家调查妈妈的喜好并于第二天晨谈时进行分享。

图1　妈妈喜好调查表　　　　　图2　分享调查结果

　　第二天我们一边听着孩子们的分享，一边翻看孩子们带回的调查表，发现三分之二的调查表上的礼物是需要用钱去购买的，我们将这个结果告诉孩子们，想听听他们的解决方式……

　　花花率先提出疑问，她说："我们没钱买礼物怎么办？"

　　这确实是一个关键问题，随着越来越多的孩子附和，我们开始思考，每次节日我们也做了很多的贺卡、手工类的礼物，孩子们对于这类物品已经不太感兴趣，这次他们有新的疑问，于是继续逼问："没钱怎么办？"看看他们有什么好的建议和想法。

## 二、没钱怎么办？

图3　集体讨论

川川突然站了起来，大声地说："我知道了，我们可以卖作品赚钱。"

轩轩："可是我们怎么把它们卖出去呢？又没有小朋友作品商店，需要的人也不知道在哪里买。"

鸣岐："我们可以自己开一个商店呀，让别的班小朋友来买。"

在小班娃娃家中，孩子们就喜欢在"娃娃小超市"中扮演各种角色，当孩子们提出"开一个作品商店"这个构想时，老师们讨论后一致认为这样既能够将实际生活中的元素融入教育环境中，而且也能够进一步贴近幼儿生活体验，促进其社会性与创造力的全面发展。为此，我们提供了很多孩子们可能用到的材料，如34色颜料、不同种类的纸、黏土、纸伞等。

在确定通过作品商店进行售卖作品的方式后，小朋友也立马就行动了起来。这段时间，美工区就像是作品加工厂一样，小"工人"每天都会生产新的作品，为作品商店提供货源。

就在"作品工厂"的工作接近尾声时，孩子们发现核心的问题被忽视了，为了解决这一问题，我决定召开一次集体的讨论。

## 小试牛刀

### 一、作品商店开在哪里？

花花："开在班里。"

祖明："开在班上谁会来买呢？"

葭彧："要不要去别的班卖啊，像小班弟弟妹妹卖果汁一样？"

轩轩："我们可以到大操场摆摊，就像我们家楼下卖食物的那种。"

很快轩轩提出的建议得到了小朋友的认可，故我们决定将作品商店的位置确定在了户外。

## 二、作品定价多少合适?

这时又有小朋友问,我们的作品卖多少钱呢?

轩轩:"我觉得我的作品可以卖100元。"

花花:"那我的可以卖1000元。"

祖明:"太贵了吧,1000元是很多钱的。"

面对"作品商店"中作品定价的难题,小朋友们一时之间显得有些手足无措。为了引导他们学会合理定价,我们意识到需要提供一个实践性的学习过程,让他们亲身体验市场调研的重要性。于是,我们鼓励孩子们走出教室,开展一场别开生面的"定价调研"活动。

老师先指导他们设计简单的采访问题,如:"请问,你觉得我的这个作品值多少钱?"或"你愿意为这个作品支付多少钱?"然后,让他们带着这些问题去采访身边的小朋友和老师,收集不同人群对于其作品价值的看法和接受度。

图4 采访老师可接受的定价范围

图5 采访小朋友可接受的定价范围

在完成采访调研后,小朋友们收获颇丰,他们发现大家普遍倾向于接受整数定价,且价格在1至10元间具有较高的接受度。基于这一发现,孩子们迅速行动起来,对自己的作品定价进行了相应的调整与优化。

## 广告投放计划

### 一、串访义卖活动

恰逢大班图书义卖活动,于是老师带着孩子们来到了大班的义卖活动现场。在参观完大班义卖活动后,孩子们回到教室里,七嘴八舌地讨论了起来。

彤彤:"有好多人啊,大家都在买东西。"

钰抒:"我看到了有的哥哥姐姐的广告牌画

图6 参观大班的义卖活动

得特别漂亮。"

可依:"他们都有介绍自己的书。"

雨沼:"有的哥哥姐姐在讲述他们卖的绘本里的故事呢,我和彤彤听了很久的故事。"

老师:"那我们的作品商店怎样优化呢?"

## 二、投放广告

有小朋友说:"我们也要做一个广告牌。"还有小朋友说:"还需要去别的班级宣传,告诉他们我们开了一个商店,这样就会有人来买东西了。"

关于如何更有效地传播这一消息,小朋友们决定向大班的哥哥姐姐们取经。在交流过程中,他们获得了宝贵的建议:制作广告牌、利用通信渠道发布信息、设计宣传单分发至各班,甚至尝试直播这一新颖方式等。

提及直播,一个小朋友兴奋地分享道:"我妈妈就经常看直播购物,上面有很多有趣的东西呢!"瞬间点燃了周围小伙伴们的热情。他们开始七嘴八舌地讨论着直播的种种可能,最终提出请求:"老师,我们也想尝试直播!"

我们深知直播这一新兴媒介利弊并存,特别是在幼儿园这一特殊环境中,其适用性更需要慎重考量。我并未立即应允,而是温柔地回应道:"你们的想法很有创意,老师非常欣赏你们敢于尝试新事物的勇气。但是,直播是一个复杂的活动,我们需要从多个角度进行考量,比如它的适宜性、安全性以及可能带来的影响。"

为了引导孩子们正确地看待直播,我们组织了一场直播的利与弊的班级讨论会,并且召集了班级老师和家长共同分析。经过多方协商,我们共同制订了计划,例如:设置直播权限,仅家长、老师可看,保护孩子们的隐私等。

图 7 与班级老师商讨直播事宜

图 8 与家长代表商讨直播事宜

通过这样的引导和教育,孩子们不仅对直播有了更加全面和深入的认识,还学会了如何正确看待和使用这一新兴媒介。接下来我们便一起为直播作准备工作。

# 粉粉直播间诞生

## 一、直播前准备

一场活动的开展离不开万全的准备，那么我们在直播前需要准备什么呢？

轩轩："直播需要手机、支架，还要很漂亮的服装。"

川川："要有广告牌，要有好看的背景。"

可依："还要把作品放出来，让别人看见。"

祖明："还要有话筒。"

孩子们对于直播热情高涨，老师根据孩子们的想法与需要提供了手机、灯光、支架、音响、小蜜蜂等直播设备支持，以及布置直播间环境的相关材料，例如：画笔、画布、好看的服饰……有了这些材料，直播就能开始了。但是直播间叫什么名字呢？

图 9　直播物品准备计划

## 二、为直播间取名

花花："我觉得我们也要取个好听的名字，这样大家就知道是我们中三班的活动了。"

"奥特曼直播间""公主直播间""粉粉直播间"……看着小朋友们争执不下，老师建议道："不如，我们投票决定吧！"最终粉粉直播间以 7 票胜出。

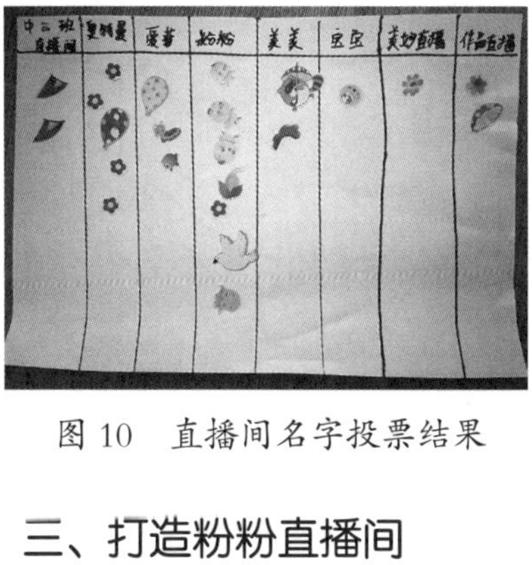

图 10　直播间名字投票结果

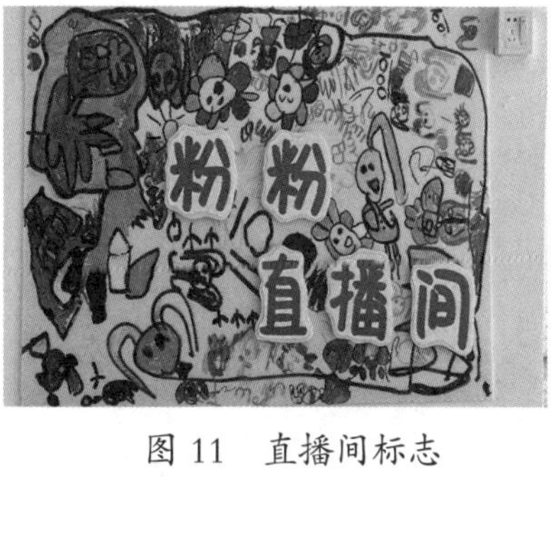

图 11　直播间标志

## 三、打造粉粉直播间

老师与幼儿一起讨论、做计划、分工合作，一场直播间打造工作有序开展。

图 12　制作直播间幕布

图 13　制作直播宣传牌

经过三天筹备，孩子们的直播间与作品商店终于迎来了试营业。小朋友们各司其职，以高度的责任心和团队协作精神，有条不紊地布置着现场，从精心挑选每一份手工作品到细致制作价格标签，每一步都凝聚着他们的心血与期待。随着直播设备的调试完毕，各摊位前的小店主们满怀激动，正式拉开了试营业的序幕。

## 作品商店试营业

### 一、意料之外的小高潮

梦想照进现实的路途并非一帆风顺。活动伊始，便迎来了意料之外的小高潮——户外活动的孩子们被这份新奇吸引，纷纷驻足；更有老师通过点开直播链接慕名而来，直播间内人气渐旺，热闹非凡。但随之而来的，也是一系列未曾预料的挑战："老师，这款作品不够了？""哎呀，我的黏土章鱼怎么倒了？""为什么这里的二维码扫不了呢？""他给了我 10 块钱，我找多少零钱才对呢？"……孩子们的声音交织在一起，反映出了活动初期准备工作的诸多不足。

图 14　直播现场顾客络绎不绝

活动结束后，当我们一同回顾这段经历时，老师惊喜地发现，孩子们非但没有被困难击垮，反而以更加积极的态度去面对和反思，老师组织孩子们共同研讨出现的问题，以此寻找合适的解决方案。

### 二、专项小组成立

基于孩子们的反馈，老师进行归纳整理，发现有三大类问题，一是作品陈列以及作品种类少，二是如何促销，三是收款找零。为了节约时间以及让每个孩子能够针对自己的问题找到解决的办法，老师提议让孩子们自由组队，成立专项小组，围绕自己难以解决的问题进行深入探索和实践。

作品多样性小组通过上网查找资料，以及去别的班考察，他们发现制作作品的方式有很多种，可以是扎染、滴胶、黏土、水墨、穿珠等；陈列方式也可以是多种多样的，可以用托盘、小架子、毛毡等。

促销宣传组发挥创意，设计了很多的宣传标语以及邀请函，还制作了抽奖箱，最重要的是他们还为顾客们贴心地设计了休闲区。

收款找零组选择向老师求助，了解了什么是收款码、收款码如何使用等问题后，请老师帮助他们生成了一个属于自己的收款码，还请老师为他们普及了一些基本的钱币知识。

图 15　休闲区设计

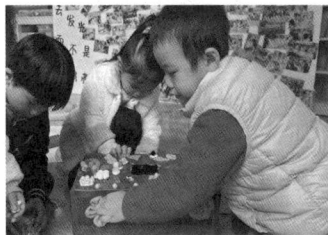

图 16　抽奖箱制作

## 作品商店正式营业

经过一周的优化与筹备，小朋友们满怀期待地迎来了家长开放日。作品商店不仅是展示他们创意作品的舞台，更是将线上线下融合付诸实践的重要时刻。这一天，孩子们精心布置的场地既温馨又充满童趣。

图 17　摆好作品等待开始

图 18　兑奖区准备完毕

主持人开场后作品商店就正式营业了，我们的小老板们纷纷拿出自己的作品，热情地向顾客（家长、老师等）推荐。顾客们也兴致勃勃地挑选着心仪的物品，不时传来讨价还价的声音。彦博兴奋地向一位家长推荐着自己的黏土作品："阿姨，你看这个黏土小人，是我亲手做的哦！它的头发还是爱心形状的，很可爱的！"

图 19　主持人开场

图 20　热闹的购买现场

图 21　小朋友讲解作品

与此同时，直播间内的气氛也是热闹非凡。那些未能亲临现场的顾客们，通过屏幕感受到了现场的热烈与温馨，他们纷纷留言为小老板们加油打气，有的甚至主动联系现场的朋友，请求帮忙挑选并购买心仪的作品。这种跨越时空的连接，让这份创意与爱的传递更加广泛而深远。

我们的作品商店终于走上了正轨，孩子们也通过自己的努力筹得了为妈妈买礼物的资金，他们每个人脸上都洋溢着成功的喜悦和心愿即将达成的期盼。

## 心愿达成

### 一、购买礼物

第二天，孩子们满怀期待与好奇，问老师何时能为妈妈挑选节日礼物。老师微笑着回答："今天就是实现心愿的日子，但还有一个重要问题——去哪里购买？"

经过热烈的讨论，我们一致决定前往幼儿园附近的 7-Eleven 商店。为了确保此次采购活动的顺利进行，老师迅速制订了一份详细的外出采购安全预案，并提交给园方进行审批。园方对此给予了高度重视，并很快给予了积极回应。

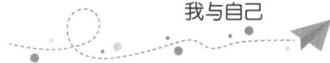

　　我们一行人来到了 7-Eleven 商店。孩子们兴奋地在货架间穿梭，挑选着心仪的礼物。

　　"那个粉色的便利贴，叔叔你可以帮我取下来吗？""这个奥特曼真好看，可妈妈不喜欢奥特曼。""这个钱包是多少钱呢？阿姨，我的钱够吗？"在欢乐的交谈声中，孩子们结束了采购之旅，满载而归。回到幼儿园后，他们仍沉浸在购物的喜悦中，纷纷向老师和同伴展示自己挑选的礼物。

图 22　挑选礼物

图 23　付款

### 二、妈妈们的温馨反馈

　　孩子们将礼物送达妈妈的手中，妈妈们收到这份来自孩子们纯真的爱意，感动万分，纷纷通过微信、电话向我们分享了这份特殊的喜悦。

　　"真是太惊喜了！我家宝贝居然记得我喜欢粉色，还特意选了粉色的便利贴，真是贴心极了。"琪琪妈妈分享道。

　　"虽然我家孩子一开始想买奥特曼，但最后还是选择了更适合我的礼物，这让我看到了他的成长和变化，真的很欣慰。"俊博妈妈感慨地说。

　　妈妈们的反馈不仅是对孩子们行为的肯定和鼓励，更是对我们教育工作的认可和支持。我们深知，每一次活动的成功举办都离不开家长的配合与参与。因此，我们将继续努力，为孩子们创造更多有意义的成长机会，让他们在爱与关怀中茁壮成长。

图 24　妈妈们的收礼反馈

## 教师反思

本次"感恩妈妈，为爱献礼"系列活动，以在幼儿园开设结合线上直播与线下营业的作品商店为核心，不仅是一次情感与创意的深刻交融，更是幼儿教育与现代技术融合的一次成功探索。活动圆满落幕，其独特之处在于它深刻体现了孩子们对母爱的真挚回馈及对创意探索的无限热爱，同时，也为教师团队带来了宝贵的教学启示与成长契机。

### 1. 幼儿成长与收获

自活动启动以来，孩子们经历了从"体验孕妈妈"的情感共鸣到"感恩妈妈"的情感升华，情感世界得到了极大丰富与深化。在作品商店的筹备与运营过程中，孩子们充分发挥了想象力与创造力，从提出设想到付诸实践，每一步都凝聚着他们的智慧与汗水。分组解决问题的过程中，孩子们展现了卓越的问题解决能力和超凡的执行能力，这些经历无疑为他们未来的学习与生活奠定了坚实的基础。更重要的是，通过售卖自己的作品，孩子们学会了感恩与回馈，体会到了劳动的价值与乐趣，展现了乐于助人、积极主动的优良品质。

### 2. 教师收获与思考

本次活动对老师而言，同样是一次难得的成长经历。老师不仅是孩子们创意探索的引路人，更是他们奇思妙想的倾听者与支持者。在陪伴孩子们成长的过程中，我们学会了以更加开放的心态去接纳每一个孩子的独特想法，鼓励他们勇于尝试、敢于创新。同时，我们也深刻反思了如何将现代技术如直播手段有效融入幼儿教育，以拓宽教学边界，增强学习体验。直播的引入不仅让活动的影响力跨越了物理空间的限制，更激发了孩子们参与热情与积极性，为教育创新提供了新的思路与方向。

### 3. 直播手段的深度思考

直播作为一种新兴教学手段，其巨大潜能及价值得到了充分彰显。它不仅极大提升了活动的互动性和趣味性，还拓宽了教育资源的共享边界。然而，直播教育亦伴随着挑战，如幼儿自我管理能力的要求提升及视力健康的潜在风险。因此，未来实践需深刻把握直播教育的利弊，制定精细化策略，以确保其在幼儿教育中既激发潜能又保障健康。

综上所述，"感恩妈妈，为爱献礼"系列活动，以其独特的创意与深刻的情感内涵，为孩子们的成长之路留下了浓墨重彩的一笔。它不仅见证了孩子们在情感、智力与品质上的全面成长，更为教师团队带来了宝贵的教学经验与深刻的思考。未来，我们将继续秉承"以幼儿为中心"的教育理念，不断探索与创新，为孩子们的成长撑起一片更加广阔的天空。同时，我们也将积极拥抱现代技术，让其在幼儿教育中发挥更大的作用与价值。

# 中一班小朋友出书啦

**作者姓名**：杨巧玲、杨媚
**指导老师**：林彦
**幼儿园名称**：深圳市福田区翠海幼儿园
**幼儿年龄段**：中班

## 课程故事简介

上中班后，孩子们看见了自己的成长，想把自己的成长变化记录下来。孩子们从自己身体部位了解开始，逐渐向内认识自己的情绪，感知自己的行为能力，最终发现自己的成长。孩子们一步步探究、记录，最终形成了一本属于自己的书……

## 故事缘起

上中班后，孩子们对于自我认知也有了更多的诉求。本学期班级开展了"这就是我"主题活动，老师和孩子们一起观看视频《我长大了》，贝贝看完视频后说："长大了，身体就会变大。"笑笑接着说："长大了就和以前不一样了。"墨墨说："长大了会变得更强壮！"……孩子们你一言我一语，说着长大后身体的变化，这时一道不一样的声音传来，"我没有长大，我的身体还是和以前一样"，奕奕说。

这会老师突然意识到，孩子理解长大似乎只是停留在表面，例如"我上中班了，所以我长大了"，他们不知道自己具体发生了什么变化。于是老师问孩子们："怎么样能看到自己的变化呢？"潇潇立即回答说："拍照！我小时候的照片和现在不一样。"垚垚："我妈妈给我量身高的时候，画在墙上就能看到我长高了。"睿睿认真地思考后回答："我们可以像他（故事主人公）一样把自己画下来，做成一本书，大家就都能看到自己的变化了。"

睿睿的提议获得了孩子们的一致赞同，把自己画下来，但要画什么呢？孩子们觉得可以画自己的身体，并思考"我"的身体是什么样的。带着这样的想法，我们展开了探索。

## 关于"我"的日常碎片

### 一、可爱的我

从最直观的外貌开始，从自己的身体入手，孩子们探索自己身体的秘密。"我们的身体是由手、脚、骨头、心脏等很多的部位组成的。"

这些身体部位在我们的身体中发挥着什么样的作用？针对这一问题，老师邀请了幼儿园的保健医生进行讲解，活动后小朋友们分享道："我们的眼睛能帮助我们看见东西，如果看不见了就会变成盲人，有可能会撞到墙，撞到人。""嘴巴可以吃东西，可以讲话。""讲话不能太大声，要保护我们的耳朵。"……

孩子们正七嘴八舌地分享着他们的经验，这时候一种不一样的声音出现了，"眼睛还会流眼泪"。孩子们都看着婉婉，老师也惊讶地望向她，按照我们常规的想法，眼睛的作用似乎在于帮助我们看见东西，而婉婉的回答有点出乎我们的意料。她接着说道："我哭的时候眼睛就会流眼泪了。"我们突然反应过来，我们似乎把孩子上幼儿园时"哭"的行为当作一件习以为常的事情，从而忽略了"哭"背后的原因。于是我问她："为什么会哭呢？"一石激起千层浪，刚安静下来的教室又热闹起来了，希希："伤心了就会哭。"奇奇："妈妈没有陪我就会哭。"豆豆："今天早上妈妈批评我了，我就哭了。"……

《3—6岁儿童学习与发展指南》中提到，良好的情绪表现是心理健康的重要标志，对于幼儿来说，情绪的安定与愉快是维护身心健康，促使其产生社会适应行为并逐渐形成良好个性的重要条件。

基于此，我带来《我的情绪小怪兽》绘本故事和孩子们一起分享。在故事里，孩子们认识了不同的情绪，同时我也意识到这是个很好的机会，让幼儿懂得正确表达情绪，舒缓负面情绪。于是我根据"情绪小怪兽"做了六个情绪瓶子，让孩子们发现情绪，并及时将它们画下来，学会勇敢面对自己的情绪，再慢慢接纳自己所有的感受。

图 1　幼儿绘画小情绪

图 2　情绪瓶子

## 二、能干的我

在孩子们认识了自己的身体后，老师问孩子们："你们会做什么？""我会扫地""我会自己穿鞋子、穿袜子""我会打篮球""我会叠衣服""我会收拾玩具"……孩子们争先恐后地说着自己会做的事情。可是会说不代表会做，我们逐渐放权给孩子，让他们自己的事情自己做，于是孩子们将他们会做的事情画下来并去实施。

图 3　幼儿绘画会做的事

图 4　幼儿自己叠衣服

他们就像小探险家一样，逐一解锁着自我照顾的技能，慢慢学会了穿脱简单的衣物，整理自己的玩具，这些看似微不足道的日常小事，实则是他们迈向独立的重要步伐。随着时间的推移，我也设置了小小值日生，在孩子们眼中，值日生是本领很大、愿意帮助别人的人。因此我问孩子们："怎么帮助别人？值日生要做什么事情呢？"一场关于值日生的讨论就此开始了。

小雅："值日生要打扫卫生。"

睿睿："值日生要整理玩具。"

垚垚："值日生要帮忙擦桌子、拖地。"

麒麒："值日生要检查小朋友有没有洗手。"

贝贝："值日生要给植物浇水。"

孩子们发现如果这些工作全部都要完成，肯定会忙不过来。最后他们决定在众多的任务中选出6项作为班级值日生的日常工作内容。小小值日生正式上岗，孩子们自主选择时间和任务，有的选择拖地，有的擦桌子，有的则是检查小朋友有没有洗手。

孩子们在幼儿园里都是能干的小小值日生，回到家他们也是爸爸妈妈能干的小帮手，饭后洗碗、打扫房间、倒垃圾等。

从服务自己到服务他人，从不会到会，让我们看到了孩子们的成长。每一个"我"，都有自己独特的能力，在发现自己能够做更多事情后，孩子们变得更乐于助人，小小的他们也将自己特别的能量继续传递下去。这些力所能及的生活性劳动，不仅能帮助孩子养成良好的生活习惯，锻炼生活技能，还能培养他们独立自主和做事的能力。

### 三、独特的我

基于孩子的变化，我问他们："现在你们这么能干，以前的你们也是这样吗？"睿睿回答说："不是，以前我小小的，什么也不会，现在会做很多事情。"潇潇："现在我长高了、长大了。"贝贝："我也长大了，头发也变长了。"……

对比以前，孩子们发现自己在逐渐长大，不只是身体上的变化，还有能力的增长，现在学会做很多事，有了自己的爱好和梦想，也有了自己的好朋友，他们把这些都记录了下来。"我喜欢画画，我长大想当一个画家。""我喜欢小猫。""我的好朋友是妙妙，我喜欢和她一起玩。""我长大想当警察！"……世界上没有两片相同的树叶，每一个孩子都是独特的自己。

图 5　幼儿绘画以前的我 VS 现在的我

在孩子的世界里，"我"是最简单的也是最真实的。每个人都是平凡的，但在成长的过程中，"我"在慢慢改变，在体会到成长的过程中又变得不平凡，变成"了不起的我"，这些经历构成了独一无二的我。

## 关于"我"的小书

刚把这些画装订在一起，鸿鸿就拿着这本"书"对着其他孩子大喊道："耶！我们的书做完咯！""让我看看、让我看看……"孩子们争先恐后地挤过来想看自己画的小书，睿睿看完疑惑地说："这好像和我看的书有点不太一样。"笑笑连忙说："噢！我知道了！这本书没有名字，也没有封面。"小雅："这不是书，书里面是要有字的，要告诉别人这是什么。"

怎样才算是一本书呢？基于孩子的发现，我和他们一起查找资料，认识了图书的结构。首先要有封面，封面上要有书名，希希问道："那我们的书名要叫什么呢？"我提示孩子们说："书名是要根据书的内容取的，这本书里面是什么呢？"根据我们的探究内容，孩子们很快就想到了，给这本书取名叫"这就是我"。"好耶，这就是我的书了。"鸿鸿开心地说。

选好了书名，选择什么样的封面呢？有了取名的经验，睿睿举一反三，说道："可以用我们自己的照片，让别人知道这个是我的书。"希希："封面要漂亮，可以进行装饰。"老师根据孩子们的需求，帮助他们制作出了封面。

接下来就是贴照片，设计封底，最后写上页码。

就这样，"我"的小书做完了！贝贝用希冀的目光看着我们说："老师，这本书我可以带回去吗？"笑笑也跟着说："是啊，我也好想把它带回家。"老师笑着说："可以呀，不过半个月后有家长开放日，你们想不想给爸爸妈妈一个惊喜

图6 《这就是我》封面

呢？"小雅眼睛一亮，开心地说："好啊好啊，我想要把这本书分享给他们。"笑笑同样也用充满期待的语气说："等我妈妈来了，我就给她介绍我的书。"

老师理解孩子们迫不及待地想把书带回去和家里人分享的心情，但要怎么分享呢？通过什么途径来分享呢？和孩子们讨论后我们决定举办一场新书分享会。

新书分享会

于是，我们和孩子们一起查找资料，了解到新书分享会要制作展板展示自己的新书，小作者不仅要介绍自己书的内容，还要回答读者提出的问题。

一、充分准备

孩子们自主分成了七个组，做计划、分工，有的孩子将打印的书粘贴在展板上，有的孩子则是去挑选需要的材料，用来装饰展板，一切都在有条不紊地进行着。闪电组的孩子认为用乐高和积木装饰，可以让别人知道自己的爱好；彩虹组的孩子利用贝壳、轻黏土在周围制作了好几个小人代表他们自己；云朵组的孩子则是在各色轻黏土上粘贴宝石，再在周围进行涂色，远远望去闪闪发亮。

在制作展板时，老师没有对孩子设限，只是告诉他们可以利用各种材料装饰边框。孩子们的创意和想法是无限的，我们要做的则是给予他们创作的机会以及支持。

图 7 幼儿做计划

图 8 新书展板

展板制作完成后，孩子们又设计制作了邀请函以及家长签到牌，并在签到牌上勾勒自己的轮廓，等待分享会那天爸爸妈妈为它们涂上颜色。分享会的前一天，孩子们自己设计好 T 台，准备穿上自己想秀的衣服惊艳亮相。

图 9 签到牌

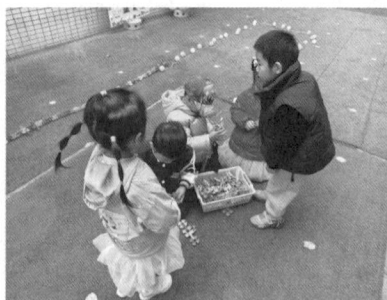

图 10 设计 T 台

## 二、惊艳亮相

在心心念念的期待中，中一班"《这就是我》新书分享会"终于开始啦。孩子们亲手绘制的三十本书正式同大家见面啦！自制书里的每一页，都记录和珍藏着每一个孩子独一无二的成长故事。

图 11 《这就是我》自制书

图 12 新书分享会现场布置

主持人宣布分享会开始，跟随着动感的音乐，小作者们手拉着手出现在我们面前。读者们一边翻阅欣赏，一边向小作者提问："你们是怎么制作这本书的呢？""这本书都是你们画的吗？有没有老师帮忙？"小作者们一一进行了解答。

## 三、新书分享

墨墨："这是我做的书，封面是我的照片，第一页是我的名字……"

鸿鸿："我会洗衣服、会拖地。"

贝贝："这是我的好朋友……"

小雅："这里画的是我的梦想，我长大了想当警察。"

睿睿："这是我在画画，还有我学会了跨栏。"

…………

分享会现场热闹非凡，孩子们兴致勃勃地和大家一起分享书的内容，言语中表达着开心、喜悦和自豪。今天，每一个孩子都是最棒的主角，他们绽放着微笑，洋溢着自信，如星星般闪闪发光。家长们则满眼皆是惊喜，是希冀，是骄傲，更是浓浓的爱。更幸运的是我们在一起，共同见证了孩子们了不起的成长！

图 13 幼儿分享新书

**教师反思**

### 1. 从主题活动到自制书

《这就是我》自制书来源于孩子们对自身的探究兴趣，老师以主题活动为核心，以自制书为载体，帮助幼儿梳理自己的成长，让幼儿更好地认识自己，欣赏自己。

自制图书是发展幼儿前书写能力的一种有效途径，在自制书的过程中，幼儿通过剪贴、绘画等多种方法，运用图画、符号等将自己内心的想法表现出来，让老师也能清楚地看到幼儿的发展。从一开始使用简单的线条描绘自己，到最后画未来的自己，幼儿绘画的内容越来越丰富，绘画水平得到了极大的提升。在新书分享会期间，他们合作制作展板，大胆向他人分享，幼儿的表达、合作能力也有了很大的进步。

树叶上的每一片叶子是相似的，每一片叶子又都是不同的。幼儿在探究中，发现自己身体的秘密，认识到自己的情绪，随着活动的深入逐渐了解自己和别人的不同，意识到自己是一个独一无二的个体。在这个过程中，幼儿积累了丰富的知识和经验，为自制书提供了丰富的素材和灵感。同时，主题活动也培养了幼儿的观察力、思考力和创造力，为自制书的制作奠定了坚实的基础。

### 2. 从教师引导到幼儿自主

在探究自我的过程中，我们积极引导幼儿思考并表达自己的想法和感受。例如，在幼儿讨论身高体重的变化时，引导幼儿了解自己的身体；在幼儿分享自己的情绪时，引导幼儿认识自己的情绪并接纳自己的情绪等。一步一步引导幼儿深入探索自己，感受自己的独一无二，帮助幼儿建立自我认知，增强自信心。

但在设计自制书封面时，我带入主观意识，考虑封面的美观从而帮他们制作了封面，这也就导致了封面中除了幼儿照片不一样，其他都是相同的。如果让幼儿自主设计并制作封面可能会更加凸显幼儿的个性，让他们能够根据自己的想象和喜好，通过颜色、图案等元素，创造出一个独一无二的封面，这也有助于培养他们的自主性和独立性。

因此后续在筹备新书分享会时，我们鼓励幼儿大胆尝试，利用各种材料制作展板、自主设计邀请函等，最终呈现的效果令人惊喜。每个孩子都有自己的想法，我们也要尊重他们的想法和选择，避免过度干预或指导。

我们从最初的引导逐渐过渡到让幼儿自主探索和学习，让幼儿有更多的自主权和探索空间。这不仅满足他们与生俱来的好奇心，还能让他们在实验中学习，在探索中成长。

# 你好，幼儿园！

作者姓名：黄紫娟、黄婵
指导老师：林彦、叶裕华
幼儿园名称：深圳市福田区翠海幼儿园
幼儿年龄段：小班

## 课程故事简介

《你好，幼儿园！》主要讲述小班幼儿刚上幼儿园时因哭闹情绪而引发的一系列故事，从"为什么哭"等问题引发幼儿思考，到帮助幼儿缓解哭闹和焦虑情绪，逐步适应幼儿园的生活，在发现、探索幼儿园的好玩的事、身边的人的过程中，感受幼儿园生活的有趣、欢乐、温暖，从而喜欢上幼儿园。

## 故事缘起

9月，我们迎来了一批新面孔，这是小班幼儿离开家庭步入幼儿园的新开始，陌生的环境难免会使小朋友们感到不安和恐慌，产生分离焦虑。经过一周的过渡，部分孩子逐渐适应，但有些孩子每天入园时依然会上演"分离焦虑大戏"，怎么帮助他们缓解情绪、适应并喜欢幼儿园呢？我们的故事由此开始……

## 为什么哭?

歆歆、彦霖、瑄瑄、乐乐和凯凯是哭得比较典型的几个孩子,每天早晨都会看到这样的场面:

歆歆抓着栏杆哭得撕心裂肺,一边哭一边说:"我要妈妈,我妈妈就在大门那等我,你带我去大门那看看好吗?"

彦霖、瑄瑄和乐乐就是默默地流眼泪,当老师一安慰他们,他们就立马忍不住放声大哭,说:"我想妈妈,我要妈妈……"

凯凯是一会说:"我不要妈妈去上班,我要她陪我。"过一会又说:"我要monkey(玩偶),我的monkey……"

每每这时,我们都会抱抱他们、安抚他们,通过讲故事、玩游戏的形式,吸引他们的注意力,缓解焦虑。我们还在教室摆放了全家福,营造"家"一般温馨、温暖的氛围,但效果并不大明显,歆歆更是一边吃早餐,一边看着全家福哭。有孩子就问道:"老师,他怎么一直在哭呀?""对呀,他为什么哭呢?是想妈妈吗?"老师轻声回应:"要不你们去问一问他吧!"于是他们走过去询问,然后告诉老师说:"老师,他说想妈妈,想回家,不想上幼儿园。"

大部分幼儿第一次离开爸爸妈妈进入集体生活,一时之间难以适应,因此就会产生哭闹、抵触的情绪。如何消除孩子们内心的不安,让其顺利地适应幼儿园的生活呢?首先应该让他们了解幼儿园是个什么样的地方,激发他们对幼儿园的兴趣。

## 怎么帮助他?

### 一、为什么要上幼儿园?

晨谈时,我对孩子们哭的情况提出问题:"小朋友哭是因为不想上幼儿园,那么你们知道为什么要上幼儿园吗?可不可以不上幼儿园呢?"孩子们开始你一言我一语地讨论起来。

世锦:"上幼儿园能学到很多知识呀!"

辰辰:"幼儿园有很多小朋友,大家可以一起玩。"

乔恩:"幼儿园可以玩很多好玩的玩具,我最喜欢玩滑滑梯了。"

与岸:"不上幼儿园就见不到班上的老师了。"

凯凯:"但是我想我妈妈呀。"

俏俏："我们放学就可以见到爸爸妈妈了呀！"

凯凯："我想妈妈，我也想要 monkey 陪我。"

孩子们知道幼儿园有老师、小朋友，可以学知识、玩游戏，那幼儿园还有什么呢？我们会遇到什么有趣的事情呢？针对这些问题，我们分享了《为什么要上幼儿园》《汤姆上幼儿园》等绘本故事。通过绘本阅读，孩子们了解到每个长大的孩子都要上幼儿园，这不仅是因为幼儿园里有老师、同学、玩具，在幼儿园还可以学习知识，解答很多问题。幼儿园是属于小朋友的王国，是个神奇的世界。

## 二、幼儿园的一天

对上幼儿园有了了解之后，孩子们哭的情况有所减少，同时，我们同意了凯凯提出的带玩偶的想法，有了玩偶的陪伴，凯凯更加安心了，慢慢开始自主游戏、探索。有一天，凯凯玩着玩着，突然跑过来问："老师，我想妈妈了，我们什么时候放学呀？"老师抱了抱他，柔声说道："我们吃完点心就放学了哦，凯凯想妈妈的话，我们在心里想吧！"其他孩子也时常问："老师，我们要睡觉了吗？""老师，睡觉起来就可以放学了吗？"一个又一个的问题在我们耳边响起，我们开始无奈、烦躁，但情绪过后的一瞬间，我们意识到这是不对的，要想办法让孩子们了解幼儿园的一日生活才行。于是，第二天晨谈时，我抛出问题："从早晨入园开始，幼儿园的一天是怎么度过的呢？"

世锦："我知道我知道，早上要去医生那里看嘴巴。"

辰辰："然后回到班上洗手、挂毛巾、漱口、吃早餐。"

乔恩："接着就可以在户外玩啦！我最喜欢了。"

俏俏："户外回来我们要吃水果，吃完水果就可以去自己想去的区域玩啦！我最喜欢去美工区画画、做手工了。"

青容："然后就可以吃午餐了，再散步、睡觉，睡醒吃完点心就可以放学啦！"

另外，我们在进行"幼儿园一日生活"环境创设时，选择用"书"的形式来展示，先把孩子们晨检、用餐、户外活动等活动图片打印出来，按时间顺序排列，装订成一本书——《幼儿园的一日生活》，把它展示在教室的主题墙上。孩子们每天都会翻看，谈论书上都是谁，在干什么，和身边的环境、人进行连接、互动，逐渐熟悉、适应幼儿园生活。

孩子们通过谈话和绘本故事《幼儿园的一天》，不仅了解了幼儿园的一日生活流程，还感受到幼儿园是一个充满欢乐、包容和爱的地方，在幼儿园能够自由选择喜欢的事情做，激发他们对新环境探索的好奇心和勇气。

环境是幼儿园教育的一个重要资源，我们力求通过环境的创设和利用，有效地促进幼儿的发展，因此我们在进行主题环境创设时，注重幼儿的参与感，思考如何增加幼儿和环境的互动，凸显环境对幼儿的教育价值。

### 三、我们都是好朋友

第三周入园时，还有两三个小朋友会哭，其他孩子看到就安慰道："你别哭了，睡觉起来吃完点心就可以放学了。"有的说："下午4点钟就可以放学啦！"还有的说："哭是没有用的，妈妈也进不来，你别哭了。"但是依然没有多大的效果。

孩子们已经有了安慰他人的意识，但是怎么样才有效呢？可以怎么帮助哭的小朋友？对此，孩子们纷纷说出了自己的办法。

礼和："可以拿纸巾帮他擦眼泪。"

鸣鸣："可以抱一抱他，我哭的时候妈妈就会抱我。"

乐乐："可以去牵牵他的手。"

青容："给他好吃的。"

与岸："我们可以陪他一起玩。"

孩子们的方法都很棒，也得到了班上其他孩子的认可和赞许。此后每当有小朋友哭的时候，其他孩子就会纷纷跑去安慰，有的拿纸巾，有的牵着手，有的抱一抱，有的陪着一起玩游戏，小朋友情绪很快就会得到缓解，班级小朋友间的情感连接也越来越密切。

图1　安慰小朋友

### 四、打跑"情绪小怪兽"

一段时间后，班级幼儿都没有了哭闹情绪，开始自己玩或是和其他孩子一起玩，而歆歆小朋友虽然不哭了，但她也不玩，只是坐在自己座位上，抱着自己的玩具驴。我就过去试探着问她："这么多好玩的玩具，你不想玩吗？要不要和然然一起玩？"歆歆抗拒地摇了摇头说："不要，我不想玩，我就想坐在这。"

这让我意识到，除了通过别人的帮助缓解情绪，自己也要学会认识情绪，并找到缓解、调节情绪的方法？

我想到了《情绪小怪兽》这一绘本，它讲述了快乐、生气、害怕、平静、伤心这几种情绪，并通过颜色让幼儿感知、了解不同的情绪的特点，帮助幼儿

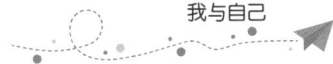

充分识别情绪、理解情绪和整理情绪，故事中可爱的"小怪兽"形象也非常适合小朋友。于是我立马跟孩子们分享了这一绘本，请孩子们描述、演绎不同的情绪，并讨论怎么调整情绪，让自己开心起来。

世锦："交一个好朋友就可以每天一起开心地玩了。"

睿睿："可以玩玩具呀，玩玩具就很开心。"

青容："和老师、小朋友一起玩游戏就会很开心。"

慢慢地，歆歆小朋友也开始关注其他人的游戏，并想加入其中。

有一次，老师陪在她旁边时，她小声又有点兴奋地说："他们在玩那个有颜色的积木，他们变成红色了。"老师看着她渴望的眼神问道："你想玩吗？你可以去和他们一起玩。"她点了点头，说："想，但是我不敢。"听到这老师抓住机会鼓励她说："没关系的，你去吧，我们会在旁边陪着你的。"于是她也拿了一块红色的透光积木试探性地走了过去，加入了他们的游戏。虽然几分钟后，她又回到了自己的座位上，但这是一个好的开始。

歆歆是一个比较依赖妈妈的小朋友，入园前，都是妈妈全程在家陪伴，因此她的分离焦虑持续时间更长。老师经过和歆歆妈妈沟通后了解到，如果能交到好朋友，她的情绪就会好一点。因此为了让她更快融入集体生活，我们都是尽可能地陪她玩，鼓励她主动和其他孩子一起玩，同时也会鼓励其他孩子来和她一起玩，创造结交朋友的机会。终于，几天后歆歆有了第一个好朋友，开始更主动加入班级、幼儿园的探索活动。

图 2　尝试加入他人游戏

图 3　和好朋友一起玩

# 幼儿园里有什么?

## 一、好玩的地方

小朋友们熟悉班级后，开始对幼儿园的其他地方产生兴趣，幼儿园都有哪些好玩的地方呢？娃娃家、滑滑梯、跷跷板、小汽车……除了这些还有什么好玩的地方呢？哥哥姐姐的教室和我们的一样吗？

带着好奇，我们去逛了幼儿园的每个地方，还去到中一班详细参观，发现他们的教室更大，玩具也不一样。还有什么发现呢？

世锦："我发现我们有4个小班、4个中班、4个大班，有好多哥哥姐姐呀，我们可以和他们一起玩吗？"

乐乐："我们幼儿园一共有三层楼，还有天台，上面种了很多菜，还有可爱的小兔子。"

歆歆："教室里都有很多玩具，有美工区、语言区、娃娃家、益智区，还有生活区，我最喜欢的就是娃娃家了。"

俏俏："还有图书室，里面有好多书，我们可以在里面看书；还有美术室和舞蹈室，我们可以在美术室画画、做手工，在舞蹈室跳舞，舞蹈室好大呀！"

鸣鸣："我们的操场好大呀，我们可以跑来跑去，玩好多游戏。"

与岸："我发现了小沙池，可以玩沙子，还有做木工的地方，里面有很多木头、锤子、钉子。"

孩子们都兴奋地说着自己的发现，原来幼儿园有很多班级，每个班都不一样；有很多的功能室，我们可以进行各种各样的活动，画画、跳舞、做木工；有很多好玩的设施设备，娃娃家、滑滑梯、跷跷板……还有人见人爱的小白兔。

对于初入幼儿园的小班幼儿来说，眼睛、耳朵、嘴巴、手等感官是幼儿探索周围环境最好的伙伴，通过对环境的直观感知、亲身体验，激发幼儿与周围环境互动、建立起联结。

图 4　逛逛幼儿园

图 5　幼儿玩滑滑梯

## 二、可爱的人

孩子们认识了幼儿园的各个地方，感受了幼儿园的有趣、欢乐，幼儿园逐渐成为我们的第二个"家"，我们的"家"里都有谁呢?

有的说："有大黄老师、小黄老师和徐老师。"有的说："还有教我们跳舞的莎莎老师和美术老师。"有的说："还有白老师，她会在幼儿园门口迎接我们。"还有的说："有我们的好朋友，彦霖是我的好朋友。"

老师发现还有少数小朋友没有交到好朋友，会与他人发生争抢的情况，于是我进行了进一步的提问："怎么交朋友呢?"

辰辰："和他一起看绘本。"

乐乐："做手工的时候如果他不会就教他做。"

青容："跟他一起玩，分享玩具。"

乔恩："对，我们不可以抢玩具，要分享，也不可以打人，打人是不对的。"

老师："为什么会争抢呢? 如果发生争抢怎么办呢?"

辰辰："因为他们都想玩，都想玩的时候可以轮流玩。"

老师肯定地说道："是的，小朋友想和其他人一起玩的时候，可以先询问'我可以和你一起玩吗?'如果对方同意了，你就可以加入。"之后，孩子们学会了征求他人的意见，并且学会了分享玩具。

交往能力是集体生活中必不可少的一项技能，但小班幼儿处在"自我中心"阶段，因此在集体生活中经常会发生争抢的情况，这属于正常现象，有些小朋友不知道如何加入他人的游戏，和他人交往。针对社交问题，我跟孩子们一起分享了《我想和你交朋友》这一绘本故事，帮助幼儿了解交朋友的重要性和方法，并且鼓励他们勇敢地表达自己的想法，主动与他人交流，从而建立友谊。

图 6　教朋友做手工

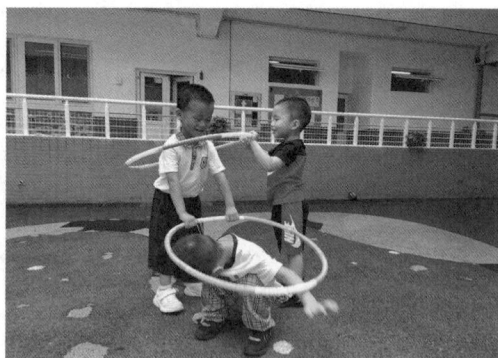

图 7　和朋友一起玩游戏

　　孩子们提到了老师、好朋友，那是因为他们对这些接触过的老师、朋友是熟悉的，但是他们对医生、厨师、保洁阿姨等还不熟悉。为了引发他们更多的思考，我又问："除了老师、好朋友，幼儿园里还有谁呢？"

　　辰辰："有早上入园给我们看嘴巴的医生姐姐。"

　　世锦："还有在门口保护我们的保安叔叔。"

　　青容："有给我们做饭的厨师叔叔。"

　　鸣鸣："有扫地的阿姨。"

　　与岸："有帮我们修东西的叔叔，我们的灯坏了就是请他修好的。"

　　小朋友们从一开始入园的陌生、紧张、焦虑、哭闹，到现在已经认识了很多朋友，并主动地、开心地和他们一起学习、游戏、交谈，这对他们来说是一个很大的进步。

## 你收获了什么？喜欢上幼儿园了吗？

　　经过几个月的时间，孩子们交到了很多朋友，对幼儿园也越来越熟悉，并且有了很多"第一次"的体验，也学会了很多本领，成长了许多。

　　鸣鸣："我学会了自己吃饭，以前在家都是妈妈喂我。"

　　辰辰："我学会了唱歌、跳舞、画画。"

　　俏俏："我学会了跑步。"

　　金晖："我学会了怎么叠衣服。"

　　与岸："我学会了搭积木，我能搭建高楼了。"

　　青容："我学会了怎么穿鞋子，现在我不会穿反了。"

　　晗晗："我会自己换衣服了。"

自主进餐、叠衣服、搭建积木、画画等，这些都是了不起的进步，孩子们慢慢变得自信、从容，更适应幼儿园生活。

老师："那你喜欢上幼儿园了吗？"

歆歆："喜欢呀，我最喜欢玩滑滑梯了。"

瑄瑄："我喜欢和好朋友玩跷跷板。"

礼和："我喜欢在娃娃家玩过家家的游戏。"

睿睿："我喜欢玩滑滑梯和小汽车，还有搭积木。"

鸣鸣："我喜欢上幼儿园，幼儿园有很多好玩的游戏，还可以做小实验。"

皓皓："幼儿园有小沙池，我喜欢玩沙。"

…………

小朋友们快乐的幼儿园生活还在继续。

图 8　做小实验

图 9　搭建"幼儿园"

**教师反思**

　　幼儿园是孩子们接触的第一个小社会，也是他们的第二"家"。刚入园时，面对孩子们反复哭闹的情绪，在安慰、讲故事、玩游戏等方法效果甚微的时候，老师也不知所措。这时，有孩子提出疑问："他为什么哭呢？是想妈妈吗？"这让老师有点意外，也让老师意识到孩子们的好奇心、关注他人的心理以及帮助、安慰、关心他人的潜能。于是，老师抓住这一契机，和孩子们一起讨论为什么哭、怎么帮助他等，引导他们慢慢了解情绪、学会接纳并调节情绪，同时在这个过程他们学会安慰、帮助他人，结交好朋友，一起体验幼儿园有趣的事，并和幼儿园建立情感连接，建立归属感，从而喜欢上幼儿园，学会用快乐的情绪和周围的人、事、物亲密接触。

当然，在这过程中也遇到了一个例外——歆歆，她不哭，也不玩，一开始我们有点焦虑，但经过观察，我们发现她虽然不玩，但是她在观察，于是我们决定给她时间，陪伴她，同时通过绘本故事分享关于情绪的调节，了解怎么让自己开心起来。不久后她开始有了感兴趣的玩具，并且想要加入他人的游戏。最后，在老师的鼓励下，歆歆迈出了第一步，慢慢地，她开始自主游戏，并有了第一个朋友。这个过程虽然漫长，但让我们非常有成就感，也让我们了解到每个幼儿都是不同的、独一无二的。由于各种因素，幼儿的社会适应能力也是不一样的，对于陌生的环境，有的幼儿能够很快适应、融入，但有的需要先观察、熟悉，再适应、融入，我们要给他时间，等待他的成长。

值得注意的是，在陪伴的同时，不要让幼儿过度地依赖老师，或只依赖一位老师，因为这样不利于幼儿的发展。老师们应主动增加与幼儿的互动，与其建立感情连接，培养信任感，最终帮助幼儿顺利地适应幼儿园生活。

总之，小班幼儿入园焦虑问题广泛存在，我们需要用正常心对待，用爱心、耐心去安慰他们，同时也要因材施教，学会具体问题具体分析、"对症下药"，帮助他们缓解焦虑，适应并喜欢上幼儿园生活。

# 食物知多少

作者姓名：蔡秋玲、古碧凤、郑海静
指导老师：钟金兰、邢慧芹
幼儿园名称：深圳市福田区实验教育集团附属幼儿园
幼儿年龄段：小班

## 课程故事简介

陶行知先生说过："生活即教育。"本学期我们小班开展的"食物"主题课程活动，老师充分利用了园本资源和家庭教育资源，带领孩子们一起走近、寻找生活中的食物。同时抓住契机，以丰富的活动激发幼儿探究的兴趣，从食物的分类、种植到食物的营养特点，从而让孩子们充分了解大自然赋予我们的礼物。

## 故事缘起

清晨，孩子们围坐在一起，老师开始讲述绘本《云朵面包》，故事中，一片飘浮的云朵落入了妈妈的面团里，烘焙出了松软香甜的云朵面包，孩子们听得入迷，嘴角不自觉上扬。

于墨："如果我们能从云朵中摘下面包，那该有多好啊！"

小柒："我吃过草莓面包，吃了就会变成可爱的草莓人。"

团团："我吃过火腿肠面包，里面有长长的香肠。"

思为："我喜欢吃雪糕。"

蛋蛋："我不喜欢吃面包，我喜欢吃面条。"

听完故事后，幼儿纷纷说出自己吃过的食物。因此，老师以"我认识的食物"为起点，在幼儿对食物已有的认知基础上，挖掘教育契机，从而引导幼儿对食物有更深入的了解，努力去探索食物的奥秘。

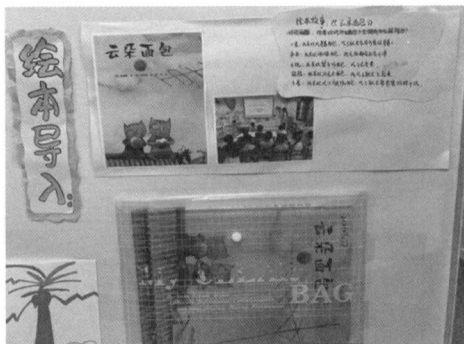

图1　话题讨论内容

图2　老师讲述故事

### 认识食物大调查

为了追随孩子们的兴趣，我们与孩子开展"我认识的食物"小调查。在爸爸妈妈的帮助下一起完成后，回园分享。

老师："小朋友们都认识哪些食物呢？"

依可："有草莓、提子。"

艺衡："有玉米、鸡蛋。"

筱依："莲藕。"

远乐："南瓜、胡萝卜、蘑菇。"

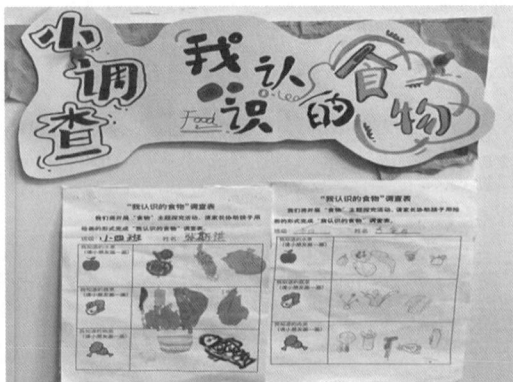

图3　"我认识的食物"小调查

图4　幼儿分享认识的食物

小朋友们畅所欲言，分享着自己认识的各种食物，这时，老师追问道："你们喜欢吃什么食物？为什么？"

姐姐："我喜欢吃橘子，因为好吃。"

大宝："我喜欢吃糖，因为甜甜的。"

港港："我喜欢吃白米饭。"

小宝："我喜欢吃零食，因为好吃。"

蛋蛋："我喜欢吃螺蛳粉，它的味道很特别。"

老师："小朋友们认识和喜欢的食物可真多啊，那我们一起尝试用画笔和轻黏土做一做你喜欢的食物吧。"

图 5 "我喜欢的食物"分享记录

图 6 幼儿绘制食物

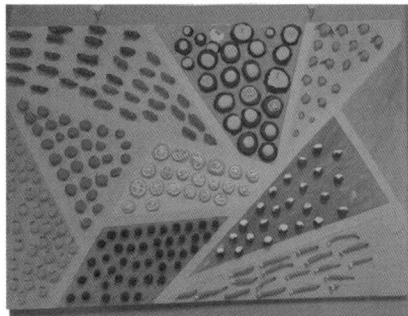

图 7 幼儿手工制作的食物

谈话中，老师发现，虽然孩子们认识的食物不少，但大多是蔬菜、水果以及零食，那么我们生活中除了孩子们所说的食物外，还有哪些食物呢？于是老师布置了一个特别的任务——让孩子们和父母一起去超市寻找更多食物，同时观察超市里的食物。

**教师思考**

通过幼儿完成的"我认识的食物"小调查，以及回园后幼儿的分享和讨论，老师对幼儿的已有经验有了一定的了解。幼儿对食物的认识是直观的，包括了对一些食物的外观、味道、口感的认知。同时，在老师的引导下，幼儿能用美术的形式表征出自己喜欢的食物。那么如何让幼儿对食物有更进一步的认识呢？超市或者农贸市场里有生活中常见的各种食物，而相比农贸市场，超市是幼儿常去的地方，因此老师让幼儿去到超市寻找和观察食物，发现食物的种类。

## 食物的分类

逛完超市后，孩子们迫不及待地同老师和小伙伴们分享自己的发现。老师："你去超市看到了什么？"

小宝：我看到了紫菜，买了很多零食，还有益力多。

团团："超市大大的，我看到零食、面包是放在冰箱里的。"

超超："我去的是海鲜区，买了鱼虾。"

芸晰："我看到豆芽，它跟很多青菜放在一起。"

老师："你知道为什么豆芽和很多青菜放在一起吗？"

芸晰挠挠头说："我不知道。"

这时，团团大声说道："因为它们是一样的，是蔬菜。"

妞妞："我看到梨和橘子是放在一起的，因为它们都是水果。"

老师："是的，食物有很多很多，超市里这样摆放食物是因为这样大家才能更方便、更清楚地找到自己想要购买的食物。接下来就让我们一起给食物们分一下家吧。"

图8　小宝在零食区

图9　超超在超市选购鱼

图10　逛超市后的分享活动

紧接着，老师和孩子们一起从食物的分类开始进行食物的探索。泽琪第一个说道："苹果、香蕉、草莓是水果类。"艺衡接着说："蔬菜类有白菜、西兰花……"

超超听到艺衡说到蔬菜类，马上抢着说："还有黄瓜和土豆。"接着孩子们纷纷说出自己知道的蔬菜。

孩子们已知的蔬菜类说得差不多了，这

时，筱依突然想到什么，她说："我知道海苔、棒棒糖是零食类……"

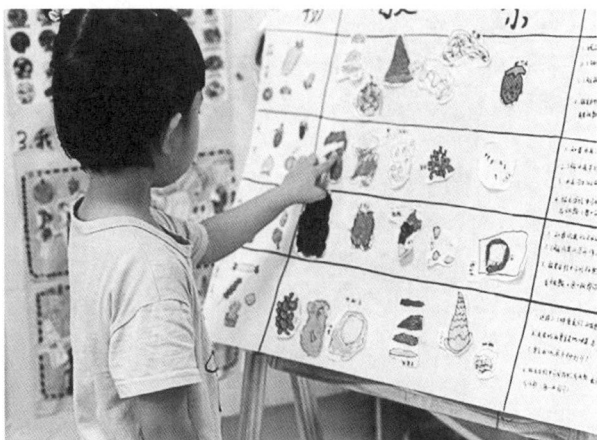

图 11　幼儿进行食物分类

这时，子墨突然问老师："米饭是哪一类呢？"子墨的提问，引起了同伴们的关注，有的小朋友说是"米类"；有的说是"主食类"。那到底是属于哪一类呢？小朋友都把眼光投向老师，希望老师能够给一个答案。

**教师思考**

幼儿通过走进超市去观察，看到了超市里有许多的食物，并且发现超市里豆芽和其他青菜，梨和橘子会被摆放在同一个区域，这是为什么呢？有个别幼儿说："因为它们是一样的，都是蔬菜/水果。"教师顺势让幼儿进行了食物的分类，从而观察幼儿对食物种类的认知基础。在和孩子们分类的过程中，老师看到孩子们都能够较好分辨水果类、蔬菜类和零食类的食物。而子墨小朋友关于米饭是哪一类的提问，不仅引起了同伴的关注，也让老师发现了一个教育契机。教师抓住幼儿的好奇点，引导幼儿去解开谜团。

**揭秘食物**

老师说："要不在阅读区里找一找，看有没有图书可以帮助我们解答这个问题。"

妞妞找到《揭秘食物》这本书，和同伴们一起找到了答案，米饭就是大米，大米是谷物类。

图12　绘本《揭秘食物》

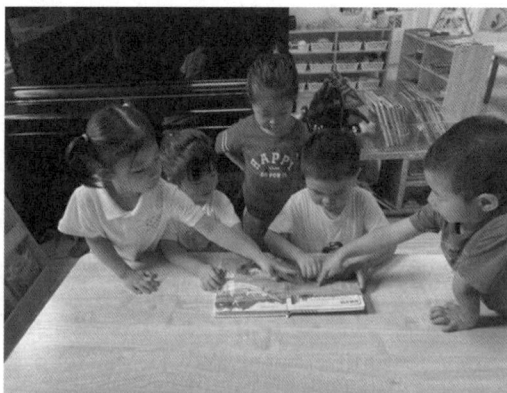
图13　幼儿通过绘本《揭秘食物》查找答案

老师接着提问："生活中还有哪些食物属于谷物呢？"小朋友们开始举一反三，说出了小麦、黑米等。

老师："接下来，我们一起再来看看《揭秘食物》这本书还讲了哪些食物吧。"

通过阅读绘本，我们发现我们吃的食物多种多样，大多来自动物和植物，说到植物，孩子们兴奋地说："我们教室门口就有植物角，我们也可以自己种植

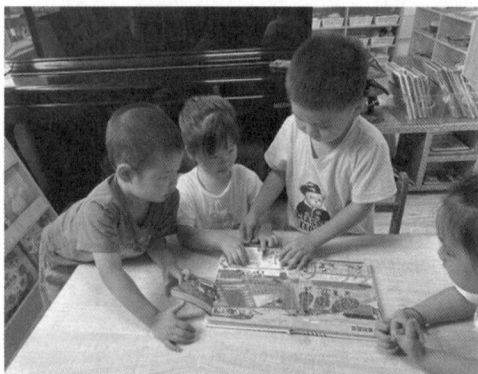
图14　幼儿阅读绘本《揭秘食物》

食物吗？"老师："当然可以，那我们要种什么呢？"

孩子们沉浸在新一轮的讨论中……

**教师思考**

通过阅读图书《揭秘食物》，孩子们对食物的多样性有了更清晰的认识。对食物进行分类的活动能够让幼儿客观地认识各种食物的特性。而接下来的种植活动则让孩子们在实践中了解食物的来源以及劳作的不易。

## 食物的种植

港港："我们种大米吧，我喜欢白米饭。"

子墨："我们这里太小了，种不了。"

老师："是的，我们可以种一些室内生长的植物。"

孩子们七嘴八舌地讨论着，艺衡说："我昨天吃了豌豆，很好吃，我们可以种豌豆吗？"

这时，老师看到有些孩子同意艺衡的想法，于是和孩子们一起决定尝试种植豌豆。"我们一起来观察一下豌豆吧！"

孩子们表情认真，动作轻柔地把一个个豌豆荚剥开，艺衡举着圆圆的豌豆看了又看，开心地说："豌豆好圆啊！"

图 15　剥豌豆

图 16　观察豌豆

六六："老师，我们要怎么种豌豆呢？"

子墨："要有土。"

团团接着说道："还要给它浇水。"

小宝附和道："对，还要给它晒太阳。"

老师："小朋友们说得对，种植需要土壤、水、阳光，还需要种子和肥料哦，那我们一起试着来种植吧。"

图 17　种植豌豆

图 18　给植物浇水

图19　讨论豌豆及其他食物

豌豆种植完后，孩子们还在讨论。

恩芝说："我现在知道种子发芽就可以种到土里。"

陆歌接着说："发芽的种子会长出来，还会长出花。"

六六："豌豆什么时候才能长出来呢？"

老师："需要我们的照顾和耐心等待哦。"

在种植后，孩子们又开始讨论起豌豆及其他食物。

沐辰："我最喜欢吃豌豆。"

可可："我不喜欢吃豌豆和青菜。"

子墨："不吃青菜会拉不出大便的，上次我拉不出大便，我爸爸是这样和我说的。"

妞妞："是的，我妈妈也说不吃青菜，会营养不均衡。"

子墨困惑地问老师：蔬菜里到底有什么营养呢？为什么不吃蔬菜会拉不出大便呢？

**教师思考**

植物的种植既离不开悉心的养护照顾，也需要耐心。孩子在这过程中充满期待，但最终发现并没有想象中的那么美好，豌豆长了苗苗之后，迟迟没有开花结果，孩子的兴趣逐渐减弱。老师理解对于小班幼儿来说，种植有一定的难度。那食物主题的探究还将如何继续？

老师发现他们对于食物的认识，大多数都只是停留在食物的外形特征和味道等方面，对食物的营养价值还不够了解。因此，老师从幼儿的谈话中，挖掘开展后续活动的线索。在幼儿观察豌豆时，子墨在和同伴交谈时说道："不吃青菜会拉不出大便的。"老师通过这一线索，将探究活动的方向进行了调整，引导幼儿去探究关于食物营养的活动，使教育内容更贴近幼儿的生活，同时以丰富的活动激发幼儿探究的兴趣。

### 食物的营养

老师借此机会通过食物金字塔，让幼儿了解人体所需的各种食物，以及每日所需的比例，并强调均衡饮食的重要性。

老师："我们人体需要各种各样的食物来给我们提供营养，我们一起来看看这个食物金字塔，就可以知道我们每天需要吃哪些食物了。"

超超："我看到第一层是很多的豆子，是谷物类。"

小米："第二层是青菜和胡萝卜，还有玉米，是蔬菜类。"

小宝："最上面那层是糖果，还有汉堡包。"

六六："还有一层是很多的水果，还有一层是肉。"

老师："小朋友们觉得哪些食物应该要多吃？哪些食物要少吃呢？"

妞妞："青菜要多吃，还有玉米和胡萝卜也是要多吃。"

老师："是的，还记得子墨小朋友说不吃青菜会拉不出大便吗？多吃蔬菜可以给身体提供纤维素和膳食纤维，促进胃肠道的蠕动和保持肠道水分，这样大便就会顺畅地排出来啦！"

团团："我妈妈说米饭要多吃，下面这层的大米就是米饭对吗？"

老师："是，我们需要的食物的多和少就像这个金字塔一样，从最下面这一层开始，越来越少，米饭谷物类就是我们最需要的。"

六六："可是下面这一层的豆子和米怎么变成我们要吃的东西呢？"

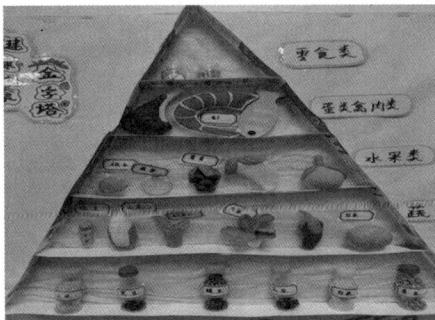

图20　食物金字塔

图21　感知豆类

听到孩子们的提问，我们的生活老师坐不住了，于是和班级老师共同带领孩子一起了解食物——"小麦的演变"。首先，老师通过小麦实物及绘本导入，让小朋友认识小麦，知道哪些食物是小麦做成的。孩子们看完《小麦的神奇之旅》故事后，都纷纷表示要一起做面条，接着孩子们七嘴八舌地提出了自己的疑问。

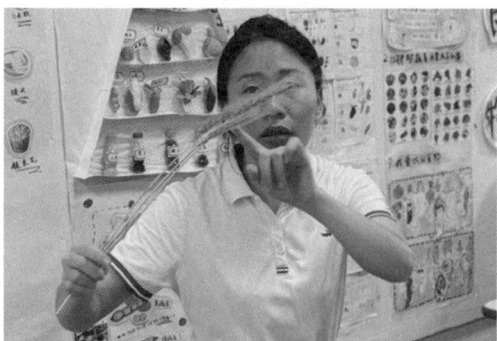

图 22　认识麦穗

图 23　讲述绘本《小麦的神奇之旅》

小小："面粉是要放很多的水吗？"

六六："我们吃的包子也是用面粉做的吗？"

毛豆："我知道我们吃的饺子是用面粉做的，我看我妈妈做过。"

子墨："我也看我妈妈做过，还要用一个大大的棍子。"

老师："那我们一起来试试面粉可以做什么吧！"

图 24　老师教小朋友揉面团

小朋友第一次尝试自己揉面团时，状况百出。

默默："老师，为什么我的面团变不大？"

六六："这个面团和我们的橡皮泥一样，怎么变大呢？"

毛豆："默默，我妈妈说了，你那个是面疙瘩。"

老师发现孩子们遇到的各种小状况后，再次示范讲解如何揉面团，并教孩子们运用

图 25　做成的面疙瘩

工具——擀面杖，这一次孩子们成功做出了饺子皮，还尝试了包饺子，收获了满满的成就感。第二次尝试，孩子们有了成功的体验。

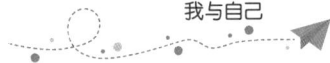

图 26　用擀面杖擀面皮

图 27　尝试包饺子

**教师思考**

通过食物金字塔的讲解，孩子们知道了我们每天都要吃不同类别的食物，比如：谷物类、蔬菜类、水果类、豆类或豆制品，每天摄入的奶、蛋、肉类、水果、蔬菜等食物数量也是不同的，这样身体才会长高长壮。在孩子们对金字塔第一层的食物表示疑惑时，老师能够及时支持孩子探索，对食物的演变也进行了讲解。在孩子们第一次尝试未成功时，老师也能从孩子们的谈话中捕捉到"擀面杖"，因此有了第二次的成功体验。但由于小班孩子的年龄较小，老师未能很好地放手让孩子们尝试调整面粉与水的比例，从而让孩子们更好地去体验。

**教师反思**

一次关于食物的绘本分享，激发了孩子们对食物的畅想和讨论，老师因而引导和鼓励孩子们开启了食物的探索之旅。

为了了解幼儿对食物的已有经验，老师首先开展了一次"我认识的食物"调查活动，通过幼儿调查后的分享，老师在幼儿已有经验的基础上进行食物分类的拓展活动，让幼儿去超市观察和发现食物有种类之分。在这部分的探究学习中，老师发现幼儿能够对生活中常见的水果、蔬菜、零食进行分类，对谷物类的食物分类不清晰，如何让幼儿知道谷物类的食物，如何支持幼儿的探究呢？老师借用绘本《揭秘食物》让幼儿去书中寻找答案，既能让幼儿懂得运用工具，又能让幼儿感受到从书本中获得知识的成就感。在阅读绘本后，幼儿想要像农民伯伯一样种植食物，老师给予了支持。但种植不是一蹴而就的事情，幼儿的年龄尚小，种植后植物的生长速度缓慢，幼儿逐渐失去了一开始的新鲜感和兴趣，讨论的话题从种植转向了食物的营养方面。这也让老师发现了新的教育契机，通过食物金字塔让幼儿直观地感受人体所需食物的比例和营养，通过实践操作，幼儿认识到有些食物需要通过人为的加工才能成为我们餐桌上美味的食物。

在这一系列关于食物的探索活动后，孩子们聚在一起分享他们的收获。他们现在知道了食物的分类和人体所需的各种食物，也理解了食物的来之不易，团团认真地说："我们应该珍惜每一口食物。"孩子们纷纷表示赞同，他们学会了感恩那些为他们提供食物的人们，也懂得了食物的珍贵和健康饮食的重要性。

在这段"食物知多少"的主题探究之旅中，老师为活动提供了一些真实的生活背景，和孩子们一起到这些背景中去活动、去体验，逐渐形成正确的认知和良好的行为模式。孩子们不仅增长了知识，还培养了感恩和珍惜的品质，他们明白了食物不仅仅是满足口腹之欲的东西，更是大自然的恩赐和人类辛勤劳动的结晶。食物和文字一样，都是有生命、有故事的。感谢食物赋予生活和生命的意义！感谢这段学习之旅让老师和幼儿共同获得发展！

我 与 自 然

# 探索水的奥秘

作者姓名：覃佳丽
指导老师：陈玉文、黄娟
幼儿园名称：深圳市福田区第一幼儿园
幼儿年龄段：大班

## 课程故事简介

在幼儿园大班阶段，孩子们拥有强烈的好奇心和探索精神。云曦的疑问——为何水杯里的水显得奇异，引发孩子们的探索热潮。智慧幽默的老师巧妙地抓住这个契机，精心策划一系列关于水的主题探究活动，引导孩子们踏上了一场关于水的奇妙之旅。

活动过程中，老师循循善诱，引导孩子们发现水不仅是透明液体，更像是可以千变万化的魔术师。他们一同探索水中折射的奥秘，观察水油分离的奇妙现象，甚至学习了水的净化方法。每个实验都像是一场魔术表演，点燃了孩子们内心的热情，让他们亲身感受到水的神奇变化。

更令人欣喜的是，通过这一系列探究活动，孩子们不仅对水产生了敬畏之心，更萌发了珍惜水、爱护水、保护环境的意识。他们主动地发起倡议，开展宣传保护水资源的活动，以实际行动倡导大家对水资源的珍视与保护。这次活动不仅仅是一次科学的探索之旅，更是孩子们用幽默、好奇的眼光去看待世界的方式。

"探索水的奥秘"课程让孩子们在快乐中学习，激发他们对科学的热爱和对世界的探索。透过孩子们的眼睛，我们得以窥见世界的广阔与深邃，感受到无限的可能性。

## 故事缘起

在阳光明媚的清晨，幼儿园大班的孩子们像往常一样聚在教室的角落，探讨着他们对这个世界的种种好奇。突然，云曦兴奋地拿起桌上的水杯，疑惑地问道："老师，为什么这个杯子里的水看起来有点怪怪的呢？"她的问题立刻引起了其他孩子的注意，大家都围拢过来，好奇地观察着那杯水。

老师敏锐地捕捉到孩子们的兴趣点，决定利用这个机会，引导他们展开一场关于水的探索之旅。老师微笑着说："云曦，你的小眼睛真犀利！这是水的折射现象，什么意思呢？我们来当一回小侦探，揭开这杯水的神秘面纱吧！"

## 水的折射——铅笔骨折了吗？

在老师的号召下，小探险家们兴致勃勃地启程。他们首先用透明的玻璃杯装满水，然后放入一支铅笔。当铅笔被放入水中时，奇怪的现象发生了——铅笔看起来好像断了一样！孩子们瞪大了惊奇的眼睛，嘴巴张得能塞进一个苹果。

云曦天真地问："老师，铅笔先生在水里骨折了吗？"

一诺插话，带着一丝俏皮："可能是哪个小朋友不小心弄断之后放在水杯里的。"

昕泽笑着反驳："不对不对，这铅笔好像没有断。"

楷迪灵机一动，捞出铅笔，证实它毫发无损，再放入水中，竟又重现"断笔奇观"，逗得大家咯咯笑。

老师笑着解释道："光穿过水的时候，它会变得调皮，好像跟我们玩'捉迷藏'一样，让铅笔看起来就像是断了一样。这是因为光线从空气进入水的时候，得拐个弯，就像我们走路遇到小石头得绕过去那样。"昕泽似懂非懂地说：

图 1　铅笔骨折了吗？

"我爸爸说水很神奇，也很神秘，我也不知道为什么，但今天这个折射现象就好有意思啊！"为了进一步激发孩子们的探索欲，老师紧接着说道："水的秘密可多了！你知道油和水为啥不能混在一起吗？还有啊，一吹气，水就变成泡泡飘起来，神奇吧？雨后天空出现彩虹，这是为什么？这些都是水的奥秘，等着咱们去一探究竟呢！"这些问题立刻点燃了孩子们的热情，他们纷纷表示想要亲自去尝试、去探索。

通过这次实验，我们深刻地认识到孩子们的好奇心和探索欲是无穷无尽的。作为老师，我们应该抓住这次良好的教育契机，设计更多关于水的有趣实验和活动，引导孩子们发现身边的科学现象，培养他们的科学思维和探索精神。同时也应该尊重孩子们的个体差异，鼓励他们根据自己的兴趣和特点进行学习和探索，让每个孩子都能在科学的世界中找到属于自己的乐趣和价值。

## 水的密度——水油分离

铅笔"骨折"实验后，孩子们对科学的热情像野火般燃烧。昕泽眨巴着大眼睛，小手紧紧抓着我的衣角，仿佛怕错过每一个可能的答案："老师，那个超酷的实验，我们什么时候再做啊？"老师微笑着回应："别急，别急，孩子们。看，我为你们准备了这些材料——透明的玻璃杯、纯净的食用油、清澈的水和一些色素。猜猜看，我们这次会做什么有趣的实验呢？"

孩子们的好奇心被成功点燃，他们围在我身边，眼睛中闪烁着期待的光芒。实验开始了，我指导他们先往玻璃杯中倒入半杯清水，接着滴入几滴色素，清水瞬间就像被赋予了生命，变得五彩斑斓。

然后，我让他们沿着杯壁，小心翼翼地将食用油倒入水中。只见油珠慢慢滑落，最后铺满了整个水面，但令人惊讶的是，油并没有和水混在一起，而是形成了两个截然不同的层面。

孩子们被眼前的景象深深吸引，他们纷纷发出惊叹声，有的甚至还伸手去触摸那分层的水面。看着孩子们惊奇的表情，老师笑着问他们："你们看，水的颜色变了，那么你们猜，味道会不会也跟着变呢？"孩子们纷纷摇头，表示不知道。

于是，老师鼓励他们尝试去闻一闻，感受一下是否真的有味道的变化。

家怡："这油好像没有味，好像又有点香香的味道。"

子沫："我也来闻闻看，好像是有点香，该不会厨房叔叔就是用的这个油，所以我们的饭菜才会这么香吧。"

玥玥："把色素倒在油里面，好像下起了彩虹雨一样。"

刘澄："色素怎么都跑到下面去了？"

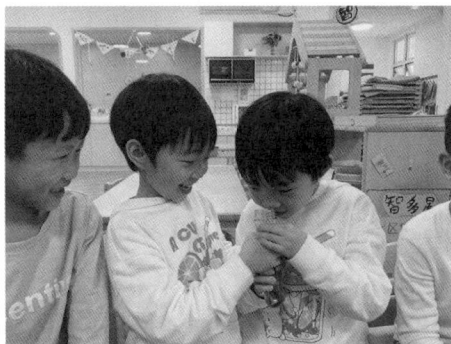
图2 闻一闻

图3 水油分离

活动结束后，云曦还沉浸在那场有趣的实验中，她眨巴着好奇的眼睛，迫不及待地问："老师，接下来我们要探索关于水的什么神奇现象呢？"昕泽在一旁快速地靠近说："脏水能不能通过某种方法把它变干净。"老师鼓励地回答："我们确实可以通过实验来模拟水的净化过程，探索如何将水中的杂质去除，把脏水变成清水。"

在这次水油混合实验中，孩子们目睹了一个神奇的现象——水油分离。他们不仅亲眼看到了这种分离，更从中领悟到了水的密度特性。这次实验让他们认识到，密度是每种物质独有的一个特性，如同物质的身份证，不同的物质拥有不同的密度标签。依据皮亚杰的认知发展理论，孩子们通过直观感知理解了密度概念，揭示了物质世界的奥秘。水油的层次分明，直观地展示了不同物质的密度差异，激发了孩子们对科学的好奇心，是启蒙教育中宝贵的经验。

## 水的净化——水的奇迹

为了不断满足孩子们的探知欲，我们紧接着策划了一次别开生面的"水的奇迹"实验。在这个奇妙的实验中，我们巧妙地模拟了水的净化的全过程，让孩子们亲自见证浑水如何变得清澈，从而领悟水净化的奥秘。

实验台上，我们准备了象征污染物的泥土和落叶，还有那些神奇的净化工具：沙子、活性炭。在实验开始之前，我们以故事的方式讲述了这些材料的使命，激发了孩子们的期待。

实验开始，我们将"污染物"悄然溶入水中，水瞬间变得浑浊不堪。我们引导孩子们，一步步揭开水的净化的神秘面纱。通过沙子的天然过滤，大颗粒杂质无处遁形；活性炭如同神奇的魔术师，悄然吸附掉水中的有害物质；静置

169

的过程中，微小的颗粒梦幻般缓缓沉降。

孩子们的眼睛闪烁着光芒，紧紧盯着水的每一丝变化。当浑浊的水逐渐变得清澈时，他们发出惊奇的赞叹，仿佛见证了一个奇迹。

图4 实验前浑浊的水

图5 实验后水变清澈

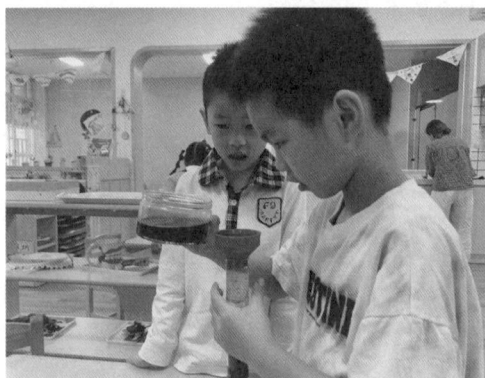

图6 再次实验

熙铭提议："用之前色素实验的废水来再次实验。"楷迪好奇地问："过滤后水会变成纯白色吗？"云朵观察到水从上层慢慢滴落，颜色逐渐变淡："哇，好像真的在变清澈！"楷迪提议与最初的水比较，而颢颢说："我用放大镜来看一看，好像真的变浅了。"

小朋友们对比着过滤前后水的色彩差异，兴奋地重复着实验，他们不仅在学习，更在创造属于他们自己的科学故事。每一次水的净化，都如同一个小小的奇迹，深深烙印在他们幼小的心灵中。

**教师思考**

基于多元智能理论，我对模拟水的净化过程的实验有了更加丰富的反思。多元智能理论指出，每个个体都拥有不同的智能优势，通过多元化的教学方式可以更好地促进儿童的发展。

在这次实验中，我注意到孩子们展现出了多种智能。有的孩子通过观察水的变化，展现了他们的观察智能；有的孩子通过动手操作净化设备，展现了他们的运动智能；还有的孩子在讨论和分享过程中，展现了他们的语言智能。这些不同的智能优势相互补充，共同推动了孩子们对水的净化过程和环保知识的理解。我们应该关注每个孩子的智能特点，为他们提供多样化的学习机会。例如，我们可以设计更多与实验相关的实践活动，让孩子们通过亲身体验来感受水净化的重要性；也可以组织小组讨论，让孩子们在交流中碰撞思想，开阔视野。

## 保护水资源

令人欣喜且欣慰的是，一系列的"探索水的奥秘"主题活动不仅解锁了孩子们对水的奥秘的探索，无形中也培养了他们珍惜水、爱护水、保护环境的意识。孩子们纷纷表示，这次实验让他们深刻体会到了水的净化的重要性。他们意识到，只有经过净化的水才能供我们饮用和使用，否则可能会对我们的健康造成危害，我们要珍惜每一滴水，共同守护美好环境。

孩子们眼中的水，不再仅仅是嬉戏的伙伴，而是珍宝般的存在。浪费水已经成为过去式，孩子们现在成为水的守护小天使，节约用水，守护每一滴生命的源泉。他们主动地发起倡议，开展了宣传保护水资源的活动，以实际行动倡导大家对水资源的珍视与保护。

一诺灵机一动，提议道："咱们画些'节水行动'海报，让妈妈在朋友圈晒晒！"

雨霏接着说："海报红了，咱就让它上电视、登新闻，让大家都成为节水大军！"

思妍则温情脉脉地说："咱们省下的每一滴水，都能帮助森林深处的小动物们呢。"

孩子们的笑声和创意，就像清澈的泉水，流进了每个人的心田。他们开始了在美工区的创作之旅……

图7　绘画作品《保护水资源》

图8　作品悬挂的教室一角

## 教师反思

在这次"探索水的奥秘"主题活动中，老师从小朋友的一个疑问出发，向孩子们介绍光在水中的折射现象，迅速点燃了孩子们对科学原理的兴趣。小朋友们的好奇心显著，他们的求知欲被完全唤醒，引发了更多关于水科学秘密的探讨。

老师捕捉到孩子们的兴趣点，设计了富有启发性且有趣的系列实验活动：水油分离实验，让孩子们亲眼见证不同物质的密度特性；随后，引导孩子们进行水的净化实验，使用泥土、落叶等材料模拟自然水体的净化过程，使他们认识到保护水资源的重要性。

水的净化实验不仅让孩子们了解到水的净化的具体过程，更在他们心中播下了珍惜水、爱护水、保护环境的种子。这让我看到了孩子们的潜力和创造力。他们不仅积极参与活动，还主动发起倡议，开展宣传保护水资源的活动。这让我们更加坚信，只要给予孩子们充分的信任与支持，他们定会给你不一样的惊喜。孩子们这一出乎意料的积极倡议，不仅契合我们的培养目标，更彰显本次活动的深远意义与独特价值。

老师也深刻体会到以儿童为中心的教学理念的重要性。从云曦的疑问出发，老师引导孩子们深入探索，激发了他们的求知欲。这使老师意识到，日常教学应更多关注孩子们的兴趣和需求，让学习变得有趣和有意义。本次活动彰显了《3—6岁儿童学习与发展指南》提出的"最大限度地支持和满足"，幼儿通过直接感知、实际操作和亲身体验获取经验的需要。这种学习方式增强了孩子们的理解和记忆，培养了探索精神和科学兴趣。老师认识到实验在教学中的核心价值，它能让孩子们亲自观察、实践，以更直观的方式理解科学原理，锻炼观察、动手实践和解决问题的能力。

教育的本质超越知识传授，更是激发兴趣、培育创新精神与责任感的旅程。我们应聚焦于孩子们良好行为习惯的塑造、学习品质的锤炼，以及兴趣爱好的激发与情感需求的满足。未来，我们将持续致力于为孩子们创造更多元化、富有趣味的科学探索平台，在每个孩子心中播撒科学的种子，以合作者、支持者和引导者的身份，陪伴他们健康、快乐地成长。

# 藏在蛋宝宝里的生命故事

作者姓名：赖绍芬

指导老师：刘彦霞、黄娟

幼儿园名称：深圳市福田区第一幼儿园

幼儿年龄段：中班

## 课程故事简介

这次神奇的探究之旅，缘起于母亲节时孩子们对当妈妈的向往。发起保护蛋宝宝活动后，我们在探究的过程中收获了很多意想不到的惊喜。孩子们以蛋宝宝"小爸妈"的身份，带着蛋宝宝体验幼儿园一日游，想尽各种妙招去保护蛋宝宝。虽然活动中状况百出，孩子们经历了情绪起伏，悲喜交加，但在过程中体会到妈妈的不易，学会了感恩。在孵化蛋宝宝的过程中，孩子们一起合作孵蛋，每日用心照顾，一起为即将出壳的小鹌鹑和小鸡加油助力，亲眼见证生命诞生的奇妙。孩子们也因小鹌鹑和小鸡的意外死亡伤心难过，认识到生命的脆弱与珍贵。

## 故事缘起

母亲节即将到来，班级开展了一系列"我妈妈"的主题活动。今天分享完绘本故事《我妈妈》后，孩子们都称赞起了自己的妈妈。琬琬说："我妈妈很温柔。"佟佟说："我妈妈力气很大。"果果说："我妈妈很棒！"小柔说："我喜欢妈妈，我也想当妈妈。"听完小柔的发言后，然宝说："哈哈哈！你也太搞笑了吧！你怎么可能当妈妈呢，你还是小孩子，当不了妈妈的。"小柔听到后变得有些沮丧，说："可是我真的很想当妈妈。"这时出现了一个声音："我也想当，但妈妈都有宝宝，我当妈妈，谁来当我的宝宝呢？"孩子们都在为如何能当妈妈而发愁，这时我脑子里蹦出一个有趣的想法，我对孩子们说："你们想当蛋宝宝的妈妈吗？"孩子们听到后兴奋地点点头。于是，老师让每个家庭都为孩子提供蛋宝宝，"小爸妈"们加入了保护蛋宝宝的行动计划。

## 活动一：认养蛋宝宝

如何当好蛋宝宝的"小爸妈"呢？我们展开了"照顾蛋宝宝"主题班会。

啦啦："我想给我的蛋宝宝取个好听的名字。"

然宝："我要帮她梳妆打扮，穿漂亮的裙子。"

多乐："蛋一碰就会碎，我好担心。"

琬琬："我想给它做个小房子，像妈妈一样保护它。"

于是我们的"小爸妈"护蛋行动开启了。孩子们带着小任务回到家开始了护蛋准备，和爸爸妈妈一起装饰蛋宝宝、给蛋宝宝取名、合照、制订护蛋计划。

第二天早晨，孩子们带着蛋宝宝一起来到幼儿园，第一时间就将蛋宝宝递给老师和同伴们瞧，脸上洋溢着笑容的同时向同伴们介绍着自己的蛋宝宝。很快，桌子上摆满了造型各异的带妆蛋宝宝。

同同："我把我的蛋宝宝打扮成我喜欢的小黄人造型，它有个可爱的名字，叫QQ。"

晓晓："我的蛋宝宝是最厉害的！它是最强超人蛋宝。"

乐轩："我给蛋宝宝铺上了柔软的花瓣小床，它躺在里面舒服极了。"

宇轩："我担心蛋宝宝会碎，为它量身定制了安全舒适的瓶子房，我把它放在我的水壶袋子里，可以带它到处玩。"

每个小朋友都介绍了自己的蛋宝宝。有的介绍蛋宝宝昵称由来，有的介绍自己是如何给蛋宝宝"化妆"的，有的介绍为什么给蛋宝宝做这样的"家"，有的介绍自己的护蛋计划。孩子们从装扮蛋宝宝、取名字、准备房子等，每一步都非常用心，在为蛋宝宝做这些事的时候，孩子们不知不觉建立了情感连接。

图 1　琦琦介绍安全小屋设计意图

图 2　山山介绍自己的护蛋计划

## 活动二：带着蛋宝宝去户外，新手"爸妈"妙招多

户外活动时间到了，小朋友们都表示不想让蛋宝宝离开自己，于是小柔提议带蛋宝宝一起去户外活动。安可认为带蛋宝宝出去容易打碎，他很担忧万一蛋宝宝碎了怎么办。大家的意见出现了分歧，小伙伴们一起想办法，轩轩提议："我们玩的时候小心一点，不要让它掉出来了。"乐乐说："对，轻一点、慢一点玩。"最后，大家都选择了带蛋宝宝一起参加户外活动，很快，沙堡乐（户外活动区域）的每个角落都有小朋友和蛋宝宝的身影。

乐乐："我要慢慢走，因为我担心摔跤。要是我摔跤了，我的蛋宝宝就摔碎了。"

安可："我们带蛋宝宝坐小车吧！"

晓晓："要小心一点儿，不要掉出来了。"

乔治："你们像我这样蹲下来，车子就平稳多了，蛋宝宝就不会滚来滚去摔碎了。"

图 3　乐乐护蛋妙招是慢慢走

图 4　晓晓和同伴说"要小心一点儿"

图 5　安可带蛋宝宝坐小车

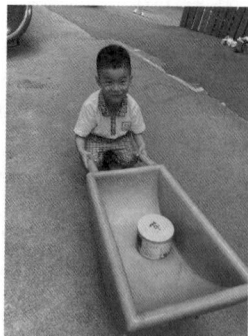

图 6　乔治在护蛋

　　小柔和轩轩带着蛋宝宝在滑梯上晒太阳，两位新手"妈妈"热络地聊起各自的蛋宝宝。轩轩说："让我看看你的蛋宝宝长什么样？你拿出来看看，可以吗？"

　　小柔回答："不行，我不能拿出来，万一拿出来它就碎掉了怎么办？"小柔接着说："我的蛋宝宝房子和你的差不多，都是用小瓶子装着。房子太窄了，不好拿。"旁边的乐轩拎着篮子走过来，骄傲地介绍着自己给蛋宝宝准备的房子："你们看我这个篮子很宽敞，我还在下面垫了棉花，我的蛋宝宝住在宽敞柔软的房子里，又舒适又安全。"

　　咚咚因爸爸妈妈出差不在家，还没来得及准备，所以他是唯一一个没有带蛋宝宝的小朋友，他很羡慕大家都有蛋宝宝。正当我准备关心他时，我有了惊喜的发现。他坐在蹦床旁边的平台上，大声地对正在蹦床上玩耍的小朋友说："快把你们的蛋宝宝拿过来，我帮你们看着。"一开始大家并不理会咚咚的好意，他接着说："你们在蹦床上蹦，会把蛋崩碎的。"这时橙橙把蛋宝宝拿过来了。咚咚继续对着蹦床上的同伴宣传："这里是蛋宝宝休息站，把你们的蛋宝宝带过来这里休息，我帮你们照看。"这时，蹦床上的同伴们都暂停了游戏，纷纷把蛋宝宝交给咚咚，并说："你要好好照顾我的宝贝哦！"咚咚说："没问题，包在我身上。"

　　炎热的天气让咚咚汗流不止，此刻蚊子也来凑热闹了，即便如此，咚咚依然将全部的关注点放在蛋宝宝身上，像妈妈一样时刻守护宝贝，守护着这些蛋宝宝们。作为一名蛋宝宝的守护者，他很快乐。

图 7　咚咚向伙伴宣传把蛋给他看管

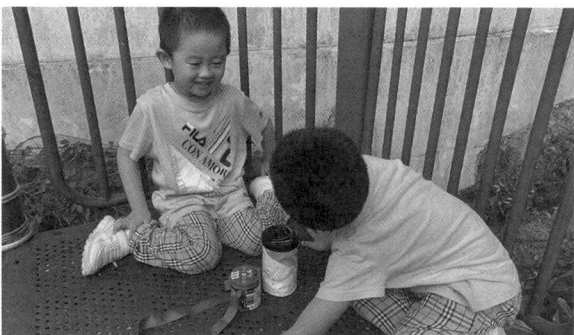

图 8　咚咚做蛋宝宝的守护者

## 糟糕！蛋宝宝碎了

　　沙堡乐每个角落都是孩子们呵护蛋宝宝的身影，他们快乐地交流着"育儿心得"，小心地带蛋宝宝体验游戏，想着各种保护蛋宝宝的妙招，累并快乐着，其乐融融。忽然，一声尖叫打破了这份平静。正带着蛋宝宝玩滑梯的佟佟，因为她的动作过大，一不小心把它的蛋宝宝甩飞了。蛋宝宝重重地砸向了地面，只听"啪"的一声，蛋宝宝破碎不堪，蛋黄蛋白散落一地。刚开始时佟佟并没有因此而难过，而是笑着俯瞰摔在地面的蛋宝宝。几秒后，她从滑梯下来，蹲在蛋旁边笑着继续围观。不一会儿引来了更多同伴们的围观。多多问："怎么回事？"相宜打趣道："她的蛋碎了，蛋黄都出来了……"聊着聊着佟佟脸上的笑容渐渐消失，身体也蹲得越来越低，静静地盯着破碎的鸡蛋，眼眶湿润。旁边的云朵轻拍佟佟的肩膀安慰道："没事的，你也是不小心的，别难过了。"其他围观的同伴也跟着一起安慰佟佟。大家一起想办法，同伴们帮忙拿纸巾擦拭，帮佟佟把破碎的蛋装回了盒子里。佟佟说："虽然蛋碎了，但我不想把它丢掉，还想再多陪它一会儿。"

图 9　佟佟的蛋碎了

图 10　同伴安慰佟佟

　　不一会儿，琬琬的蛋也不小心从车子上滚下来，琬琬轻轻地拿起来检查，发现蛋破了一条缝。琬琬豆大的眼泪滑落，紧接着号啕大哭。我问："琬琬，发生什么事了？"一开始我想用问答的方式转移她的注意力，可是发现并没有用，她听到我的提问后哭得更用力了。琬琬为自己没有照顾好蛋宝宝而感到非常自责，她似乎真的将自己代入了妈妈的角色。我抱着琬琬，轻轻地拍着她的肩膀，静静地陪伴她，让她发泄心中的情绪。一分钟后，琬琬的哭声停止了。我对琬琬说："琬琬，我知道你现在一定很难过，蛋宝宝哪里受伤了？我们一起来帮助她好吗？"琬琬把蛋宝宝递到我面前给我看它的伤口，我说："你的蛋宝宝虽然不小心摔跤了，但它没有破，说明它是个坚强的宝宝。"经过我的安慰和引导，琬琬的情绪渐渐平复了下来。我和她一起轻轻地将蛋宝宝放回小房子里，琬琬此刻又露出了笑容。

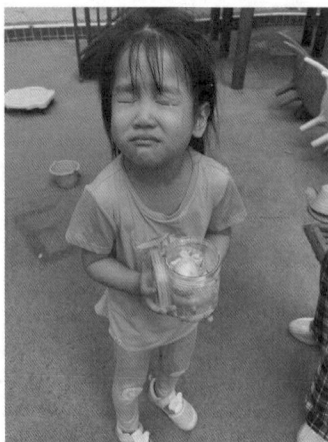

图 11　琬琬的蛋裂开了缝

图 12　老师安慰引导琬琬

准备回教室的途中，晴晴的两个蛋宝宝陆续摔碎，面对着接踵而至的意外，晴晴从默默哽咽到号啕大哭。一旁的丫丫赶紧安慰她："没关系，你的蛋碎了，我的蛋宝宝给你。"晴晴一边哭着一边回答："我不要你的，这是我妈妈昨晚跟我一起画的。"晴晴哭得很伤心，特意强调是妈妈和她一起画的，她非常珍惜。我给了晴晴一个拥抱，安抚晴晴："蛋宝宝碎了，你一定很难过。我们一起想办法补救，好吗？"她回答好，接着说想今晚回家再和妈妈一起画两个蛋宝宝。我点点头说："可以的，妈妈肯定很乐意陪你装饰蛋宝宝。"这时的晴晴已经停止了哭声，我说："我们一起把破碎的蛋宝宝也收起来吧！"

同时因为蛋宝宝碎了而感到伤心的还有啦啦和窝窝，她们钻进老师的怀里号啕大哭，宣泄着伤心的情绪。老师抱着她们安抚，同伴们也过来关心。最后心情平复的啦啦和窝窝，两个人手拉着手相互安慰和鼓励："没事的，别伤心了。"

看到孩子们这样相亲相爱的举动，我非常欣慰和骄傲。

午睡时间我让孩子们自由选择，没有碎的蛋宝宝可以带着睡觉。有的孩子将蛋宝宝放在枕头旁边，有的孩子将蛋宝宝放在胸前抱着睡着了，当然也有一部分孩子没有带蛋宝宝上床，因为担心不小心压碎。

图13　云朵带着蛋宝宝入睡

图14　小柔陪蛋宝宝睡着了

今天的"小爸妈"护蛋行动，看起来并不那么顺利，从一开始的开心嬉闹，到后面的状况百出。下午我们进行了活动小结，请小朋友分享了护蛋心得。

佟佟："我的蛋宝宝碎了，是因为我没有保护好它，我玩滑梯时没拿稳，掉下去摔碎了。"

多乐："我用乐高拼的房子太硬，把蛋压碎了。"

小柔："我的房子里装了棉花，可以很好地保护蛋不容易碎。"

云朵："我很小心保护它，轻轻地拿轻轻地放，对它很温柔。"

图 15　包子介绍自己的护蛋经过

图 16　乐轩介绍护蛋心得

最后，老师总结道："今天在护蛋的过程中，很多小朋友因担心蛋宝宝碎掉而选择慢慢地玩，也有的小朋友知道蛋壳易碎给它铺上了棉花，做了柔软的小房子保护它。你们以'小爸妈'的身份呵护着蛋宝宝，带着蛋宝宝一起体验你们喜欢的游戏，细心陪伴着它。遇到困难时想了很多办法去解决困难和帮助蛋宝宝，你们都是很有责任心的'小爸妈'，我们把掌声送给自己。你们的爸爸妈妈就像你们今天护蛋时一样，细心呵护着你们健康长大，也让我们把掌声送给最爱我们的爸爸妈妈。"

**教师思考**

对于孩子们来说，这是一场"特别"的体验，孩子们是第一次以"小爸妈"的身份参与护蛋。在活动开始前，他们装饰蛋宝宝、为蛋宝宝取名字，他们很享受这个角色。在护蛋进行时，他们通过真实护蛋，体验责任感，感受父母的不易，老师在此进行了感恩教育，也借此进行了生命教育，让孩子们知道生命的脆弱和可贵之处，学会更好地保护自己、珍爱生命。活动充分体现了孩子们负责、奉献的必备品格，以及思考、研究、交流、协作、自我管理的能力。

### 活动三：一起孵蛋吧！

护蛋行动并没有因此结束，孩子们将进入下一个行动——孵蛋。老师先带着孩子们了解小鸡出生的过程，问孩子们想不想让自己的蛋宝宝变成小鸡？

果果："老师，我的蛋宝宝真的能变成小鸡吗？"

包子："我很想看看蛋宝宝变成小鸡的样子，一定特别可爱。"

孩子们特别期待能真正地孵化出蛋宝宝。我翻阅资料，找到小鸡孵化视频，运用视频帮助孩子们了解小鸡神奇的生命之旅。孩子们被视频中的小鸡震撼到了，全场鸦雀无声，大家聚精会神地盯着屏幕。视频中可以清楚地看到鸡蛋孵化的每个细节：刚出生的鸡蛋—鸡蛋内部胚胎慢慢发育—小鸡周围进化出了血管和尾部—大脑和眼睛初具形态—小鸡出壳。看完后，孩子们忽然响起了雷鸣般的掌声，他们异口同声地说想再看一遍。

老师："小朋友看到了什么？"

果果："看到鸡蛋里面长出了红血丝。"

同同："它长出了脑袋、嘴巴、眼睛和小脚。"

窝窝："好神奇啊！我觉得好感动。"

老师："我们可以看到小鸡一天天地渐渐长大。我们小朋友小时候就是在妈妈肚子里慢慢孕育长大的。是的！这就是生命的力量。"

欣赏完视频，孩子们都嚷着说："我们也来孵化蛋宝宝吧！"孩子们商量着除了鸡蛋宝宝，还想要鸭宝宝、鹌鹑宝宝，于是由家长帮忙采买了孵化箱和受精蛋。要想孵化蛋宝宝，我们需要了解孵化箱如何使用以及孵蛋的步骤。孩子们跟着老师认真地阅读了孵化箱使用说明书，发现不同孵化阶段的温度和湿度都不一样，还通过科普了解了很多孵化知识。做足准备之后，孩子们终于迎来了领养蛋宝宝的激动时刻。

当我提出建议，小朋友们可以和好朋友一起合作领养自己喜欢的蛋宝宝时，小朋友们欢呼雀跃，很快就组好了队，拉着好朋友的手过来挑选。

多乐、乐轩和弘弘三位小朋友一起领养了 1 号鸭蛋，取名"菠萝"。

淳淳、橙橙和佳佳三位小朋友一起领养了 3 号鸭蛋，取名"海绵"。

桃子、玄玄两位小朋友一起领养了 8 号鸡蛋，取名"暴龙七甲"。

每组伙伴都领养了各自喜欢的蛋宝宝，并在商量后确定了蛋宝宝的名字。

由于鹌鹑蛋数量很多，每个人还领养了 个鹌鹑蛋宝宝，孩子们一起开启孵蛋行动。之前因蛋宝宝破碎而哭得很伤心的小朋友们，因为有了和同伴们一起认养的蛋宝宝，脸上重新挂上了笑容。

图 17　认领蛋宝宝并放入孵蛋箱

图 18　每个领养的蛋宝宝都有名字

## 活动四：新生命诞生了

孩子们每天都心系着蛋宝宝，每天早上来园的第一件事情就是去看看孵化箱，关注里面的湿度、温度是否合适，翻蛋、照蛋，记录蛋宝宝的成长过程。终于，神奇的事情发生了，一天清晨孩子们发现鹌鹑蛋裂开了一条缝。在投影仪下，所有的孩子都见证了这一奇妙时刻，在鹌鹑破壳而出的那几分钟，孩子们一起为鹌鹑加油助力，看着小鹌鹑啄破蛋壳，冒出脑袋，颤颤巍巍地站立起来，那一刻教室里响起了雷鸣般的掌声，大家一起迎接新生命的诞生，感受生命带来的震撼。

图 19　观察孵化箱的温度、湿度

图 20　照蛋

图 21　发现蛋破壳了

图 22　一起为破壳的小鹌鹑加油助力

孩子们每天照顾、观察、记录小生命的成长，每天沉浸在生命诞生和成长的喜悦之中，小动物也在孩子们的细心照料下渐渐长大。

图 23　给小鸭子喂食

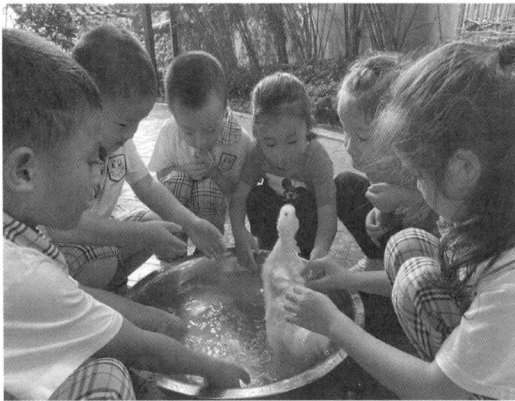

图 24　帮小鸭子洗澡

## 活动五：和死去的小鹌鹑告别

忽然有一天，让人难过的意外发生了，有小朋友观察到有 3 只鹌鹑站不稳，摇摇欲坠。还有孩子发现鹌鹑拉出来的便便和以往不一样，孩子们问小鹌鹑是生病了吗？带它们去看医生吧！于是我们委托家委妈妈帮忙把小鹌鹑带去宠物店，宠物店的老板给鹌鹑配了服用的药，并提醒我们刚孵化出来的鹌鹑需要一直照灯取暖避免着凉，这几只鹌鹑很大可能是着凉引起生病。孩子们知道后时刻关注照灯保暖的情况，喂鹌鹑吃下药后，大家渐渐放下了悬着的心。可惜到了第二天，不幸的事情还是发生了，这 3 只小鹌鹑死了，大家为这突发意外的死亡而伤心难过。

生命教育是成长道路上不可或缺的一课，我给孩子们分享了绘本《獾的礼物》。它可以帮助孩子们学会爱与接受失去，明白生活中家人朋友之间感情的珍贵，更懂得珍爱生命和身边的人。在成长的道路上，不仅有爱和欢乐，也难免会有悲伤和分离。孩子们也通过这次鹌鹑事件，知道了生命的可贵和脆弱之处，学会更好地保护自己，珍爱生命。

图 25　一起埋葬小鹌鹑

孩子们举行了鹌鹑告别仪式，一起制作了鹌鹑"墓碑"，将鹌鹑葬在了后花园的大树下，一起为它们祈福。

## 教师反思

孵蛋行动中，孩子们共孵出了 4 只小鸡、2 只鸭子和 12 只鹌鹑，它们的诞生给中三班的孩子、老师和家长们带来了很多惊喜，它们也如朋友般地陪伴了我们 70 多天。这是一次神奇的探究之旅，缘起于母亲节时孩子们对当妈妈的向往，发起保护蛋宝宝活动后，我们在探究的过程中收获了很多意想不到的惊喜。不仅是孩子还有老师都是发自内心地投入，乐此不疲。孩子们以"小爸妈"的身份，装饰蛋宝宝、给蛋宝宝取名，带着蛋宝宝体验幼儿园一日生活，想尽各种妙招去保护蛋宝宝不碎。虽然活动中状况百出，孩子们悲喜交加，情绪跌宕起伏，但孩子们在过程中的深刻体验是非常珍贵的，他们从中体会到妈妈的不易，学会感恩。在照顾蛋宝宝的过程中，面对突发情况时，他们所做出的反应让我为之感动。我惊叹于孩子们发现问题、解决问题的能力，骄傲于他们互帮互助、相互关心的品格。在孵化蛋宝宝的过程中，孩子们一起合作孵蛋，和好朋友一起认领蛋宝宝、取名、编号，放入孵蛋箱；每日用心照顾、翻蛋、观察温湿度，照蛋并观察前后变化；一起为即将出壳的小鹌鹑、小鸡加油助力，亲眼见证生命诞生的奇妙；也因小鹌鹑、小鸡的意外死亡而伤心难过；出于对生命的尊重，将小鸡鹌鹑埋葬等；以及后续开展的制作小鹌鹑成长相册、饲养小鹌鹑长大；切菜、喂食、扫地、清理粪便、给小鸭子洗澡、洗笼子；制作护鸡计划、写生、设计未来的家等，既是孩子们非常喜欢的情景游戏体验，也涵盖了许多教育价值。通过生命教育、安全教育、感恩教育，提升了孩子们的责任感。老师提供真实学习体验，让孩子们在活动中探求深层次理解，一路探究，一路收获。

# 仓鼠"小彩虹"

**作者姓名：** 张琴、周思雨

**指导老师：** 陈玉文、黄娟

**幼儿园名称：** 深圳市福田区第一幼儿园

**幼儿年龄段：** 中班

## 课程故事简介

幼儿园的自然角为孩子们提供了与各种小动物亲密接触的机会，这不仅是自然教育的重要组成部分，更是一种生动的学习体验。通过参与饲养小动物，孩子们不仅能够增长对动物世界的认识，学习动物的名称、种类和习性等知识，而且能够更加直观地观察动物的生长过程和生命的变化。这种亲身体验让幼儿能够深刻感受到生命的力量与奇迹，理解自己行为与动物生命之间的紧密联系。在这一过程中，孩子们学会了尊重生命，培养了对生命的敬畏之心，以及对自然和生态环境的责任感和同理心。

## 故事缘起

一天早上，明方小朋友拎着两只小仓鼠来到班上饲养，然而由于老师和小朋友们缺乏喂食和养护经验，一段时间后，两只仓鼠陆续因生病失去了生命。

孩子们很伤心，对于小仓鼠的死亡，小朋友之间产生了一系列的争论："我之前看到它嘴角流血了！"观观说："小仓鼠会不会是因为打架受伤后没有看医生所以死掉了？"其他小朋友纷纷点头。

"小仓鼠真的很可怜，"诗晗说，"能不能把它埋了呢？"有孩子提议。于

图 1　为仓鼠举办葬礼

是老师和孩子们决定为小仓鼠举行一个简单的葬礼。葬礼过后，孩子们路过还常常会带上一些小礼物，以怀念死去的小仓鼠。

老师看着孩子们依依不舍的情绪很心疼，但担心没有养护经验而养不活仓鼠，因此不太愿意再养。那么是继续饲养还是放弃饲养呢？挣扎了一段时间后，老师决定将这个困扰已久的问题交给孩子们自己决定。

老师和孩子们坐下来，进行了一场关于是否要继续饲养仓鼠的讨论。

子杰："我们还是别养了吧，要是又死了怎么办？"

明方："老师，我还想养。"

乔乔："那要是它们又打架受伤死掉怎么办？"

明方："那我们养个不打架的仓鼠不就好了吗！"

老师："那什么样的仓鼠不打架呢？"

芊芊："我知道！我们家的仓鼠就不打架，我可以回去问问妈妈它是什么仓鼠。"

图 2　我们的新朋友——仓鼠

芊芊通过回家询问后得知她们家仓鼠的品种是加卡利亚仓鼠（俗称"三线仓鼠"），是一种温和的品种。孩子们经过讨论，决定饲养相同品种的仓鼠。"那这次想养几只呢？"老师问。"还是不要养两只了，我怕它们又打架！"子杰大声说道，小朋友们一听他的话纷纷附和道："是的，是的，我们就养一只吧，这样更安全。"

最后，在孩子们的选择下，老师购买了一只性格温和的三线仓鼠，班级再次迎接了新成员的到来。

## 爱的投喂

这只仓鼠来到班上后，孩子们给它取了一个美丽的名字——小彩虹。为了让仓鼠能够在笼子外和小朋友一起玩，老师购买了一个防止仓鼠跑丢的滚球。

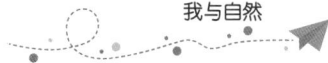

一次户外自主游戏时，孩子们像往常一样把它放入滚球中让它自由移动。孩子们兴奋地观看小彩虹踩着滚球跑来跑去，并围着滚球欢笑和观察，并且为了防止跑丢，他们自发地轮流看护。

轮到柏宏看护时，他被小伙伴们在沙池里挖出的一个可以让水流过的隧道吸引住了，忍不住跑过去加入隧道的建设中，忘记了在滚球里奔跑的小彩虹。

图3　幼儿一边喝水一边
观察小彩虹玩滚球

过了十几分钟，满满跑过来想看看小彩虹，任凭他在各个角落里寻找滚球，就是一直都没发现，满满着急地说："老师，小彩虹不见了，你看到没？"随后他又去询问其他小朋友，大家都说没看见，于是我们立刻开始寻找。

"在这里！小彩虹在这里呢！没有不见！"小圆子喊道，原来滚球滚到墙边不动了，于是满满立刻跑过去并蹲下来观察滚球，突然他像发现新大陆一般呼喊道："老师老师，你快来看，小彩虹在吃这个草耶！"

孩子们走过去，发现小彩虹透过滚球里的缝隙在吃墙角的叶子，孩子们很好奇："老师，这是什么叶子？小彩虹为什么会吃它呢？"老师打开手机识图功能，和孩子们一起了解到这是蒲公英的叶子，也是仓鼠喜欢吃的植物之一。于是之后每天都有孩子会跑来这里摘几片蒲公英的叶子喂给小彩虹吃。

自发现了蒲公英后，孩子们开始了喂食探索之旅。之后一段时间，老师发现小朋友经常会悄悄地将没吃完的水果或者其他食物放在小彩虹的食物碗里面，观察它会不会吃这些食物。当孩子看到小彩虹喜欢吃自己投喂的食物时，会非常兴奋地与同伴们分享自己提供的是什么食物。

不同于孩子的兴奋，老师忧心忡忡。一方面，老师不忍破坏孩子们的热情；另一方面，出于对生命的尊重，老师又不忍让小仓鼠因为误食孩子们喂的食物而生病。因此，老师们计划引导孩子们思考仓鼠能吃的食物有哪些。

在一次吃水果餐时，泽希准备把没吃完的橘子放进小彩虹的食物碗里，这时老师及时制止了并告诉她不可以喂仓鼠吃橘子，因为仓鼠的肠胃不能很好地消化这类食物。听完后，泽希点了点头，问老师："老师，那还有什么东西是仓鼠不能吃的呢？"于是老师组织开展了一次教学活动，不仅向孩子们介绍了仓鼠的生活习性和它可以吃的、不可以吃的食物，也共同制定了一系列的饲养守则，如定时投喂、保持清洁等。

## 仓鼠"小彩虹"减肥记

图4 越来越圆润的"小彩虹"

小彩虹在孩子们每日的饲养下，体型越来越庞大，体重也在逐渐上涨。

一天区域活动中，孩子们在小彩虹的笼子前不禁发出感叹："小彩虹要变成大彩虹了，它也太胖了吧！"晴晴皱起眉头说。越越双手贴在笼子旁往里看了看，指着小彩虹说："这么小的笼子，我都跑不动，小彩虹肯定不愿意跑啦！"

"能不能让它出来运动一下减减肥啊？"珺珺问。珈睿担心地说："那小彩虹出来以后跑丢了怎么办？""那我们把它拿出来后放到活动滚球里跑不就好了嘛！"珺珺回答："我们还是去问问老师吧！"

珈睿带着珺珺一起找到了张老师："张老师，我们能不能带着小彩虹和滚球去到一个更大的地方运动呢？"张老师说："当然可以啊，但是老师想问问你们为什么想带小彩虹去到更大的地方呢？""小彩虹太胖了，我想给它搭建一个大大的运动场，这样小彩虹就可以运动减肥了。"珈睿和珺珺答道。"可以呀！你们打算在哪儿搭呢？"张老师问。"积木园！"孩子们异口同声回答道。看到老师同意了自己的意见后，珈睿带着一部分小朋友飞快地跑到了班级户外的积木园。

说行动就行动，珈睿和小伙伴们决定搭一个又大又漂亮的运动场。他们首先选择了大块的积木，积木越堆越高，一不小心——"砰！"积木倒塌了。孩子们四散着跑开，心有余悸地说："天呐，如果小彩虹在里面，它一定被砸晕了！""还可能会砸扁！""下次我们不要搭那么高了！太危险了！"

接着，孩子们很快收拾了"废墟"，开始了第二次的搭建。这一次的搭建孩子们吸取了上一次的经验，选择了相对来说小一些的积木。他们将积木围合起来，做了一个小型的运动场。晴晴将滚球放入运动场中。刚开始，小彩虹在运动场里开心地滚动，但是慢慢地，孩子们发现滚球停在运动场里不动弹了。"小彩虹你快跑呀！你怎么不动了呢？"晴晴着急地说。路过的肯肯跑过来，指着说："你这个运动场太小啦！它肯定不高兴了，因此才不想动了，看我给

它搭一个超级无敌大跑道！"接着，肯肯带领几个孩子将长条形木板平铺在地面上，周围用小块积木立起作围栏，最后将小彩虹的滚球放在他们搭建好的跑道上，让小彩虹沿着跑道一路前进。

图 5　孩子们给仓鼠搭建跑道

图 6　仓鼠的大型运动场

小彩虹运动了一段时间后，孩子们发现小彩虹的体重不减反增，越来越圆润了。"怎么办啊老师，它怎么就瘦不下来呢？"越越说。"老师，你看我这么瘦，是因为我每天都坚持跑步哦，能不能让小彩虹从滚球里出来跑步呢？"老师反问："万一小彩虹跑出来了怎么办？""那我们就给它搭建一个跑不出来的大操场啊！"之后，孩子们发现小彩虹时不时偷偷从运动场的积木缝隙挤着逃出去玩，于是在搭建的过程中他们反复尝试加固运动场，组合不同的材料筑牢栅栏，完善和拓展搭建结构。

此后，孩子们每天都会花时间给小彩虹搭建属于它的运动天地。他们精心设计并加以装饰美化，不断升级，让小彩虹不仅可以体验每次运动场结构变化带来的新奇探险，还能在其中获得悠闲的休憩。

在孩子们每天控制食物投喂的次数并坚持给小彩虹进行"花样运动"的努力下，我们惊喜地发现小彩虹渐渐瘦下来了，又从大彩虹变成了小彩虹！

## 不仅是照顾更是爱

在喂养小彩虹仓鼠的过程中，我们不仅为孩子们提供了与小动物亲密接触的机会，更在无形中培养了他们的观察力、责任感和同理心。结合皮亚杰的认知发展理论，我们可以更深入地理解这一过程的教育意义。皮亚杰认为，儿童的认知发展是通过与环境的互动来实现的。在喂养活动中，孩子们通过亲身体验，观察动物的饮食习性、生长过程，以及与同伴的互动，这些具体操作符合皮亚杰所强调的感知运动阶段的学习特点。孩子们通过这些具体的操作，逐步建立起对动物的基本认知和理解。

此外，皮亚杰的道德发展理论也为我们提供了指导。在喂养活动中，孩子们学习到的不仅是关于动物的知识，更是关于公平、正义和责任的道德观念。通过照顾小动物，孩子们学会了尊重生命，体会到了责任的重要性，这些都是道德判断和道德情感发展的重要组成部分。

作为教师，我们在这一过程中不断反思和调整教学策略，也意识到教育不仅是知识的传授，更是价值观的培养。在喂养活动中，我们鼓励孩子们提出问题，引导他们自主探索，同时注重培养他们的合作精神和团队意识，努力创造一个开放和包容的学习环境，让孩子们能够在自由探索中发展自己的思维和道德观念。

通过这些活动，我们更加深刻地认识到，教育是一个动态的、互动的过程。教师的角色不仅是知识的传递者，更是引导者和促进者。我们需要不断学习和反思，以更好地支持孩子们的全面发展。喂养活动的深入不仅是孩子们学习的过程，也是教师专业成长的过程。

## 教师反思

在小彩虹的陪伴下，孩子们在幼儿园中度过了充满欢笑和成长的 8 个月。通过与小彩虹的相处，孩子们逐渐明白了，照顾动物不仅是一种责任，更是一种爱的表达。他们开始考虑动物的心情，学会陪伴和尊重每一个生命。这种从实践中得来的认知和情感体验，正是杜威所提倡的"教育即生活"的体现。

总的来说，本次活动不仅丰富了孩子们的知识和技能，孩子们在照顾小动物过程中学习的经验，将爱与换位思考延伸到日常生活中并加以思考，进而生成道德感、同理心和社会责任感。在这个过程中，孩子们学会了如何与动物、自然和谐相处，如何尊重和爱护每一个生命。作为教师我们深感欣慰，因为我们知道，这些宝贵的经验和品质将伴随孩子们的一生，成为他们成长道路上的坚实基石。

## 昆虫奇遇记

作者姓名：刘子寒、甘怡彬、周馥蓓
指导老师：陈玲、邓敏
幼儿园名称：深圳市福田区第一幼儿园福安分园
幼儿年龄段：中班

### 课程故事简介

"昆虫奇遇记"是孩子们在幼儿园一次偶然与昆虫相遇后发生的一系列探索活动。在活动中，孩子们通过认识常见的昆虫种类及其特征，了解昆虫的生活环境、习性和特殊能力，亲身探索蚂蚁的生活、观察蝴蝶的生命周期，在与自然的互动中学习如何保护昆虫和大自然。

### 故事缘起

一天早晨，小朋友们正在老师的带领下进行户外体育活动。突然，玲玲在跑道附近的草丛中发现了几只虫子，大叫起来："老师，你看，地上有好多虫子在爬！"这一发现立刻引起了其他小朋友的注意，他们纷纷围拢过来，好奇地观察着这些小小的生命。

孩子们七嘴八舌地讨论起来，有的说是七星瓢虫，有的说是西瓜虫，他们对这个出现在幼儿园的"虫子朋友"充满了好奇和兴趣。

教师见状，便趁机引导孩子们仔细观察，

图1　孩子们在观察昆虫

191

并提问："你们知道这是什么虫子吗？"逸鑫指着其中一只大家都没见过的虫子说道："它的触角好长啊。"其他小朋友也纷纷说出自己的看法。

琳琳："它好漂亮啊！"

洋洋："我觉得它是大黄蜂，它身上有黑色和黄色。"

逸鑫："可是黄蜂的触角好像没有这么长。"

晶宇："它为什么会出现在我们幼儿园呀？"

琳琳："可能它需要来找吃的，那它吃什么食物呢？"

老师意识到，这是一个好的教育契机，"既然大家都不能确定是什么虫子，那老师先把这个小虫子的照片拍下来，请小朋友们回家后先和爸爸妈妈一起查找资料，看看这个到底是什么昆虫，明天过来和大家一起分享吧。"

《3—6岁儿童学习与发展指南》（简称《指南》）中指出："幼儿科学学习的核心是激发探究兴趣，体验探究过程，发展初步的探究能力。成人要善于发现和保护幼儿的好奇心，充分利用自然和实际生活机会，引导幼儿通过观察、比较、操作、实验等方法，学会发现问题、分析问题和解决问题，帮助幼儿不断积累经验，并运用于新的学习活动，形成受益终身的学习态度和能力。"孩子们对自己在幼儿园发现的昆虫产生了强烈的好奇心和探索欲，老师发现了这一教育契机，因此在面对孩子们的问题时，老师并没有直接告诉他们答案，而是请孩子们先自己思考、查找资料，借此机会培养他们发现问题后尝试分析和解决问题的能力。

## 昆虫初探秘

第二天的晨谈活动，老师请小朋友们上台分享自己查找到的资料。

艺兴兴致勃勃地第一个举手说："我昨天找到了跟它很像的虫子，我不确定是不是。它是斑蝥。"其他小朋友听到后开始小声讨论。其中萱萱举手说："不是斑蝥！是天牛。"小朋友们的讨论越发激烈，有小朋友提出让老师找出"斑蝥"和"天牛"的图片进行对比。

老师欣然同意了小朋友们的请求，迅速在网上搜索到了斑蝥和天牛清晰的图片，展示在大屏幕上。

艺兴发现了两个昆虫的区别："它们的触角长度不一样，斑蝥的短一些，天牛的长一些。因此我们昨天看到的是天牛。"其他小朋友不约而同地点了点头。

恩恩："我昨天查到它还有一个名字叫'锯树郎'，因为它发出来的声音'咔嚓咔嚓'的，像在锯树。"

俊俊："天牛会飞，而且还有其他颜色的天牛。"

逸鑫："老师，它们吃的东西一样吗？"

梓杰："天牛喜欢吃树木，然后会留下一个空空的洞，让树木变得非常脆弱。"

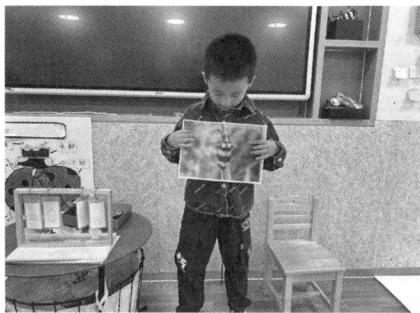
图 2　萱萱分享找到的资料

小朋友们兴奋地讨论着他们观察到的两只昆虫的不同之处，分享自己知道的昆虫。他们对昆虫的兴趣愈发浓烈，老师意识到这是一次拓展孩子们关于自然科学探索的极好机会，于是带领小朋友们开展了一场寻找昆虫的活动。

**教师思考**

《指南》里特别强调了要保护幼儿的好奇心。一开始老师也认同小朋友们发现的昆虫是斑蝥，但是经过孩子们共同探讨，在认真对比后确认是天牛。孩子们在讨论中获得答案的喜悦和兴奋十分有感染力，也让老师深刻认识到严谨的观察态度对于科学探究的重要性。孩子们的观察非常细节和严谨，老师决定在后续的探究中做好充分的准备，鼓励孩子们分享自己的观察成果和心得，并在科学知识的学习上给予孩子们足够的支持。

## 昆虫在哪里？

自从开启对昆虫的探索，孩子们对于寻找昆虫乐此不疲，任何一个可能出现昆虫的角落都有他们的身影。在幼儿园，孩子们兴奋地穿梭在草丛中，用放大镜仔细观察着每一只昆虫，记录下自己的发现。

放学和周末时间，小朋友们与爸爸妈妈走进公园，去观察和寻找昆虫。同时，他们还在家观看昆虫纪录片，更加深入地了解昆虫的生活习性和特点。

图3  幼儿在植物角寻找昆虫

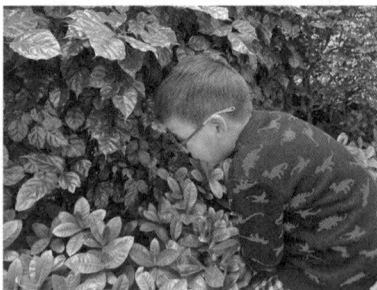
图4  幼儿在公园里寻找昆虫

回到幼儿园，他们十分兴奋地分享自己的收获，介绍自己找到的昆虫。

欣仪："老师，我在莲花山公园找到了蝴蝶，好漂亮的彩虹色！"

欧阳："我周末去了世界之窗的科学科普区，里面有树蚤标本。它是吃树叶和果皮的。"

瑶瑶："我在我家附近看到了好多小蚂蚁，它们会排队。"

俊萱："我在公园里坐着的时候，发现了好多蚯蚓。"

亦卿："老师，蚯蚓不是昆虫！"

老师："为什么你觉得它不是昆虫呢？"

亦卿："因为我在家和妈妈一起看了视频，蚯蚓没有头、胸、腹，它是无脊椎动物。"

**教师思考**

在昆虫探秘的环节，孩子们从幼儿园这个"小自然"，走到广阔真实的大自然中，通过亲身体验的方式，去感受、发现大自然中存在的各种各样的昆虫。在分享过程中，老师对于亦卿能提出这样的观点感到惊讶，同时也发现这是一个引导孩子们对昆虫的特征进行深入探索的契机。于是，老师向亦卿提问道："为什么你觉得它不是昆虫呢？"他的回答能够较为明显地判断是不是昆虫，老师思考如何能让其他小朋友也能自己找到判断昆虫的依据。于是老师决定让他们继续保持寻找昆虫的热情，给他们提供了描述昆虫特征的绘本及图片等资料，引导他们通过观察找到的昆虫的共同特点。

## 昆虫的身体结构

### 一、问题一：是昆虫？不是昆虫？

自从上次亦卿提出来蚯蚓不是昆虫后，小朋友们寻找昆虫的热情不但没有减少，反而更热衷于找到后与老师、好朋友一起分享，看看它是不是昆虫。借此机会，老师与小朋友们一起共读了绘本《我的昆虫朋友》，更深入地了解昆虫的身体特点（头胸腹、触角、六条腿）。同时，通过创设情境——"蜜蜂准备邀请昆虫朋友们来参加生日派对"，帮助小朋友们更好地分辨昆虫。老师："哎呀呀，小蜜蜂要过生日啦，准备邀请昆虫朋友们来参加生日派对哟！那为啥蚯蚓不能来参加呀？"

靖源："因为蚯蚓一条腿都没有呀！"

老师："哈哈，原来昆虫是要有腿的呀，那蚯蚓就不是昆虫喽。"

可可："可是老师，蜘蛛有腿呀，为啥也被小蜜蜂拒绝参加派对啦？"

琳琳："因为蜘蛛腿太多啦，而且它还没有触角呢。"

瑾瑜："那蜗牛呢？蜗牛可是有触角呀！"

老师："因为蜗牛的身体结构中没有腹部。"

晶宇："那蝴蝶可以参加小蜜蜂的派对，它有头胸腹，还有触角和腿呢！"

靖源："对呀对呀，蜻蜓也可以！"

通过此次绘本活动，孩子们对比了昆虫与其他动物的特征，初步理解了昆虫的定义和分类，进一步激发了孩子们对昆虫的好奇心和探索欲。

图5 老师给小朋友们讲昆虫绘本

图6 幼儿在植物角寻找昆虫

**教师思考**

通过共读绘本《我的昆虫朋友》，孩子们对昆虫的特征有了更清晰的认识。在教学过程中，利用蜜蜂生日派对的情景，引导孩子们分辨昆虫。孩子们积极发言，并能够根据自己前期查找资料、观察昆虫的经验对昆虫的特征进行判断和总结。这次活动后，老师发现孩子们在日常找到昆虫后都开始用嘴巴念"头胸腹、触角、六条腿"这几个昆虫的特征，去判断自己找到的虫子是不是昆虫，这显示了他们已经掌握了昆虫的基本特征，为后续更深入的探究奠定了知识基础。

## 二、问题二：所有的昆虫都有翅膀吗？

在分享环节，靖源给大家分享他周末在中心公园玩耍时看到的一只昆虫。他激动地说："大家看，这是我昨天在公园里捉到的一只小虫子，它有好多腿呢！"佳怡好奇地凑上前："哇，它长得好特别！它是什么虫子呀？"靖源摇了摇头，说道："我也不知道，但我觉得它可能是昆虫。"这时在旁边观察的栋栋忍不住问他们："那你怎么知道它就是昆虫呢？"亦卿自信地回答："因为昆虫有六条腿，还有头胸腹。"

观察敏锐的栋栋指着这只小昆虫说："对！它还有翅膀呢！昆虫都有翅膀的。"佳怡疑惑地问："可是，好像不是所有昆虫都有翅膀呀，比如蚂蚁就没有。"亦卿说："也有些蚂蚁是有翅膀的呀！"

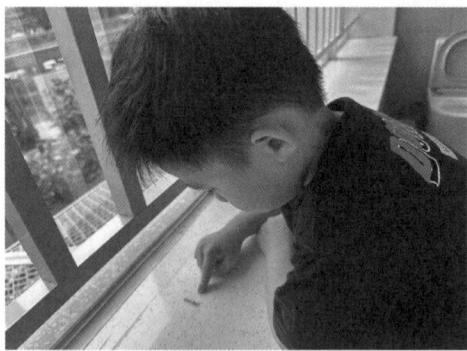

图7 孩子在观察自己发现的昆虫

小朋友们纷纷讨论起来，最后老师走过来解释："小朋友们，这只小虫子确实是一只昆虫，因为它具备了昆虫的必备特点，拥有头胸腹、六条腿，以及一对触角。不过，昆虫的种类非常多，而且每种昆虫都有自己独特的地方。我们可以一起查阅一下资料，看看是不是所有的昆虫都有翅膀呢？"

**教师思考**

　　孩子们的探索兴趣逐渐深入，从昆虫的外形特点到特殊本领，他们已经开始有意观察昆虫之间的异同。当孩子们自发地提出疑问"所有的昆虫都有翅膀吗？"时，老师非常开心，认为这是孩子们学会批判性思维的关键契机。因为孩子们生活中常见的昆虫都是有翅膀的，比如蜜蜂、蝴蝶、蜻蜓等，可能会使他们受到一定影响，所以有些孩子认为"翅膀"也是昆虫的必备条件。在他们提出了这一问题后，也有孩子知道蚂蚁虽然没有翅膀，但也是昆虫，老师猜想这可能得益于他们在课外的探索。于是老师打算找一些介绍昆虫翅膀的来源和发育过程的视频，讲解无翅昆虫的生存策略，如昆虫除了飞行，有的还会通过跳跃、爬行等方式进行移动和觅食，以这样的行动去支持他们对这一问题的探索。

## 我们的昆虫小伙伴

　　在学习完《我的昆虫朋友》绘本后，孩子们对昆虫的生存本领有了一定的了解。琳琳提出想在幼儿园里饲养一只昆虫，近距离观察昆虫朋友，这一想法得到了小朋友们的一致同意。那么，要养什么昆虫呢？对此，他们都有不同的看法。

　　浩骐："我想养蝴蝶，因为蝴蝶很漂亮。"

　　易可："我喜欢养螳螂，我觉得它的大钳子很厉害。"

　　琳琳："我想要养蚂蚁，因为学校有很多蚂蚁，养了蚂蚁它就会有很多昆虫好朋友。"

　　最终，孩子们决定以投票的方式决定要饲养的昆虫。

### 一、毛毛虫朋友和蚂蚁朋友

　　根据每个人提出的昆虫名称，孩子们在班级内举行了"饲养昆虫"投票，最终，毛毛虫和蚂蚁的得票最高，于是毛毛虫和蚂蚁成为中一班孩子们的"昆虫小伙伴"。

　　考虑到昆虫的日常照料和生长时间较长，同时为了避免孩子们接触到可能引起过敏反应或有毒的昆虫，老师在选择和采

图 8　孩子们在给想饲养的昆虫投票

购昆虫时决定动员家长的力量来完成。在家长的帮助下，孩子们在园内分组饲养毛毛虫和蚂蚁。他们每天都会认真地照顾这些小生命，一起观察昆虫的形态特征、生活习性和成长变化，并记录在自己的小本子上。回到家后，孩子们也可以利用饲养昆虫的机会，和家长们一起讨论相关的话题。

一天，靖源用放大镜对蚂蚁饲养箱进行仔细观察："这个蚂蚁的头上有什么呀？为什么它的触角是弯弯的呢？"佳怡说："我知道！我看过书上说蚂蚁用它的触角接触外界来探路，还可以用触角来闻味道。出去玩的时候可以用触角找到回家的路。"

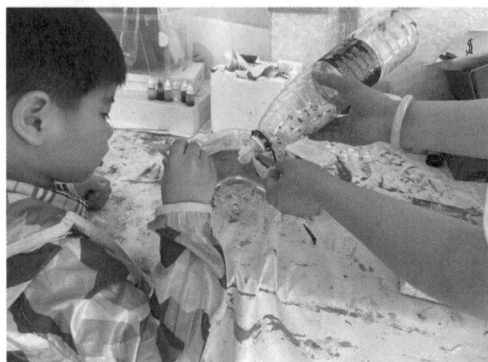

图 9 孩子们在给蚂蚁喂食

熙熙看着一群正在四处爬的蚂蚁问："那蚂蚁是吃什么的呢？"亦卿："蚂蚁是吃地上的食物残渣，它不吃树叶。"欧阳听到后立马回到教室，趴在地板上寻找一些什么东西："老师，我们刚才吃早餐好像掉了一些玉米粒，我找给小蚂蚁吃。"

知道蚂蚁的习性后，孩子们时不时就会来观察和投喂，他们对这群蚂蚁朋友非常上心。

## 二、美丽的蝴蝶

老师将毛毛虫幼虫投放到科学区中，引导孩子们进行观察和饲养。在小朋友们的精心照顾下，毛毛虫变成了美丽的蝴蝶。一天早晨入园后，欣怡兴奋地大喊："老师，你快看，毛毛虫变成蝴蝶啦！"几个小朋友听到后，纷纷探头望去，几只蝴蝶正在轻轻地扇动着翅膀，仿佛在跟孩子们打招呼。

图 10 毛毛虫幼虫

图 11 毛毛虫变成蝴蝶形态

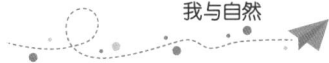

老师意识到这是一个让孩子们领悟昆虫生长的绝佳时机，于是在晨谈环节中，老师带领孩子们一起讨论蝴蝶的生长过程。为了让孩子们更直观地理解，老师利用图片和视频辅助介绍蝴蝶的生命周期：从卵到幼虫，再到蛹，最后变成美丽的蝴蝶。孩子们听得津津有味，仿佛置身于一个神奇的昆虫世界。

图 12　孩子们与老师一起观察
长大的蝴蝶

老师拿出了一些放大镜和昆虫观察盒，让孩子们自己观察蝴蝶，并说说自己的发现。孩子们小心翼翼地用放大镜观察着蝴蝶的翅膀，惊叹于它们美丽的花纹和精致的结构。

欣怡："老师，我发现蝴蝶的翅膀有很多颜色。"

浩骐："我发现蝴蝶的两个翅膀都长得一模一样。"

亦卿："它们真是太厉害了！"

**教师思考**

考虑到部分幼儿对于毛毛虫会不可避免地害怕，以及为了让孩子更好地感受蝴蝶生命周期，在前期，老师找了不少蝴蝶生长周期的图片和视频，打算给孩子们直观的演示。但是在这一过程中老师发现，如果由老师先告诉孩子怎么去理解蝴蝶的生长过程，会剥夺他们主动探究和发现的机会。于是趁着饲养毛毛虫的契机，老师让孩子有一个初步的经验后自己去探索，鼓励孩子们定期给毛毛虫更换新鲜食物、仔细观察、记录毛毛虫的生长情况和生长习性，让孩子们在精心照料、亲身体验和观察下，亲自感受毛毛虫蜕变成蝴蝶的过程。这一过程使孩子们见证了生命的奇迹，这不仅加深了他们对蝴蝶生命周期的理解，也锻炼了他们的观察力和探究精神，增强了他们的成就感。

## 保护昆虫行动

在昆虫主题的探究学习过程中，每位小朋友轮流从家里带来了与昆虫相关的主题绘本。一天，洋洋带来了一本色彩鲜艳的书——《害虫和益虫》，小朋友们对此非常感兴趣。借助这本书，老师向孩子们介绍了昆虫的分类：有益的蚱蜢和有害的蚜虫，孩子们听得入神。在讨论环节，睿辰还向分享了蜜蜂和蚊子的知识。

老师询问孩子们如何保护植物、对抗害虫。孩子们有的说要用手捉害虫，有的说要喷药水。老师微笑着点头，然后告诉他们，最好的方法是保护环境，让益虫有更多的生存空间，它们会帮助我们对抗害虫。

故事讲完了，但孩子们的热情没有减退。在老师的引导下，他们继续讨论着如何区分益虫和害虫，如何保护昆虫、保护大自然，并想到了许多宣传昆虫知识的办法，希望可以通过自己的力量号召身边的人加入保护昆虫的行动中。

### 一、昆虫播报员

孩子们在了解昆虫的基础上，化身小小播报员，用稚嫩的声音描述昆虫的奇妙生活，不仅锻炼了自己的语言表达能力，更在分享中收获了知识与成长。他们希望可以将昆虫的知识分享给身边的每一个人，呼吁大家一起保护昆虫。

### 二、虫虫小故事

孩子们根据已有的昆虫知识，发挥想象力，自由创作了一个个有趣的小故事，用绘画或者表演的方式展示昆虫的特点、习性和交往方式，这些故事不仅展现了孩子们对昆虫世界的理解，也提高了他们的语言表达能力和创造力。

图 13　孩子们表演蜜蜂的交往方式　　图 14　孩子们表演昆虫用触角交流

### 三、昆虫图鉴

除此之外，老师鼓励孩子们将自己的观察和发现以多种形式分享给其他同学和家长。孩子们有的拿起画笔，画出自己最喜欢的昆虫；还有的和家长一起制作了关于昆虫的手工艺品和绘本故事。这些作品不仅展示了孩子们的创造力和想象力，还让他们更加深入地了解了昆虫的奇妙世界。

图 15  小小昆虫图鉴

图 16 《蚂蚁和西瓜》手工作品

**教师反思**

在"昆虫奇遇记"主题探索中，孩子们从与昆虫的相遇，慢慢走进了一个神奇的昆虫世界。在探究中，我们首先进行资料收集与分析，邀请家长利用周末时间带幼儿走进公园，观察与寻找昆虫；初步探究时，我们通过实验、观察等多种方式，了解昆虫的外形特点、生活习性以及昆虫的特殊本领等；深入探究中，我们通过昆虫播报员、虫虫小故事、昆虫图鉴等方式，引导幼儿在学习的同时学会分享，展现自己对于昆虫的独特理解。

最令人深刻的画面当属孩子们饲养的毛毛虫变成蝴蝶的场景。这是孩子们最为激动的时刻，他们惊叹于生命孕育过程是如此的神奇。蝴蝶慢慢长大后，为了进一步加深孩子对自身与昆虫之间关系的思考，老师向孩子们提出如何处理孵化成功的蝴蝶这一问题，并将决定权交给孩子，让孩子们选择是继续饲养还是放飞于大自然。经过这一段时间的学习，孩子们认识和感受到昆虫与人类息息相关，大自然才是昆虫的归属，于是他们决定将蝴蝶放回大自然中。自那以后，他们在寻找、发现昆虫的同时，开始关注身边的环境，保护昆虫的栖息地。孩子们逐渐懂得热爱、尊重、保护自然界的生命，与自然和谐共处。

孩子们对昆虫的兴趣和探索还在继续，他们将继续带着好奇和热情，去发现和探索更多关于自然界的奥秘。

# 小山坡大乐趣

作者姓名：邱春柳、许旸婷
指导老师：黎美红、陈安妮
幼儿园名称：深圳市福田区天健天骄幼儿园
幼儿年龄段：中班

## 课程故事简介

一次偶然的散步，被帐篷遮蔽的小山坡意外成为幼儿探险的新天地。从"哇，这里有个小山坡！"的惊叹到"可以在这里玩滑草吗？"的创意提议，幼儿的探索欲与创造力逐渐显现。

随着滑草游戏的深入，安全隐患也逐渐显现。安全问题引发了幼儿的关注。通过讨论与实验，他们找到了在小山坡两侧摆放轮胎作为解决方法。后来，有幼儿创意性地提出用垫子滑草，激发了新的探索。他们纷纷取来木板、纸板、袋子等材料，在小山坡上开启了不一样的滑草游戏。"趣"玩小山坡的活动，是幼儿在探索中成长、在挑战中进步的生动写照。只要给予幼儿足够的自由和空间，他们就能创造出无限可能。

## 故事缘起

我园是开办不久的新园，有很多值得幼儿们探索的空间。在幼儿园大门后的右边过道旁，有一处建园工程结束后回填的小山坡。园方放置了一个帐篷在过道处作为临时医护点，过道仅余一人侧身通过的空间，因此幼儿鲜少能注意到这一小山坡。

一天午后，老师与幼儿一起散步。他们无意间发现帐篷旁狭窄的通道。

最前面的泽泽伸长了脖子望去，说："我看到这里有一条小路。"

小好跳了跳，望过去，跟着说："里面还有草地。"

希希好奇地问他们："那里是不是像花园一样，有很多花呢？"

老师发现他们对帐篷背后的风景特别感兴趣，于是师生排队侧身通过小路，来到了小山坡。

"哇！原来帐篷背后是一个小山坡！"辰辰看到小山坡喊了出来。千千感叹道："这里就像个小公园一样！"但经常去公园的小橙子认为："这里和公园比起来，没有什么好玩的。""我觉得可以让我们在这里玩，试试才知道好不好玩！"小宇反驳道。

图1 帐篷挡住了幼儿发现小山坡的视线

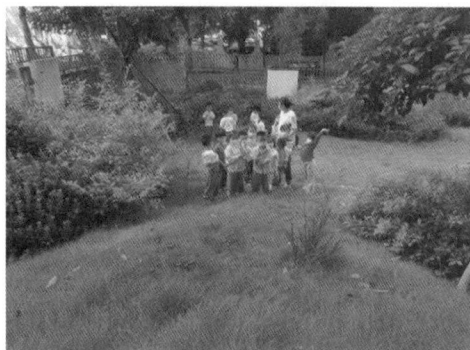

图2 幼儿初遇小山坡

那在这充满野趣的小山坡，大家可以怎么玩呢？老师对本班幼儿的已有经验进行分析，幼儿在小班阶段积累了大量改造环境的经验，例如设计改造二楼书吧、改造旧物美化班级环境等。另外，幼儿园周边有不少公园，幼儿常去公园玩耍，有一定的生活经验。老师分析后决定，让幼儿参与开发小山坡，且幼儿探索小山坡游戏具有极高可行性，于是支持幼儿就此开展讨论与行动。

## 初玩小山坡——"有趣"

户外时间，孩子们来到小山坡。在进行了充分的热身准备后，老师向孩子们详细说明了安全注意事项，随后鼓励他们在小山坡上自由体验。在此期间，宥宥先行在小山坡下进行了短暂的探索，随后他主动邀请辰辰一同前往小山坡的顶端，两人共同眺望远方，享受这难得的户外时光。

宥宥说："这里站得好高啊！我都能看到幼儿园外面了！"

辰辰伸手去够旁边的树叶，发现够不着。他边跳边喊："再高点就好了，

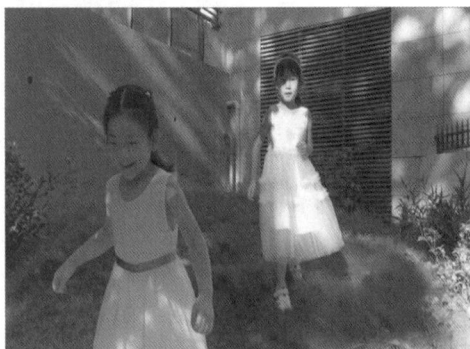

图 3　幼儿在小山坡上奔跑

我就能摸到树叶了！"

彤彤则是指着小山坡上的一朵小花，惊讶地向伙伴宣告："快看！这里开了一朵花！小心，不要踩到它。"

小橙子招呼着同伴："我们跑上去，再跑下来，看看谁快！"

他们一阵风似的跑上去，又大声喊着跑下来。这热闹吸引了更多人在小山坡上来来回回地奔跑……

小妤骄傲地炫耀道："我跑得可快了，都听到风的声音了。"

孩子们跑上跑下，累极了，坐在草地上大口地喘着气。

这时，辰辰说："要是可以玩滑草就好了。"

其他小朋友听到后，回应的声音此起彼伏："对！""我在公园用滑草板玩过滑草。""老师，我想用滑草板滑草。"

经举手投票，全体幼儿一致同意在小山坡体验滑草活动。

老师在回顾幼儿首次探索小山坡的经历时发现，仅仅是对自然环境的简单探索和户外奔跑，显然无法满足幼儿多样化的兴趣和需求。鉴于辰辰提出滑草游戏的创意后孩子们的热情显著高涨，老师对小山坡进行了细致观察。虽然小山坡两旁略显陡峭，周边分布着灌木丛和树木，但面向草地的一面坡度相对平缓，且草地绿意盎然，为滑草活动提供了理想的环境。鉴于此，老师决定积极支持孩子们的这一兴趣，迅速申购了滑草板。

## 再探小山坡——"危险"

滑草板申购好后，老师悄悄地把它放到了材料柜里。这天，孩子们在小山坡旁的场地游戏，看到了材料柜里的滑草板，兴致勃勃地提出想要用滑草板在小山坡玩滑草。老师鼓励他们试一试小山坡怎么玩滑草。

小宇坐在滑草板上全程用脚蹬着蹭下来，悠悠害怕摔倒就用脚支撑着一点点往前挪，只有瑞瑞在往下滑时先利用脚的力量往前冲，然后脚离开地面，身体往后仰着滑下来。见此，大家纷纷模仿瑞瑞的动作，顺利地滑下来。

学会滑草的姿势后，孩子们纷纷跑上小山坡往下滑。突然，小橙子、清清、静静往下滑时滑到了旁边的灌木丛，赶紧用脚刹车，紧随其后的幼儿在快碰到他们时也赶紧刹车，生怕也滑到灌木丛中。

孩子们乐此不疲地滑了好几遍后，静静却跑来跟老师说不想玩了，因为感觉太危险了，总是害怕滑到旁边的灌木丛。

老师看到，幼儿敢于尝试在新场地玩滑草，探索如何更好地滑下来，当有人掌握技巧后，其他人会学习、模仿，并掌握技巧顺

图4　静静滑草时用脚刹车

利滑下来。但静静害怕危险不愿意玩了，会不会也有人像她一样呢？老师体验了一次滑草后发现由于小山坡是用工程的建筑废弃用土回填的，表面并不平整，且有一定的陡度；周边的灌木丛和树木又限制了幼儿滑草的范围，对滑草游戏的开展有一定影响。老师们讨论后认为中二班幼儿有一定的自我保护能力，而且熟悉基于目标提出假设、实践、收集反馈、不断改进的行动步骤。他们的经验应该能支撑他们去思考和解决这个问题。这也许能成为他们尝试发现问题、解决问题的机会！于是老师决定与幼儿讨论，共同寻找解决的方案。

利用晨谈的时间，老师分享了幼儿滑草的视频。老师问道："为什么静静滑草时会滑到旁边灌木丛呢？"孩子们纷纷发表了各自的看法。

静静："因为太挤了、太陡了。"

默默："因为太小了，小山坡只能滑一个人，不能太多人。"

霖霖："我们用围栏就不会滑到灌木丛里了。"

老师："什么样的围栏可以更好地保护我们呢？"

小橙子："可以用硬的围栏。"

辰辰："如果用硬的，会撞伤的。"

泽泽："我们可以用雪糕筒。"

博博："也可以用轮胎，我玩越野车时旁边就是轮胎。"

薇薇："可以用警示线，代表危险。"

怡怡："也可以使用绳子。"

老师："怎么判断哪种是最好的呢？"

宇宇："我们去试一试就知道了。"

静静的话引发了大家对在小山坡游戏安全隐患的关注。幼儿提出增设围栏可以更好地保障滑草时的安全。雪糕筒、轮胎、警示线和绳子确实是生活中常见的围栏材料，能看出幼儿的解决方法都是经过思考后提出的，但是否真的适合小山

坡的滑草游戏，老师认为可以让幼儿实践后来判断。于是老师在幼儿园里收集了雪糕筒、轮胎、警示线和绳子，放到小山坡，为支持幼儿的下一步行动做准备。

## 打造安全又有趣的小山坡

老师和部分幼儿来到小山坡，准备用雪糕筒、轮胎、警示线和绳子等进行"围栏实验"，制作滑草游戏最合适的围栏。大家商量好分工，决定由老师录像，幼儿分组负责开展不同的实验。

第一次实验是用雪糕筒做围栏。布丁和岳岳把雪糕筒放在靠近灌木丛的一边，嘟嘟、布丁和岳岳从坡顶往下滑。嘟嘟在靠近灌木丛一侧往下滑，在就要靠近雪糕筒时突然刹车（但没刹住），再往下滑，结果脚踢到雪糕筒，雪糕筒全部都倒了。

第二次实验是用绳子做围栏。小橙子说先把一头的绳子绑在树上，另一头他牵着，然后大家往下滑草。这一次他们紧急刹车，没有人滑到灌木丛。

小橙子欢呼："我们成功了！"

岳岳往前站了一步，指出来："不对，刚皓皓差点滑到灌木丛里，只是他停住了。"

小橙子不服道："我来试一试。"

这回换成千千在坡顶拉住绳子的一头，岳岳在下面拉住另一头。小橙子选择靠近灌木丛这一边往下滑，最后还是滑到灌木丛里了。

第三次实验是用警示线做围栏。和第二轮用绳子一样，还是会有人滑到旁边的灌木丛。

第四次实验是用轮胎做围栏。瑞瑞、小宇把轮胎滚到小山坡两侧摆好后，几个小朋友一起往下滑。皓皓中途碰到轮胎，嘟嘟跟坤坤都被迫刹车，但并没有滑到灌木丛。他们往后调整了位置，再一次往下滑最终成功滑了下来。

图 5　幼儿用雪糕筒做围栏实验

图 6　幼儿用绳子做围栏实验

图7 幼儿用警示线做围栏实验

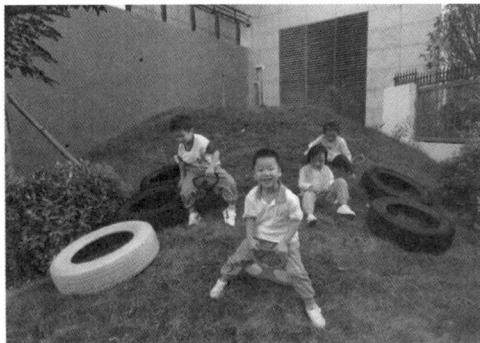

图8 幼儿用轮胎做围栏实验

回教室后，老师分享了实验视频，引发了幼儿们第二次讨论。

萱萱："绳子太细、太轻了，人会滑到灌木丛里。"

泽泽："警示线也太细了！"

瑞瑞："轮胎可以作为围栏，因为它很重。"

布丁："轮胎很重、很厚，它不会让人滑到灌木丛里。"

蒿蒿："而且轮胎很大。"

怡怡："雪糕筒太轻了，我们滑下来时，不小心碰到就会倒。"

经过实验和讨论，幼儿得出结论：雪糕筒太轻，绳子和警示线太细，三者都起不到保护作用；而轮胎重、大、稳，能起到保护的作用。他们决定使用轮胎作为滑草游戏的围栏。

幼儿提出假设后，在四次实验中大胆验证他们的猜想，集体讨论时，幼儿对围栏实验进行反思、总结、归纳原因，最终决定用轮胎做围栏，于是老师与幼儿一起在小山坡两侧摆放好轮胎，解决了在小山坡滑草的安全隐患。在这一过程中，幼儿运用批判性思维进行科学决策。老师在心里为他们的求真精神点赞！

## 运用多种材料趣玩小山坡

在确保轮胎妥善安置后，幼儿们在小山坡上滑草的安全性得到了显著提升。他们反复参与跑动和滑草的游戏，展现出了极高的活力与热情，仿佛不受疲劳所限，尽情享受着这份童年的快乐。

这一天，玩了几回后，老师发现幼儿们兴趣渐减，他们放下了滑草板，有的坐在树底下乘凉，有的无所事事。这时，坤坤跑过来对老师说："老师，我记得器械区有垫子什么的，能用来滑草吗？"想到除了器械区的垫子，也许幼儿能找到更多材料来尝试滑草，老师点点头，对孩子们说："坤坤想拿垫子来滑草，还有想试其他材料的一起去看看！"闻言，孩子们纷纷来到器械区。

坤坤指着器械区的器械，呼唤着同伴："这里有木板，还有垫子！"

静静找到了纸板，惊喜地说："还有纸板呢！"

彤彤抱紧了刚刚找到的袋子，说："我喜欢袋子。"

图 9　幼儿找到的垫子

图 10　幼儿找到的纸板

图 11　幼儿找到的木板

图 12　幼儿找到的袋子

图 13　辰辰坐在凳子上从小山坡挪下来

辰辰找到了旁边的凳子，拉着坤坤的手说："那还有凳子，我们坐一坐吧。"

辰辰坐在凳子上，突发奇想，搬着凳子到了小山坡上。他双手抓着凳子两边，轻轻抬起凳子一点一点往下挪，挪到了草地上，笑个不停，又再重复了一次。

小妤拿起袋子，跑到小山坡半山腰上，双手抓着把手，先把自己双脚放进袋子里，

然后大半个人坐进袋子里滑下了小山坡。小橙子看见了，拖着垫子到小山坡上，坐在垫子上也滑了下来。小橙子跳起来喊道："这个垫子好滑呀！"

小好跑过来，伸手向小橙子借垫子，说："我也想试试！"

小好坐在垫子上，垫子却滑不下去，她起身，准备放弃。坤坤走过去提供帮助，跟小好说："你坐上来，我把你拖下去。"

小好照做了，坤坤在垫子前面拉着垫子两边，把小好安全送到了草地上。两人开心地直欢呼。

坤坤又拿了垫子来到小山坡上，却发现坐在垫子上怎么也滑不下去，索性坐到垫子前端，用脚蹭着草地，借力一点点滑了下去。

静静拿了纸板上去小山坡，一坐上去就顺利地滑下来了。小橙子则是屁股坐在地上，双脚侧放在纸板上，滑到半路就停住了。

辰辰和坤坤搬了一条长纸板上去小山坡，一起坐在长纸板上，用脚蹬着草地滑动。静静换了一块木板进行尝试，但木板滑了一小段就停住了，于是又换回了纸板。

有了围栏后，孩子们体验用滑草板滑草更加方便了。随着活动次数的增加，孩子们开始展现出对滑草活动进一步的探索欲，在小山坡上自由尝试，运用不同器械进行滑草。老师注意到，孩子们投入在尝试新方式上的花样相当可观，且在此过程中，还出现了双人合作的新形式，这充分表明了他们对于探索利用不同器械进行滑草活动具有浓厚的兴趣。

尝试良久后，孩子们玩得气喘吁吁，聚在小山坡下聊起天。

静静分享道："我玩的每一个都很好玩！我用短的纸板滑得很快！但是木板滑不动。"

辰辰告诉坤坤："凳子在小山坡上很容易摔，我摔了五次都不能滑下来，我是坐着凳子一点一点下来的。短的纸板比较容易滑。"

坤坤点点头表示认同："对，用短的纸板！长的纸板不容易动。"

彤彤拍拍底下的草，指着小山坡说："袋子有点滑，要找好路线。"

小好总结了垫子的玩法："我发现一个人可以坐垫子滑下来，也可以让别人拉着垫子滑下来。"

旁听孩子们的聊天后，老师总结了经验——更推荐容易滑下来的短纸板；不推荐木板、长纸板；垫子有两种玩法，双人合作垫子的玩法需要注意安全；使用袋子滑下来需要找好路线。老师认为孩子们在一次又一次与小山坡的互动中逐渐丰富游戏内容和游戏材料，联动游戏场景，商定游戏规则等，幼儿探究、合作、解决问题等能力得到进一步提高。

## 教师反思

小山坡是天然的、向上发展的活动场所，在这富有冒险、趣味的游戏场，孩子们可以感受坡度的变化、速度的不同，体验无穷的乐趣。孩子们从发现小山坡到选择在小山坡玩滑草，发现场地安全性的问题，接着提出了不同的想法通过实验找到解决方法，并尝试利用不同的材料滑草，在这个过程中可以看见幼儿是伟大的实践者、自我验证者和自我批判者。而老师在这个过程中也不断引导、鼓励幼儿。

第一，倾听幼儿的声音，做幼儿自主游戏的"支持者"。在幼儿自由自主的真游戏中，老师倾听幼儿的声音，支持幼儿通过多种方式和材料进行互动，幼儿在游戏中感受快乐、获得经验、深度思考、自主合作、表达见解和完善规则。比如，幼儿提出滑草游戏设想，老师倾听幼儿的声音，提供滑草板作为游戏支持；在静静害怕滑到灌木丛时，老师引导幼儿观察场地存在的问题，引导幼儿讨论并为幼儿提供相应的实验材料，完善游戏，寻找解决问题的最佳方案；幼儿选择用不同材料滑草，老师倾听幼儿的声音，感受他们对游戏的多样需求，在安全的前提下放手，支持幼儿与材料大胆互动。

第二，尊重幼儿天性，回应支持幼儿的想法与冒险精神。幼儿天生乐于探究，会冒出很多不同的想法。将游戏还给幼儿，从幼儿意愿、游戏需求出发，教师需重视并认真对待幼儿的想法，尊重其观点，支持与引导他们开展进一步的猜想和实验。面对小山坡玩滑草存在的安全隐患，幼儿调动了已有经验，提到了生活中可以作为围栏的不同材料，老师鼓励和引导幼儿按照自己的计划进行客观而细致的实验、观察和归纳，培养幼儿尊重事实、重视证据的精神，在深度探究中巩固或调整自己的认识，主动自我构建知识与经验，支持幼儿完善自主游戏。

在小山坡这样一个充满冒险的游戏环境，老师在放手给予幼儿探索空间的同时，也兼顾着游戏安全员的身份。老师根据幼儿的活动区域、拿取材料等随时调整站位，把控好游戏的安全底线，支持幼儿冒险但不能引发事故，让幼儿在游戏中认识、正视自己的能力，并根据自己的能力调整游戏难度，养成规避风险的意识。

　　第三，跟随儿童，持续观察，深入思考新的教育契机。小山坡的乐趣还不仅如此，老师还会跟随儿童，持续观察，通过提供适宜的游戏材料支持幼儿更加积极主动地进行自主探究与游戏，从而丰富他们的游戏体验。在围栏实验圆满结束之后，我们采用了旧轮胎作为围栏的增设材料。在幼儿的滑草活动中，部分幼儿反馈滑草板数量不足，存在想玩但缺少滑草板的情况。针对此问题，老师也在思考现有基础上增加更多材料的可能性，以丰富幼儿们的游戏体验，鼓励幼儿们探索材料与坡度、摩擦力、速度等物理要素之间的关系，同时激发他们对合作性滑草游戏的探索兴趣。同时，老师也会在后续的探索小山坡活动中持续地观察幼儿，捕捉新的教育契机，深入探索小山坡游戏新的可能性。

# 雨的探秘

作者姓名：陈静茹、陈燕
指导老师：钟金兰、邢慧芹
幼儿园名称：深圳市福田区实验教育集团附属幼儿园
幼儿年龄段：中班

## 课程故事简介

每当天空阴沉，雨滴洒落，孩子们总是会被这突如其来的雨景吸引。他们抬头仰望天空，观察云层的变幻；他们伸出小手，接住屋檐下滴落的雨滴；他们闭上眼睛，聆听雨滴敲打地面的声音。雨的世界对他们来说既神秘又充满乐趣。于是，老师与孩子们一同踏上了一段关于雨的学习之旅，引导孩子们观察雨的形成过程，了解雨水对大自然的重要性；带领孩子们探索雨水在地面上的流动和渗透现象，了解雨水的去向和循环；鼓励孩子们用自己的方式表达对雨的感受和想象，培养孩子们的观察力和创造力。

## 故事缘起

随着中四班"水"的主题不断深入开展，加上深圳连着两个月都在不停地下雨，孩子们对雨水的关注度越来越大，经常趴在窗边看雨，并津津乐道地讨论着：

念念："下雨了，下雨了，又下雨了！"

宁宁："老师，现在下雨，我们只能在教室里活动吗？"

老师："那小朋友们一起想想，下雨天我们可以做什么呢？"

猪猪："我们可以玩水。"

小熙："可以看蚂蚁搬家和寻找小蜗牛。"

灏灏："可以和小猪佩奇一样，穿上雨衣雨鞋去淋雨踩水。"

雨，作为自然界中一种常见的现象，是幼儿日常生活中不可或缺的一部分。在孩子们的世界里，他们能在下雨时出去玩一玩，像小猪佩奇似的踩水坑，实在是一件非常开心的事情。于是，随着孩子们的讨论，我们与孩子一起商量着准备玩雨的工具及注意事项，中四班的小朋友们即将与"雨"展开一场奇妙之旅。

图1　幼儿在窗前观察雨水

## 雨天的水坑

第二天，孩子们都穿上了雨靴和雨衣，来到幼儿园的小花园。孩子们兴奋地围绕着几处大大小小的水坑，开始一段神奇的探险之旅。

孩子们在小花园里头到处寻找水坑，旸旸看见了一个大水坑，立即跳了进去，溅起了一片水花，笑着说："老师，水花都跳到我脸上了，真好玩！"小朋友们看到同伴这样开心，都纷纷勇敢地跟上，一起在水坑中跳跃、玩耍。

图2　一起踩水坑

"老师，水坑里有好多泡泡！"轩轩弯下腰，指着水坑里飘出的泡泡。

"对呀，轩轩这些泡泡是怎么来的呢？"老师蹲下身子，和孩子们一起观察水坑里的变化。"水坑是雨水留下来的，那泡泡呢？也许是雨水落在泥土上，土里面的空气跑出来了，就变成了泡泡。"

"孩子们，你们发现这些水坑是怎么

图3　孩子们好奇水坑里的水会流到哪里去

形成的吗？"在水坑旁观察时，老师提出了这个问题。

"是雨水掉在地上，然后积起来的！"乐乐皱着眉头思考了一会儿回答说。

这时，猪猪好奇地问：如果雨停了，水坑就没有了，那雨水最后都去了哪里呢？孩子们也纷纷地围上来，对这个问题都特别地感兴趣。

没想到，一个踩水坑的活动，引发了孩子们关于"雨水去了哪里？"的思考。也正是基于一场小小的踩水坑活动，从而引发了班级幼儿对"雨水去了哪里？"话题的聚焦，为后续的探究提供了更多的可能。

## 雨水去了哪里？

孩子们回到教室后，与老师一起回顾了踩水坑活动的有趣经历，同时，老师也引导孩子们回忆雨水落地的情景，思考雨水最终的去向，激发他们的探究欲望。

轩轩："老师，雨水都去哪里了呢？"

小满："是不是都流进了下水道？"

带着孩子们的问题，我们进行了一次团体讨论。

图4　师幼一起讨论雨水去了哪里

宁宁："我觉得雨水会流到河里，然后会到海洋里。"

乐乐："我觉得雨水会被植物喝掉。"

琪琪："雨水会蒸发，变成云。"

辰辰："变成地下水。"

猪猪："过滤变成直饮水。"

念念："通过太阳照射变成水蒸气，最后又变成了雨。"

214

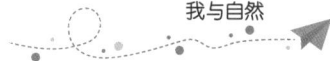

老师："哇，你们的想法都很棒！陈老师在二楼的图书区里见过两本关于'雨水去了哪里？'的绘本，到时我们一起听听里面的故事吧。"

图 5　师幼一起阅读绘本

中午散步时刻，老师带着孩子们一同去寻找关于"雨水去了哪里？"的绘本，并在下午时为幼儿讲述了《小水滴旅行记》和《雨水去了哪儿》绘本。绘本《小水滴旅行记》讲述了小水滴—水蒸气—水的旅行过程，让幼儿知道了水的不同形态。这个绘本不仅加深和巩固了幼儿对水循环过程的理解，也帮助孩子们提升了逻辑思维能力。

而《雨水去了哪儿》绘本让孩子充分认识作为城市基础设施的雨水管道系统，全面了解雨水的排放过程。基于孩子们对"雨水去了哪里？"的兴趣，在绘本的基础上，我们与孩子一起制作了雨水循环图，让孩子们对雨水掉到地上、流到河里、再到大海，最后蒸发成云的过程有更深的印象。

图 6　雨水循环图

在制作雨水循环图时，小满嘟着嘴说："我很喜欢踩水坑，可是雨水到最后都会不见的。"阿好悄悄地告诉她："我们家的阳台会漏雨，一到下雨天，妈妈都会拿一个小桶去接一下，我们可以像我妈妈一样，这样又有雨水可以玩了。"这时，猪猪立马说道："是的是的，我还看到音体室有一次也用桶去接雨呢！"于是很多小朋友都纷纷表示：那我们明天穿上雨衣再去接雨水吧！

在"雨水去了哪里？"这个活动中，孩子们通过观察和讨论，发展了他们的探索能力和发现能力。同时，他们的语言表达和社交技能也得到了锻炼。这个活动充分调动了孩子们的兴趣，通过观察和互动，孩子们不仅了解了雨水的循环过程，还学会用语言表达自己的见解，从而有了在幼儿园收集雨水的想法。

## 收集雨水

有了在幼儿园收集雨水的想法，孩子们便开始思考收集雨水的工具：一个盆、一个奶粉罐、一个塑料瓶、一次性纸杯……孩子们带着他们的首个"收集器"的想法，和老师说去收集雨水。老师提出疑问：这些收集器我们都没有，怎么办呢？孩子们说，可以先用手接住雨水。然后，轩轩说，之前有看到曾老师拿了一袋一次性水杯放在水杯架的柜子里，于是提议拿一次性水杯去接雨水。在孩子们的提议下，我们决定一人拿一个一次性杯子去收集雨水。

哲哲："球筐上面有很多小水滴，大家快来装。"

玥玥："老师你看帐篷那里滴水下来，我们快去接。"

图 7　收集栏杆上的雨水

图 8　发现球筐上的雨水

图 9　幼儿在收集雨水

216

清清："举高一些，雨水收集得会不会快一点？"

小锦："花丛里也有很多小雨滴。"

图 10　幼儿发现花丛里的小雨滴

最后，孩子们发现阶梯上的雨水最多了。

图 11　幼儿收集阶梯上的雨水

玥玥："老师你看我收集的雨水。"

老师："老师相信玥玥很快就能可以集满了。"

小熙："看我收集到的小雨滴。"

维维："哇，小熙你是怎么收集的啊……"

217

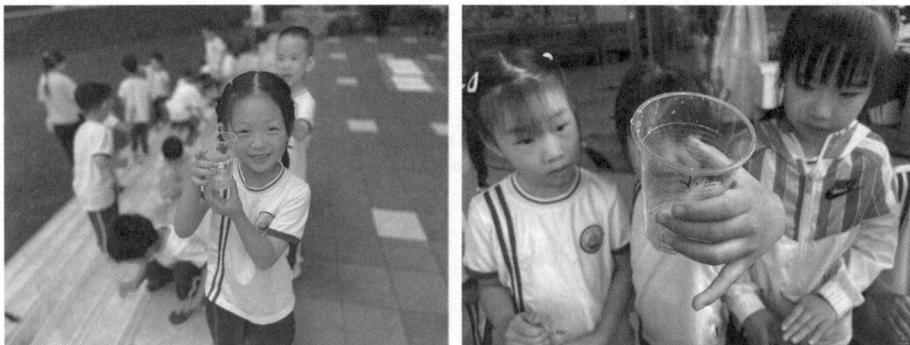

图 12　幼儿与教师分享收集到的雨水

在活动过程中，孩子们能够细心地观察哪里有雨水，还能对比哪个地方的雨水最多，对如何更快地收集到雨水也能够大胆地进行尝试。同时，通过与其他孩子的交流，孩子们的语言表达能力也得到了提升。他们分享自己的观察结果和发现，听取他人的意见和建议，这种互动不仅促进了他们之间的友谊，也让他们学会了如何更好地表达自己的想法和观点。

孩子们在活动开始前对接雨"容器"的想法让老师深感惊喜，这促使我们深入反思之前给予孩子们的支持是否足够恰当，我们应鼓励孩子们根据自己的想法去寻找身边合适的接雨容器，而不是直接告诉孩子们他们的想法无法实现。因此，接下来我们应更加细致地调整和优化支持策略，并更加关注孩子们的兴趣和需求，为孩子们提供更具启发性和实践性的学习环境，以助力他们更好地成长和发展。

## 雨水的用途

### 一、探讨：收集的雨水可以用来做什么？

孩子们回到教室后，对手里的雨水发愁了，大家都在问老师，收集的雨水怎么办？

老师："我们收集回来的雨水，其实是一种非常宝贵的资源。那你们觉得这些雨水可以用来做些什么呢？"

小熙："雨水可以用来浇花。"

钰儿："可以用来洗手。"

一一："应该不能拿来洗手，雨水比较脏。"

老师："雨水里有很多我们看不见的细菌，所以还是要自来水洗手更干净和卫生。"

老师："我们今天先用收集的雨水给植物浇水，看看植物会有什么变化；植物需要水才能长大，我们用雨水而不是自来水浇它，会有什么不同呢？请小朋友们记得每天都观察一下植物们的变化。"

图 13　幼儿用收集回来的雨水浇花

## 二、探讨：雨水与自来水的不同

老师："在昨天的讨论中，有的小朋友说我们收集回来的雨水能用来洗手，有的说不能洗。那雨水与我们日常生活中使用的自来水，究竟有哪些不同呢？"

晋晋："雨水有点黄黄的，没有自来水那么清。"

乔乔："是的，自来水更加透明、干净。"

老师："对的，你们观察得很仔细，雨水经过空气中的灰尘和污染，变得不太干净，而自来水因为经过了处理，所以看起来比较清澈。"

老师："我们知道雨水可以用来浇花，那我们能喝雨水吗？"

孩子们齐声回答："不可以！"

昕昕抢答："因为雨水脏，有可能会让我们生病！"

图 14　雨水与自来水的对比

图15 师幼一起准备的过滤器材

老师："正确，我们不能直接喝雨水，因为它可能含有很多有害的东西。而自来水是经过处理的，更加干净和安全。我们不但可以喝，还可以用来洗澡、做饭等。"

老师："那如果我们把雨水过滤一下，能不能喝呢？我们一起来做实验吧！"

师幼一起准备好了过滤器，有塑料瓶、漏斗和一些过滤材料，如砂石、棉布等。

孩子们将雨水倒入过滤器中，并观察雨水如何通过过滤材料逐渐滴入下方的容器中。在过滤过程中，孩子们注意到雨水的流速逐渐减慢，发出了疑问。老师回应："这是因为随着过滤材料的逐渐饱和，其对雨水的阻挡作用增强，导致流速下降。"当过滤完成后，孩子们注意到过滤后的水变得更加清澈，杂质和悬浮物被过滤在棉片上了。

图16 幼儿过滤雨水

图17 过滤后的雨水

小允兴奋地说："雨水变干净了不少。"

老师："虽然它没有自来水那么清澈，但已经比刚才干净了。这是因为砂石和棉布有效地过滤掉了一些杂质。"

宁宁认真地说："老师，过滤后的水看起来是干净了，但是有没有细菌我们看不到呢！"

老师："对呀，因此我们还是不能直接喝雨水，但是我们学会了过滤方法。"

在这次活动中，孩子们通过亲身实践和观察，增长了关于雨水用途的知识，学会了雨水过滤的方法，还锻炼了动手操作和创造性思维的能力。孩子们在合作过程中，增强了团队合作精神，并通过讨论和实验，提升了科学探究和解决问题的能力。

在活动中孩子们不仅意识到了自然资源的重要性，还通过一系列生动有趣的活动，激发了他们的好奇心和探索精神。在未来的课程设计中，老师可以考虑更多地结合自然现象，引导孩子们进行更多的观察和实验，激发他们对科学的兴趣。同时，在活动结束后，老师可以更多地鼓励孩子们分享自己的发现和感受，进一步促进他们的语言表达能力。

## 教师反思

虞永平教授曾深刻指出，儿童对自然的亲近，不仅是对其天性的真实体现，更是推动其全面发展的强大动力。日月星辰的璀璨、雨雪风霜的变幻、土石沙水的质朴、动植物的生机，这些无一不是孩子们热衷于探索的对象，它们共同构成了儿童成长过程中不可或缺的环境资源。

在细雨绵绵的日子里，我们一同揭开雨滴的神秘面纱，收集那晶莹的雨水，甚至在雨中欢快地嬉戏。孩子们细致地观察、认真地比较、积极地实验探究，努力将每一次的发现，用符号和图画记录下来。我们聚在一起，分享彼此的观察成果，交流心得，感受雨天的别样快乐。老师在与孩子一起探究的过程中发现了如何更好地去支持孩子的兴趣；同时，也学会了反思自己对孩子的探究支持如何能做得更好，作为教师应该支持孩子们不同的想法，给予他们充分的解决问题的时间，肯定每个孩子不同的进步。原来，下雨的日子也能如此多姿多彩，充满乐趣！

生活中的每一处都蕴藏着丰富的资源和无限的可能，我们的课程实践正是源于生活，在生活的点滴中进行，最终又回归于生活的广阔天地。雨天里的故事，如同一首未完的诗篇，等待着我们去续写、去发掘更多的精彩。

# 蝴蝶养殖记

**作者姓名：**黄佳茵
**指导老师：**钟金兰、邢慧芹
**幼儿园名称：**深圳市福田区实验教育集团附属幼儿园
**幼儿年龄段：**中班

## 课程故事简介

幼儿自出生起就对世界万物充满好奇，天生就能感受到人类与动物之间的紧密关系，他们被称为"自然之子"，以其敏感、细腻的心去体察和感受身边的自然生命，并以惊人的速度吸收养料。因此，我们支持幼儿对于世界上其他生命的探索，并陪伴他们发展认知、培养技能。这是一个关于蝴蝶养殖的故事，老师与孩子们一起探索蝴蝶的虫卵、幼虫和蛹如何变成蝴蝶，在这一过程中，老师引导孩子们观察蝴蝶的生长，引发孩子们对"生命"与"死亡"的思考，鼓励孩子们通过辩论赛的形式去表达自己的感受和想法。

## 故事缘起

一天，橙子小朋友的妈妈给橙子买了一个蝴蝶（蝶蛹）箱，橙子想跟同学们一起观察蝴蝶生长的过程，便把蝴蝶箱带入园。班上的孩子们对此非常感兴趣，因此我们在植物角设置了一个小小的蝴蝶乐园，开始养殖蝴蝶。

## 蝴蝶初养殖

为了支持孩子们的兴趣，我们在植物角里投放了蝴蝶的虫卵、幼虫和虫蛹，同时也为了方便幼儿观察，老师和孩子一起合作安置"蝴蝶"。我们将虫卵放在1号盒子，幼虫放在2号盒子，将虫蛹放入3号盒子，在户外的植物角里创设了一个"蝴蝶乐园"。

### 一、悉心照料

我们虽然未曾有过养殖昆虫的经验，但由于小朋友们持续高涨的养殖热情，教师和孩子们一起翻阅书籍、上网搜索查阅相关资

图1 安置"蝴蝶"，创设"蝴蝶乐园"

料，初步掌握了养殖蝴蝶的方法。小朋友们每天到蝴蝶乐园给虫子喂食新鲜的叶子，给虫蛹喷水保持潮湿，孩子们观察着蝴蝶，展开了讨论：

楠楠："虫卵这么小，它会变大吗？"

羲羲："虫卵是怎么变成幼虫的？幼虫又是怎么变成蝴蝶？"

蜜蜜："这个蛹是个金色的！这个是绿色！会长出来什么样的蝴蝶呢？"

小葵："蛹变成蝴蝶要多久呢？要给它们喝水吗？"

Eason："这个毛毛虫会慢慢长大吗？长出来就会变成蝴蝶吗？"

基于幼儿的一系列疑问，老师鼓励孩子在观察过程中对幼虫、虫蛹、蝴蝶的生长变化做好详细的记录。

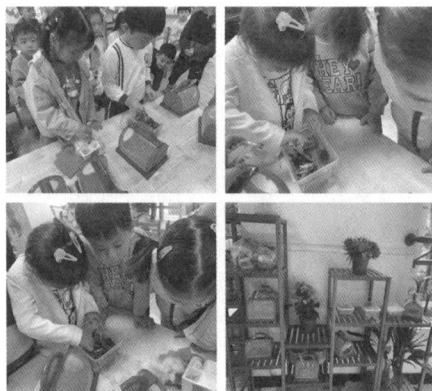

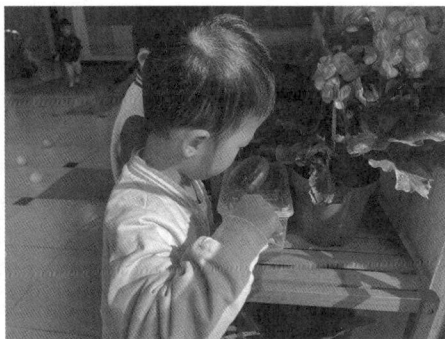

图2 幼儿观察蝴蝶　　　　图3 幼儿观察幼虫　　　　图4 幼儿观察、照顾蝴蝶

223

## 二、蝴蝶之死

几天过去，孩子们发现虫卵稍微变了点颜色，虫蛹没有变化，倒是幼虫在每日"干饭"中日渐长大，孩子们惊喜表示"长胖了""长大了""变长了"……某天早晨来园，孩子们发现有一只蝴蝶破茧而出，他们感到非常惊喜。但是孩子们仔细观察着蝴蝶，发现这只蝴蝶奄奄一息，飞不起来，扇动了几下翅膀，过了一会儿就死了。孩子们瞬间变得特别失望，因为他们非常期待自己养殖的蝴蝶破茧而出，也不明白为什么在自己细心照料之下，蝴蝶还是死了。

针对有一只破茧而出的蝴蝶却奄奄一息，最后死掉的问题，师幼开展了谈话活动。

老师："蝴蝶为什么会死呢？"

麦子："因为它的翅膀折起来了。"

羲羲："因为没有完全破茧。"

楠楠："没有吃东西。"

乐婷："没有食物。"

小葵："不够湿润。"

旺仔、小锦："太晒了。"

诺宝："没有水分。"

…………

图 5　讨论蝴蝶的死因

孩子们进行着激烈的讨论，但基于老师对昆虫养殖经验的不足，尚未对蝴蝶为什么会死掉的情况及时有效做出回答。不过老师发现，对于初次养殖蝴蝶不成功的事，孩子们的养殖兴趣并没有消退。老师决定继续支持孩子们养殖兴趣，和孩子商议后，决定进行第二次养殖活动。但是，第一次养殖蝴蝶失败的具体原因是什么呢？在第二次养殖蝴蝶中我们需要对方法进行什么调整和改善才能让蝴蝶重新破茧？在这个过程中老师将如何去引导和支持幼儿的问题探索？

## 蝴蝶再养殖

### 一、第一次养殖失败的原因

重新购入一批蝶蛹后，老师寻找了一些关于蝴蝶的书籍投放在班级里供孩子们翻阅，并找到了昆虫养殖专家和孩子们视频连线，寻求专家的指导。

专家："小朋友们，你们有什么问题呢？"

楠楠："阿姨，我们的虫卵为什么会变黑，没有毛毛虫生出来？"

专家："可能是湿度不够，虫卵、幼虫、虫蛹都是要在湿润的空气中才可以长得健康。"

诺宝："我们已经每天都喷水了呀。"

专家："幼虫盒放在室外，只喷水是不够的。还要在盒子底下放一张湿的纸巾和几片叶子，但不要太多，且叶子不能有水，不然幼虫吃了会拉肚子，每天要换新鲜叶子，清理幼虫的大便。"

乐婷："我们的虫蛹也是生不出来，还变黑了！"

专家："虫蛹要找一块毛巾悬挂起来，让它有足够的空间可以张开它大大的翅膀！化蝶成功后，要给蝴蝶换一个大房子，它们才不会打架。可以在蝴蝶的房子里面放一碗水，还要放食物，可以是蜂蜜水、白糖水，或者香蕉片、苹果片和橙子片。"

图6　翻阅蝴蝶相关书籍

图7　与昆虫养殖专家连线

**教师思考**

和专家沟通完后，孩子们七嘴八舌地讨论起来，知道了我们初次养殖蝴蝶不成功的原因是蝴蝶居住环境不合适及养殖方法不准确。孩子们知道了如何改进养殖的方法，跃跃欲试想要开始着手，但老师发现孩子们对专家指导的养殖方法及步骤零散且不够全面，有些只记得幼虫的养殖方法而不记得虫蛹的护理方法，有些孩子甚至不记得专家指导的详细细节。为此老师进行思考，如何让孩子们能更好地根据专家的指导方法进行养殖呢？如何将决定权及行使权交给孩子们去自己动手操作？

### 二、改进养殖方法

针对部分孩子对专家的指导方法了解得并不全面的问题，老师引导孩子们进行小组合作，由几个对专家指导细节理解最为清晰的孩子作为组长，其他孩子自发地选择组长，分别组成"幼虫组""虫蛹组"和"蝴蝶组"，由组长们组织小组会议，将专家指导的养殖方法进行梳理和记录。

**幼虫组：**

楠楠："应该把蝴蝶乐园移到教室来，外面太阳很晒！"

小锦："还要在盒子下面放湿的纸巾。"

俊羲："虫的便便要每天清扫，我觉得要请老师帮忙清理，我们小朋友是不会的，可能会把虫子一起倒进垃圾桶！"

**虫蛹组：**

Mia："阿姨说，虫蛹的头上有一个小钩钩，可以挂上去。"

CC："要准备一条毛巾把它绑在笼子的上面。"

香香："但是挂的时候要轻轻的，不能把它捏死。"

闹闹："男孩子的力气太大了，会把蛹捏死的。"

**蝴蝶组：**

云泽："要让我的妈妈（家委）买一个大房子给蝴蝶住！"

太阳："大房子要放在空气好的地方，不然蝴蝶会闷死。"

赫赫："在里面放蜂蜜水。"

瀚瀚："我们每天都吃苹果，可以留一片出来，每天喂给蝴蝶吃！"

### 三、根据改进方案和设计图，开展实施行动

小组会议结束后，孩子们迫不及待地开始准备动手！"幼虫组"改进"幼虫屋"，他们小心翼翼地给虫屋底部铺上湿纸巾，放上几片新鲜的叶子。

"虫蛹组"改进虫蛹的"居住地"，将虫蛹悬挂在毛巾上，让他们有足够的空间"展翅"，并在阳光较大的时候及时转移到室内，喷水保持湿度。

"蝴蝶组"给蝴蝶们换一个大"房子"，改进蝴蝶的"伙食"，给蝴蝶喂食苹果、橘子和白糖水等。

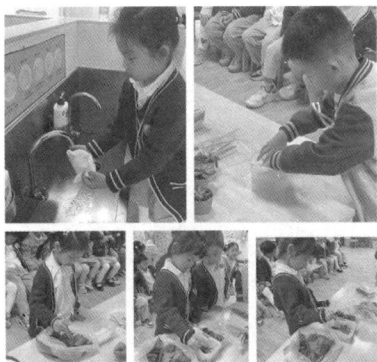

图 8　"幼虫组"改进"幼虫屋"

图 9　"蝴蝶组"改进"蝴蝶房"

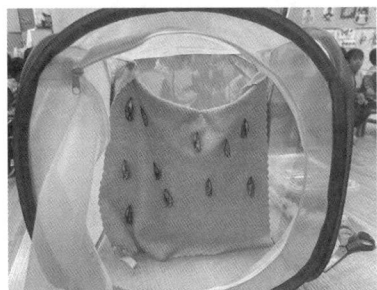

图 10　悬挂在毛巾上的虫蛹

图 11　幼儿给蝴蝶喂食

改进养殖方法后，每天定期去观察和照顾蝴蝶的任务让孩子们乐此不疲。孩子们也根据自己的方法做好观察记录，发现和感受幼虫、虫蛹、蝴蝶每天不同的变化：虫子越长越大啦！它们悬挂在盒子盖上，扭着扭着慢慢变硬，慢慢变成黄色，再变成金色的蛹！我们将金色的蛹转移悬挂到了毛巾上，孩子们满怀期待地等待着它们破茧……

### 四、破茧而出的蝴蝶

有一天早晨，孩子们来园照常去蝴蝶乐园，他们惊喜地发现：我们的蝴蝶破茧而出啦！来不及转移悬挂到毛巾上的蛹，也非常坚强地在窄小的屋子里破茧成蝶啦！这次成功破茧让孩子们发出了惊喜的欢呼！

随着越来越多蝴蝶的成功破茧，孩子们在养殖蝴蝶上越来越得心应手，慢慢总结出经验和方法——

CC：每天要清理大便，要给它们吃新鲜叶子，（可以发现）它们会越来越胖！

楠楠："（在变成蛹之前）它们会把自己挂上去，然后弯曲身体。"

闹闹："开始一直脱皮，变成黄色的。"

小虎："最后慢慢变硬，变成金色的蛹了。"

第一只蛹破茧成蝶了，幼儿们非常兴奋地讨论起来——

于凯："破茧的时候是触角先出来的！"

雯雯："一开始飞得很慢，翅膀还有点湿湿的。"

小虎："过了一会儿就能飞起来了！"

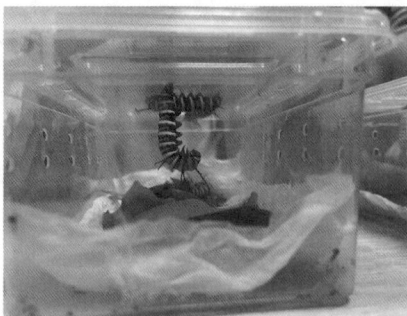

图12　幼虫悬挂在盒子上

图13　幼虫变成黄色

图14　幼虫变成金色

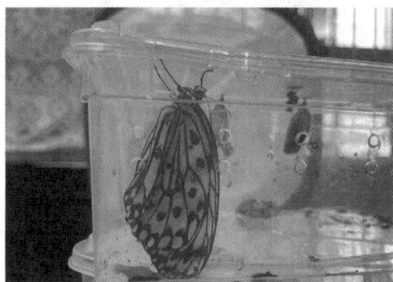

图15　蝴蝶破茧而出

### 五、蝴蝶又死了

随着时间一天天过去，我们的养殖活动仍在继续，但有一天孩子们发现，蝴蝶房子里的蝴蝶突然不进食了、飞不动了，看起来很虚弱。在观察了片刻后，孩子们发现果然蝴蝶缓缓停止扇动翅膀，从房子边上滑落下来，一动不动，最后我们判定这只蝴蝶死掉了。孩子们感到非常难过，这些天精心照顾的蝴蝶朋友就这么离开我们了。

麦子小朋友提出："那其他蝴蝶还能存活多久呢？会不会还有蝴蝶死去？"

他们在这段时间的养殖活动中对蝴蝶有了充分的了解和深刻的感情，在书籍中得知蝴蝶死去的原因是它们的生命周期到了，但孩子们更多关注的是后续是否还有蝴蝶在蝴蝶房子里接连死去。为此老师抓住这个生命教育的契机，和孩子们一起探讨关于"生命周期"问题，引导幼儿思考"我们要不要继续养殖蝴蝶？如果不养我们应该怎么做？如果继续养殖将会怎么样呢？"

一部分孩子表示还想要继续养殖，他们对蝴蝶的养殖兴趣还在持续中，他

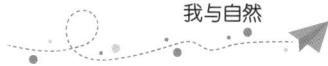

们说："我们还想继续养，我们想知道蝴蝶是怎么生宝宝的。"

另一部分孩子认为不要继续养殖蝴蝶，我们已经有了成功养殖的经验，就将剩下来的蝴蝶放回到大自然去吧。他们说："蝴蝶在这个小小的房子里飞着是不是会感到不快乐？""他们想去公园里采花粉了吧！""公园里的蝴蝶都可以飞得很高，自由自在的。"

**教师思考**

老师惊讶于孩子们对第一次面临蝴蝶死去和第二次面临蝴蝶死去时不同的情感变化。对于孩子们的两种不同的意见，老师感到非常为难，孩子们都有自己想法和理由，老师该如何去引导孩子们做出选择？又如何让孩子们从中更深刻地感受到每个生命和大自然的关系呢？

### 再见了，蝴蝶宝宝

孩子们对于蝴蝶的去留存在不同的意见，针对这个问题，老师和孩子们一起展开讨论，应该如何去解决这个问题——

麦子："可以问一下园长，让她来决定。"

楠楠："可以让全园的小朋友来投票。"

丞丞："我觉得可以开展一个辩论赛，之前我姐姐的学校也开过一个辩论赛，特别好玩。"

老师觉得丞丞的提议非常好，便和孩子们一起了解什么是"辩论赛"。在一起观看了丞丞姐姐的辩论视频后，孩子们觉得很有趣，都想在班级里尝试举行一个辩论赛。就"我们班还要不要继续养殖蝴蝶"这个议题，老师让孩子们根据自己的想法，自发地分成"要养"和"不要养"两个团队，分别为正方和反方，经过自荐与推荐，双方各出四名辩手，老师和家长合作，让孩子们在家和家长一起查阅资料，家长协助撰写文稿、幼儿组织辩词，并进行模拟辩论等。

辩论赛当天，辩手们根据自己收集的辩词展开辩论，现场辩论热火朝天，最后由反方"不要养"胜出。正方的孩子们也由最初的坚定转换为不舍，最后决定不继续在班级里养殖蝴蝶，让蝴蝶们回到大自然中去。

最后，老师陪同孩子们来到幼儿园的小花园中，放飞了蝴蝶，他们开心地和蝴蝶招手说："再见了！蝴蝶宝宝！""要好好采花粉、开心地飞呦！"……

本次"蝴蝶养殖记"就告一段落，孩子们在养殖蝴蝶的过程中收获了快乐和成就感。

图16　放生蝴蝶，和蝴蝶说再见

图17　回归大自然的蝴蝶

**教师反思**

生物科学的研究对象为自然界中的生物，研究生命系统各个层次的结构、功能、行为、发生与发育、起源进化与绝灭，以及生物与环境相互关系等科学问题。本次课程是以蝴蝶为微观世界，研究蝴蝶的生长与生存，老师可引导幼儿从蝴蝶深入宏观世界，研究生物和环境的关系、生物进化，以及生态系统结构与功能和生物多样性维持机制等。

幼儿在学习过程中认识蝴蝶的生长过程是什么样子的，什么环境是适合它们生存的。在第一次养殖发现蝴蝶死去后，师幼共同探究原因，发现是环境不适宜后，老师积极鼓励幼儿动手改造，通过各种方式，以老师思考为暗线，幼儿探索为明线共同促进师幼成长。

本次养殖活动提升了幼儿的情感素养，初步形成正确的生命观，我们经历了蝴蝶接连的死亡，从而引发了幼儿对"死亡"的思考。幼儿深入感知"生命万物都会死，但都值得尊重""遵循大自然的生存与生长规律，热爱大自然的每一个生命"等生命教育。最后师幼在欢送声中将蝴蝶放生大自然，这次是幼儿生命教育的重要一课。

# 花青素的奇妙变色之旅

作者姓名：潘润然
指导老师：陈玲、邓敏
幼儿园名称：深圳市福田区第一幼儿园福安分园
幼儿年龄段：小班

## 课程故事简介

舌头竟然能变色？一群孩子在品尝花茶后惊奇地发现自己的舌头变色了，这激发了他们的好奇心。他们心中涌起了无数疑问：是花中的精灵在嬉戏，把我们的舌头染上了色彩吗？为了满足孩子们的好奇心和求知欲，老师巧妙地引导他们，通过一系列精心设计的小实验，让孩子们自己一步步揭开"舌头变色"背后的秘密。

## 故事缘起

在幼儿园里，有一个很受孩子们喜爱的区域，那便是我们的植物角。孩子们常常在这里细致观察并精心照料着植物。其中，植物的花朵尤为吸引他们的目光。这些色彩斑斓、气味奇特的花朵总能令孩子们驻足，并和同伴兴致勃勃地分享自己的发现。

故事发生在一个阳光明媚的春日，小朋友们正在开展关于花朵的作用的探究活动。孩子们兴奋地探索着各种花的形状、颜色和香味，其中，玫瑰桑葚茶因其独特的口感和颜色吸引着大家驻足品尝。突然，一阵欢快的笑声打破了宁静。我走过去一看，原来是心心和朗朗两个小朋友在嬉戏。心心指着朗朗的舌头大笑："老师，你看，朗朗的舌头变成蓝色了！"我凑近一看，朗朗的舌头中部果然呈现出明显的蓝色。

图 1  玫瑰桑葚茶

图 2  发现舌头变色

图 3  观察同伴舌头

这一发现立刻引起了孩子们的好奇，他们纷纷伸出舌头询问老师自己的舌头是否也发生了变化。有的孩子兴奋地喊道："我的舌头也变色了，好神奇啊！"有小朋友使劲伸着舌头向同伴寻求验证："快看看我的舌头有没有变色？"有的孩子则好奇地询问："为什么我们的舌头会变色呢？"

## 为什么喝花茶舌头会变颜色？

舌头的变色让孩子们秒变好奇宝宝，作为老师，我也想为孩子无意中的发现创造探究的机会。我准备了一张茶桌，邀请更多的孩子来体验和尝试，在几个小朋友的呼朋唤友下，小小茶桌前围了越来越多的孩子，他们迫不及待地小心翼翼地端起杯子，小口小口地喝下花茶，再急切地伸出舌头请老师观察自己的舌头是否也会变色。

"为什么舌头会变颜色呢？"米粒问老师。

"是啊，为什么喝花茶舌头会变颜色？我们先问问其他小朋友，听听他们的回答吧。"

闹闹马上凑过来小声说："我知道，一定是被花朵精灵变颜色了，妈妈说小精灵是有魔法的。"

城城听了之后反驳了闹闹："不是的，不是花朵精灵，上次我吃火龙果时

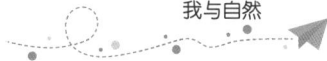

舌头也变颜色了，不过是变红了。"

游游看了看手中的杯子："因为我们喝的那个水就是蓝色的，所以我们舌头也变蓝了。"

朗朗激动地大声说："啊！我知道了，一定是被花茶给染上了颜色！"

馨馨也分享自己的经验："我种的凤仙花也会染色，还可以用来给指甲涂颜色呢！"

孩子们对舌头变色的原因纷纷表达自己不同的看法，虽然我知道这是因为花茶中的花青素染到了舌头上，但孩子们通过我的直接介绍获得似懂非懂的知识，会不会错失他们自己发现的乐趣呢？我决定按捺住冲口而出的答案，引导孩子们进行一次简单的小实验，让他们在观察和操作中亲自感受花青素染色的过程，继续他们探究的快乐。

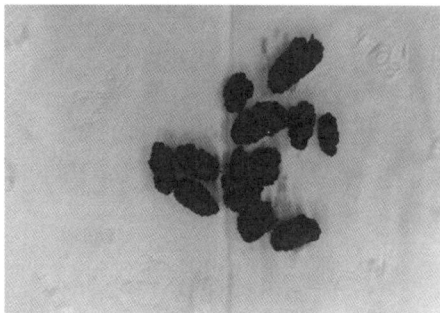

图4 桑葚干

我选择了一种含有丰富花青素的物品——桑葚干，请孩子们观察它的颜色。

闹闹："这个颜色是黑黑的呀，一点也不好看！"

朗朗："不对！我发现了！还有一些地方是红红的！"

老师："你们观察得很仔细，这种果干叫桑葚。小朋友，你们猜猜如果把这些桑葚干泡在水里会发生什么呢？"

城城："我知道，这个桑葚泡得很大！"

珊珊："可能水也会变黑色！"

朗朗："我觉得也有可能变成红红的颜色！"

为了能够更清楚地看到水的颜色变化，我选择了一个透明的玻璃瓶，孩子们小心翼翼地将桑葚一颗一颗塞入瓶口。桑葚坠入水中，一缕缕深紫色的细丝从桑葚的表面慢慢地渗出。这些细丝逐渐增多，交织在一起，随着时间的推移，将清澈的水染成了一片紫色。

心心蹲在操作台边，用手指着玻璃瓶中的桑葚，向我分享："颜色是从桑葚里面跑出来的。"

"许多花和果实有不同的颜色，是因为它们有一个神奇的物质叫作花青素，花青素藏在花朵、果实里，让许多植物的颜色变得鲜艳。"

"那刚才从桑葚干里跑出来的颜色就是花青素吗？"朗朗脱口而出追问道。

我笑着点点头："是的！"

游游和旁边的城城小声讨论着："这个颜色和我们舌头上的颜色很像呢，你看看我的舌头。""没错没错，一定是我们喝花茶时花青素停在我们舌头上了！"孩子们你一言我一语地谈论着。我笑而不语，关于花青素，孩子们接下来还会有什么好奇点呢？

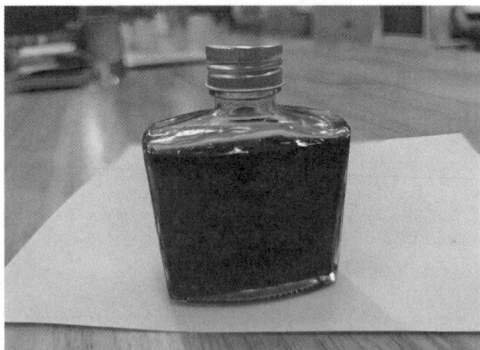
图 5　观察热水泡桑葚干的变色过程

## 色彩侦探——追踪花青素之谜！

经过上次的桑葚水变色试验之后，孩子们对花青素产生了浓厚的兴趣，他们开始寻找身边哪些植物里含有花青素。在午餐时，恰巧有蒜蓉炒红苋菜，骞骞观察到碗中的米饭因苋菜汁的浸染而呈现出紫红色，他端着碗问我："老师，（米饭）这是不是因为花青素变颜色了？"我向他点头确认道："没错，苋菜中确实含有丰富的花青素。"听到我的回答，骞骞紧握拳头，轻声地欢呼了一声："Yes！"

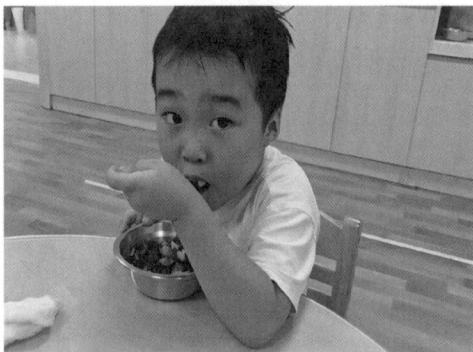
图 6　苋菜汁染饭

孩子们在了解了花青素这种特殊的植物色素后，渴望能够在现实生活中寻找并验证其存在。了解到孩子们的需求，我设计了一张植物集色卡，组织了一场名为"寻找自然中的色素"的亲子实践活动。

孩子们非常投入，和爸爸妈妈仔细地观察着每一片叶子、每一朵花，找到色卡中对应植物的颜色，每当发现一种新的颜色，孩子们便兴奋地欢呼起来，慎重地将植物收集到自己的色卡上。

在"寻找自然中的色素"的活动分享会上，小朋友分享着自己的发现：有孩子找到了一半绿色一半黄色的树叶，有孩子找到了几种不同颜色的三角梅，有孩子找到了已经干枯的褐色的树枝……

孩子们收获颇丰，迫不及待地和同伴分享着自己的发现。

馨馨："我在阳台上找了一些凤仙花瓣，是紫色的，它涂到指甲上也是紫色的。"

城城："幼儿园的小番茄红了，我知道是因为花青素，我还告诉了我妈妈，我找到一整页，展示的全部都是因为花青素才有颜色！"

沫沫："我也找到了很多花青素，三角梅，树叶……"

图7 幼儿分享自己的发现

听完孩子们的分享，我意识到孩子们将"花青素"和"色素"混淆了。我通过查询资料了解到，花青素是色素，但色素不单单是花青素，虽然花青素在很多植物中都很常见，但并不是所有植物的颜色变化都是由花青素引起的，还有其他很多色素，它们也参与了植物颜色的形成。孩子们误以为植物中所有鲜艳的颜色都是由花青素造成的，这表明他们在色素的认识上存在误解。这很有可能是因为我在引导过程中没有充分介绍花青素以外的其他色素，导致孩子们对植物色素的认知出现了偏差。

我想要纠正孩子们的误解，又担心过多的信息反而会造成孩子们对植物色素认知的困惑。左右权衡下，我决定延续让孩子自己以发现探索的方式去了解其他两种常见色素，让孩子们在比较观察中形成自己的发现。

我投放了一些关于植物色素的学习材料，包括绘本、图片、视频，让孩子们接触更多关于植物色素的信息，帮助他们了解除了花青素之外，还有其他色素可以影响植物的颜色，如叶绿素、类胡萝卜素等。

图8 绘本《神奇紫色卷心菜》

图9 观看视频《植物中的色素》

小班幼儿的学习方式主要聚焦于感知与体验。有了前期的经验铺垫，我又设计了一个简单的实验，让孩子们能够更直观地看到不同植物色素的区别。

在实验过程中，孩子们亲手操作，将含有不同色素的植物撕碎浸泡在酒精中，并将杯子投放在科学区里，以便孩子们观察绿叶（富含叶绿素）、凤仙花（含有花青素）以及黄色绣球花（含有类胡萝卜素）等植物色素的溶解和扩散过程，以及酒精颜色变化。

图 10　析出叶绿素

图 11　析出类胡萝卜素

在区域时间结束时，孩子们发现经过 30 分钟的析出，花青素溶液呈现迷人的蓝紫色，叶绿素溶液呈现鲜明的绿色，而类胡萝卜素溶液则呈现鲜艳的橙黄色。

通过这个实验，孩子们了解到植物中不是只有一种色素，而是有着多种色素的存在，不同的色素组合在一起才有了大自然中多姿多彩的植物。

### 自然调色盘——花青素颜料！

"老师，这个色素可以用来画画吗，我觉得它好漂亮！"滚滚看着晾晒在阳台上的紫色纸巾问。

"当然可以了，但是我们得先把色素从花朵中提取出来。你们觉得什么植物中的花青素含量比较多呢？"

馨馨有点失落地说："我的凤仙花就可以，但是我的凤仙花都谢了！"

孩子们对提取植物色素做颜料产生了浓厚的兴趣，我想到前段时间购置的花茶，决定利用其中的洛神花作为新的实验材料，因为其泡水后的颜色较深，做出来的显色度可能会比较高。

"孩子们，我们用什么方法来提取色素呢？"

游游最先提出了他的办法："之前我们用捣蒜器捣过花瓣，可以去生活区用捣蒜器来捣一捣！"

于是游游在生活区尝试用捣蒜器捣碎干燥的洛神花，他抓紧杵子用力捣，但捣了几十下，洛神花依旧不改旧貌。游游把手上的杵子一放，挫败地坐在椅子上："根本就捣不烂，我不想捣了。"

皓皓说："上次老师不是说用这个来泡茶吗？用水泡一下不就好了？"他帮忙从饮水机取来一小杯温水倒入钵中浸泡洛神花，在水的作用下，花青素逐渐溶解，游游时不时就去看看钵中水的颜色变化，直至区域活动时间结束时，水还是淡淡的红色，洛神花也仍然比较硬。我提出可以再浸泡久一点，明天再来捣花汁。

图 12　幼儿用捣蒜器提取色素

第二天，游游来捣花汁时，发现花朵已经软化了，游游捣花的动作轻松不少，但捣出来的花汁颜色依然较浅，到纸上的显色度很差。

当天区域活动小结时，我请游游分享实验的过程，游游提出自己的看法："干的花太硬了，捣不动；泡了水的花汁颜色太浅，画不了。"

听了游游的想法，我也开始反思，怎样才能支持孩子们提取色素创作？干花研磨和温水浸泡呈现出来的效果并不理想，问题出在哪儿呢？皓皓提出用泡水的方式来提取洛神花的颜色，虽然方法简单易行，但由于班级里只有温水，无法达到理想的析出效果。从实验结果来看，水的温度对洛神花颜色的提取有一定影响，热水比温水更能提取洛神花的颜色，提高显色度。

为了让孩子们更快地观察到实验结果，满足他们的好奇心和成就感，我设计了一场水温对色素提取的影响的实验。同样数量的洛神花、同样的水量和时间，观察不同水温下的颜色变化是否相同。经过 20 分钟的浸泡后，孩子们直观地发现了热水提取的花青素浓度更高，水的颜色更深，但色素浓度依旧不够。

图 13　温水浸泡 20 分钟

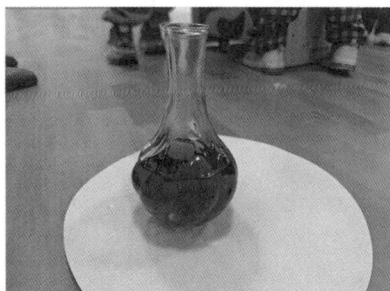
图 14　热水浸泡 20 分钟

通过这次直观的实验，孩子们发现了高温能使色素析出更快，那还有比热水更快更好的方法吗？我向家长收集一个电煮锅，将洛神花放入锅中，加入热水并一直让其处于煮沸状态，直至花汁的颜色变得深黑，才将花汁装罐。

图 15　煮沸提取

图 16　观察花汁颜色

此时，再使用毛笔蘸取洛神花水涂抹于纸上，颜色便清晰显现，小朋友终于可以用上自制的颜料来画画啦！

图 17　使用花汁绘画

**教师思考**

在孩子们尝试提取洛神花色素的过程中，我注意到了几个关键问题。首先，干燥的洛神花难以捣碎，导致无法有效提取色素。其次，使用温水提取的色素显色度不高，颜色过淡。为了支持孩子们的探索，我设计了一场水温对色素提取的影响的实验，并使用电煮锅煮沸洛神花最终提取色素。这样孩子们就可以用自制的颜料来画画，满足他们的兴趣和好奇心。通过这些支持，老师不仅帮助孩子们一起解决了实验中遇到的问题，还最大程度地保护了孩子们的好奇心和探索欲，促进了他们良好学习品质的形成和全面发展。

## 童趣斑斓——花青素染布

一天区域活动时，我观察到沫沫用毛笔将洛神花颜料刷在自己的袖子上，手臂的一小片衣物瞬间被染成紫红色。我走过去问沫沫："你在做什么呢，沫沫？"沫沫笑了笑："我做了一件粉色的衣服！"这段时间的沉浸式探究，让孩子将花青素的探究延展到不同领域，他们对色彩的浓厚兴趣让我打定主意提供一个自由表达和创新的环境，让孩子们体验色素的不同工艺在生活中的运用与创作。

我在美工区提供了方巾、洛神花汁，又在区域活动小结时鼓励沫沫分享她的创作过程和成果，让其他孩子也能从她的经验中学习。

班上的小朋友对沫沫的手帕很好奇，有的想要去摸摸，有的想要闻闻，更多孩子想自己来尝试。但我们上次的洛神花已经用完了，班级只剩下一部分晒干的玫瑰花瓣，玫瑰花和洛神花煮染的效果是不是一样呢？我带领着孩子们将干燥的玫瑰花瓣放置于锅中煮沸，再将方巾放入锅中一同煮制10分钟，放凉之后，发现方巾变成了紫红色。

图18 煮染方巾

图19 观察方巾颜色变化

孩子们拧干方巾想要去晾晒的时候，发现方巾上附着了许多花瓣。米粒拿着方巾，展开用力地抖着，一边抖一边还押上了韵："抖一抖，甩一甩，花瓣快快走！"但一来二去，仍然还有一些细碎的花瓣附着在手帕上。朗朗也说："去洗一洗吧，我奶奶就是这么洗手帕的！"于是一群小朋友请张老师接了一盆水，打算漂

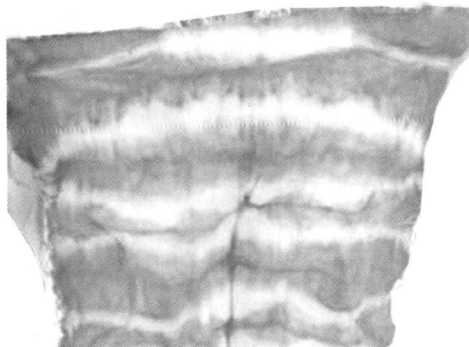

图20 冲洗后的颜色变化

洗手帕。但在朗朗第一个漂洗后，他们惊讶地发现，原本紫红色的手帕竟变成了灰色。

面对这一突如其来的变化，孩子们纷纷露出了困惑的表情，怎么紫红色的方巾突然变成灰色了？我和孩子们一起观察变了色的方巾，引导他们思考："为什么方巾变色了呢？"

朗朗："就是刚刚我们把方巾放到水里甩了一下，然后颜色一下就变得不好看了，水把花青素吃掉了。"

珊珊："又变颜色了，是水里也有色素吗？"

米粒："水是透明的！"

朗朗："可是水里有细菌。"

朗朗的假设得到了小朋友们的认可，大家都觉得是因为水里的细菌导致手帕的颜色发生变化。为了验证孩子们的猜想，我们引导孩子们进行了一个实验。我们将三块煮染过的方巾分别不放入水中、放入自来水中、放入开水中，并观察方巾的颜色变化，发现无论是放入自来水还是放入开水中的方巾不约而同地变灰了，而没有放入水里的手帕颜色却没有变化。

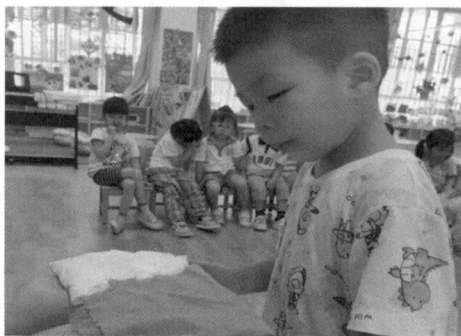

图21　第二次染出的粉色方巾

看到孩子们若有所思的样子，我解释道："花青素是一种水溶性色素，当碰到水的时候它就会被水吸引。手帕上的花青素变少了，颜色就变淡了。"

朗朗皱了皱眉，瘪了瘪嘴："可是我想要紫红色的方巾。"

我问孩子们："花青素遇到水就会变色，你们有什么好办法让紫色手帕不变色吗？"

贝贝说："煮完的手帕不要放进水里。"

朗朗表示想要再试一次。于是，我们重新准备了玫瑰花瓣和新的方巾，按照同样的方法进行操作。只不过这一次，在煮好方巾取出后，再也没让方巾碰到水。

当方巾晾晒完毕后，孩子们凑上前来观察。这次的手帕呈现出了一种淡淡的粉红色，虽然没有湿的紫红色那么鲜艳，但颜色更加柔和。

**教师思考**

当孩子们染方巾遇到颜色变化的问题时，我首先意识到这是一个关于科学和探索的机会。在继续进行实验以验证孩子们的假设还是直接指导孩子操作两种选择中，我选择了前者，因为孩子的好奇心和探索精神是学习的关键。通过实验，他们可以亲身体验和理解花青素与水的相互作用，以及颜色变化的原因。这个过程不仅满足了孩子们的探究索欲，还帮助他们通过实际操作获得解决问题的方法。

## 色彩魔法——花青素变变变

自从做完方巾之后，每天都会有小朋友去看晾晒的方巾。一天下大了雨，天晴过后，有小朋友发现手帕中贴近墙壁的有一小块从紫色变成了蓝色。这种现象不仅让孩子们觉得神奇，我也觉得神奇。我去查找花青素相关的资料之后了解到，原来花青素会因为酸碱值的不同呈现出不同的颜色。我不禁感叹：大自然真是太奇妙了！还有什么比孩子们自己去发现这个秘密更美妙的事呢？

我准备了实验材料，请孩子们在试管中分别加入不同酸碱度的液体——醋、小苏打水、盐水、糖水、肥皂水、雪碧。然后，我们将玫瑰花瓣煮沸，提取花青素液体倒入这些试管中，观察试管颜色变化。

图 22　花青素和醋

图 23　花青素和小苏打水

相同颜色的花青素挤进不同的试管里就发生了不同的变化，看着不同颜色的液体渐渐变成了不同深浅的红色、紫色、绿色、蓝色。他们惊奇地发现，同样是花青素，但在不同的条件下，颜色竟然会有如此大的变化。

看着孩子们疑惑的眼神，我笑着介绍："花青素是一种非常敏感的色素，

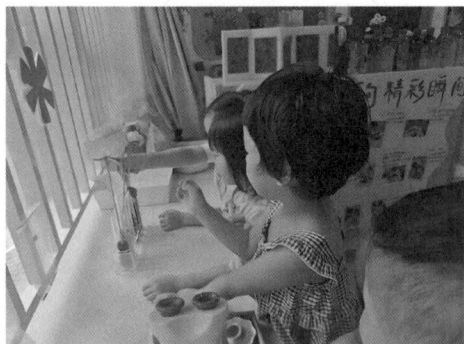

图24 观察花青素色彩变化

它会根据环境的酸碱度来改变颜色。这就是为什么我们在不同的液体中看到了不同的颜色。这也是自然界中很多花朵能够呈现出五彩斑斓的颜色的原因。"

我们准备了更多的材料、工具，让孩子们自己进行花青素变色的实验。孩子们兴奋地操作着，不断尝试着加入不同的物质，观察着花青素颜色的变化。他们兴奋地分享着自己的发现，互相交流着实验的心得。

珊珊："我最喜欢这个紫色的，这个里面像是糖水。"

妍妍："我就最喜欢这个红色的，我下次还要带一个柠檬来，看看它会变成什么颜色。"

皓皓："那我就带泡泡水来。"

笛笛："好神奇啊！"

至此，围绕花青素奇妙的探索之旅暂时告一段落，但孩子们对生活中的科学现象探索却刚刚开始。幼儿园日常生活中隐藏着许多的科学现象，等待着孩子们去发现、去探究，这些经验编织着孩子们对世界的初步理解，激发他们对科学的兴趣。

## 教师反思

回顾这一场历经两周多的花青素奇妙探索之旅，真可谓跌宕起伏、精彩纷呈。从幼儿的一次不经意发现，引发一系列对花青素神奇变化的探究。我以幼儿的好奇心为线索，第一阶段，组织幼儿进行实验和观察，直观地感受植物中花青素的存在；第二阶段，进行亲子收集资料与分析资料，并组织了色彩析出实验以帮助幼儿区分花青素与其他色素，回应幼儿的困惑；第三阶段，我们通过提取花青素和煮染方巾的方式，了解花青素为水溶性色素的特点，以及花青素应用于生活中的方法；第四阶段，根据幼儿对花青素变色现象的好奇，我们通过实际操作的方式，引导幼儿感受花青素与不同酸碱度的液体交融而产生的变化，了解花青素变色的不稳定性，形成自己对于花青素的理解。

通过这次花青素探究活动，孩子们不仅深入了解了花青素的特性，掌握了提取方法和变色原理，更在实验过程中锻炼了观察、思考和解决问题的能力。

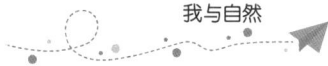

他们学会了如何观察和记录实验现象，如何提出假设并进行验证，如何从失败中学习并改进方法。在探究过程中，孩子们开始关注周围的环境和植物的生长，他们知道，这些存在于植物中的天然色素，赋予了大自然和我们的生活五彩斑斓的色彩。他们将继续带着好奇心和热情，去发现和探索更多关于自然界的奥秘和美好。

在探究过程中，我们也经历了一些困难，首先，在介绍桑葚中的花青素时，由于没有给幼儿补充不同类型色素的经验，导致了幼儿在后续几天的活动中，将所有色素都误称为花青素，这是老师的简单引导让孩子认知产生了混淆，也是由于植物色素庞大且复杂的系统对于思维能力尚未完全发展的小班幼儿来说太过抽象。如果先引导幼儿了解天然色素这个大概念，通过观察不同植物和食物的颜色，来理解色素的存在及其多样性，这样的经验会有助于他们更好地理解花青素是色素的一种类型。其次，在引入新的概念或实验之前，老师还需要积累多维度的经验准备，比如在做花青素变色实验前，提供有关花青素变色的绘本，让幼儿对即将学习的内容有一些基本的了解和经验等，激发孩子调动已有经验和思考，展开更多可能的探索。

# 后 记

在这个收获的季节里，我们幼儿园的课程故事集终于与大家见面了。此刻，我心中充满了感激与欣慰。作为园长，我有幸见证了这本故事集从构思到完成的全过程，这不仅是我们幼儿园课程建设的里程碑，更是我们团队智慧与汗水的结晶。

多年来，我们一直致力于探索和实践适合幼儿发展的教学理念和方法。在张华教授的引领下，我们深入理解了教育的新时代使命，认识到未来教育对于培养孩子们探索新知识、理解新问题、创造新思想的能力的重要性。我们的教学团队不断学习、研究，将幼儿为本的教育理念融入我们的课程中，以支持孩子在创造中成长。

在此，我要特别感谢张华教授。他不仅以其深厚的学术造诣和前瞻性的教育理念为我们提供了理论指导，更以其实践智慧和人格魅力激励着我们每一位老师。张教授的亲临指导，让我们对教育有了更深的理解和更高的追求。

同时，我也要感谢我们的教学团队。"滴水穿石，非一日之功"，是你们用无尽的热情和创意，将抽象的理念转化为具体的课程故事和活动，落实到孩子们每一日的幼儿园活动中。你们在课程设计、教学实践、评价反馈中的辛勤付出，为幼儿营造了一个充满爱、尊重和自由的学习环境。你们的专业精神和教育智慧，是这本故事集能够成功出版的关键。

我还要感谢所有的家长和小朋友们，是你们的信任和支持，让我们的课程活动得以顺利开展和不断提升。书中所展示的图片由教师拍摄，出版前家长们均授权幼儿园使用这些图片，并表示鼓励。家长们的理解和参与，孩子们的欢笑和成长，就是我们工作的最大动力。

这本课程故事集的出版，对我们幼儿园来说，既是一个总结，更是一个新的开始。"路漫漫其修远兮，吾将上下而求索"，我们将继续秉承"教育即生活"的理念，不断探索和创新，为老师和孩子们点亮眼中的光。我们相信，通

过我们的共同努力，每一个孩子都能健康快乐地成长，成为具有创造力和责任感的未来公民。

最后，愿这本书中的每一个课程故事都能成为孩子们美好童年的一部分，成为他们人生旅途中的宝贵记忆。再次感谢支持和参与这本故事集出版的每一个人。让我们携手前进，共创孩子们美好的明天！

陈玉文

深圳市福田区第一幼教集团总园长

2024 年 9 月